JN431992

요한계시록의 참뜻

| 김승곤 지음 |

"이 예언의 말씀을 읽는 자와 듣는 자들과 그 가운데 기록한 것을
지키는 자들이 복이 있나니 때가 가까움이라"(계 1:3).

쿰란출판사

머리말

내가 요한계시록을 사랑하게 된 것은 어머니의 영향을 받은 때문이었던 것 같다. 나의 어머니는 경건한 믿음의 어머니셨고 당신께서 받은 은혜를 때때로 나에게 이야기해 주셨다. 그는 일제 말기(日帝末期)에 복음을 증거하다가 순교했거나 옥중에서 고생하셨던 고 길선주 목사, 주기철 목사, 박관준 장로, 최봉석 목사, 안이숙 선생 등이 싸운 영적 투쟁에 대해 말씀해 주곤 하셨다.

특히 길선주 목사님의 능력 있는 설교와 계시록 강해에 대해 하신 말씀은 나에게 깊은 인상을 주었다. 목사님의 말씀은, 앞으로 무서운 전쟁이 있을 것인데 모세와 엘리야가 나타나서 능력으로 하나님의 말씀을 증거할 것이고, 성도는 7년 환난 전에 예수님이 오셔서 데려가신다고 가르치셨다고 하셨다. 그리고 길선주 목사님은 요한계시록을 40분 만에 다 암송하셨다고 말씀하셨다.

그때 나의 아버님은 전도사셨는데, 우리 가정은 일제의 박해를 피해 만주 길림성 한 촌에 피신하여 살고 있었다. 당시 18세 소년이었던 나는 아침마다 숲속에 나가서 기도하는 것이 일과처럼 되었었다.

어느 날 나는 길선주 목사님처럼 요한계시록을 암송하면 얼마나 좋을까 하는 생각이 들어, 아침마다 기도한 후 요한계시록을 한 장씩 암송하기로 작정하고 22일 만에 요한계시록 22장을 다 암송할 수 있었다. 그날 아침은 형언할 수 없이 기뻤다. 요한계시록의 의미를 잘 알지 못했지만 암송할 때마다 하늘의 성우(聲優)라도 된 것처럼 소리 지르며 암송할 때 은혜가 되었다.

그 당시 한국 교회가 믿은 종말관은 세대주의(世代主義)의 종말관 일색이었다. 그렇게 된 이유는 한국 교회의 모교회인 미국 교회가 다비(J.N. Darby)와 스코필드(C.I. Scofield)가 주장하는 세대주의의 영향을 받았고, 그 영향을 받은 선교사들이 한국에 와서 선교했기 때문이었다. 나 역시 나도 모르는 사이에 세대주의의 종말관을 믿고 있었다.

나는 내가 다니던 신학교에서 어떤 교수가 무천년설을 가르치다가 학생들의 큰 반대에 부딪쳤던 기억이 있다. 그 교수는 천 년간 왕 노릇 한다는 말씀은 신령한 의미를 가진 것이지 예수님이 오신 후 이 세상에서 천 년간 왕 노릇 한다는 뜻이 아니라고 했다. 그러자 어떤 학생이 요한계시록 20장 6절을 펴서 읽으며, "여기 분명히 천 년간 왕 노릇 한다고 한 말씀이 있는데, 그러면 교수님은 성경을 부인하는 것입니까?" 라고 항의했고, 다른 학생들도 다들 저 교수의 말은 비성경적이라고 중얼거렸다. 나도 그중 하나였다고 생각된다.

나는 요한계시록을 좋아했기 때문에 부흥회에 초청을 받으면 주로 요한계시록을 강의했고 물론 전천년설 입장에서 강의했다. 내가 전천년설에 대해 회의를 느끼게 된 것은 대구의 어떤 교회에서 집회를 거의 끝낼 무렵 어느 오후의 일이었다. 나는 나의 상상력을 총동원하여 천년왕국의 축복받는 세계를 설명했다. 그때에는 마귀를 무저갱에 가두기 때문에 죄가 없어지며 병도 없어지고 재난도 없어지고 강도나 도적도 없고, 자연계가 축복을 받아 옥수수 이삭 하나가 사람의 키만큼 크며, 땀 흘려 일하지 않아도 살 수 있게 되며, 죽지 않고 천 년을 살게 될 것이라고 했다.

성도들은 그 말을 듣고 마음에 많은 감동을 받는 것 같았다. 땀을 씻고 홀가분한 마음으로 사택에 들어가 다과를 나눌 때였다. 담임목사님이 나에게 "목사님, 예수님이 재림하신 후 이 세상에서 더 산다는 것이 믿어집니까?"라고 물었다. 그런 종말관은 그 당시 너무나 보편적인 것이었기 때문에 나는 "그렇게 안 믿으면 어떻게 믿습니까?" 라고 반문했으나 둘이는 그저 씁쓸한 웃음을 짓고 말았다.

그때부터 나에게는 전천년설에 대한 회의가 점점 깊어 가기 시작했다. 그 회의는 성경에 대한 회의가 아니라 '이것이 그러한가?' 하는 회의였고, 다음과 같은 것들이었다.

① 예수님이 재림하신 후 이 세상에 1천 년간 더 계시다가 가신다는 말씀이 복음서나 사도들이 기록한 말씀에 나타나지 않는다는 것.

② 전천년주의에서와 같이 재림 후에 천년왕국이 있다고 믿는다

면 재림은 불가피하게 두 번 이상(한 번은 천년왕국 이전에, 한 번은 곡과 마곡 전쟁 이후에)있다고 믿어야 한다는 것.

③ 천년왕국에서 무죄하게 살던 사람들이 또다시 마귀를 놓을 때에 미혹을 받아 전쟁을 하게 된다는 결론에 이르게 되는 것 등이었다.

그래서 나는 성경을 통일성 있게 해석해야 한다는 전제에서 상징주의적(象徵主義的) 해석을 시작했다. 그렇게 눈을 뜨고 보니 요한계시록 20장은 복음서에 나타나지 않은 독특한 계시가 아니라 복음서에 이미 설명된 일을 상징적으로 가르친 것임을 알 수 있었다.

① 요한계시록 20장 1-3절의 마귀를 가둔 것은 예수님의 초림 시에 십자가의 권세로 마귀를 결박한 일이요(벧후 2:4; 유 1:6),

② 요한계시록 20장 4절의 보좌에 앉은 자들이 심판하는 권세를 받은 것은 사도들과 성도들이 성령의 권능을 받아 복음을 증거하게 될 것을 의미하는 것이요(마 19:28; 요 16:8),

③ 4절의 죽은 자들이 살아서(에제산)라는 말씀은 영적 부활을 가리킨 것이며(요 5:25), 왕 노릇 함은 생명 안에서 왕 노릇 함을 의미하는 것이요(롬 5:17; 벧전 2:9; 계 5:10),

④ 6절에 천 년 동안 그리스도와 함께 왕 노릇 함은 은혜 시대(벧

후 3:8)를 의미하는 것이며,

⑤ 7절에 천 년 후 사단이 옥에서 나옴은 은혜 시대 후, 후 3년 반에 마귀가 적그리스도를 통해 역사하게 될 것을 의미한다는 것을 깨달을 수 있었다.

요한계시록의 다른 부분도 그렇지만 제20장을 상징적으로 볼 때 복음적 교리와 너무도 확실하게 부합된다는 것을 깨닫게 되어 마음 깊은 곳에서부터 즐거움을 느꼈다. 그래서 나는 1968년에 《요한계시록 강해》를 저술하여 세상에 내놓게 되었다.

*** 문제가 된 무천년주의**

요한계시록 강해를 펴낸 후에 보다 많은 신도들에게 계시록을 바로 이해시켜야겠다는 생각이 들어 삼각산 제일기도원에서 집회를 열었다. 1주간의 계시록 강해를 끝내고 홀가분한 맘으로 강사실에 들어갔을 때, 내가 속해 있던 경기노회 회원 두 사람이 나를 따라 들어왔다. 자리에 앉자마자 그 목사님들은 “목사님, 어떻게 하려고 성경을 그렇게 가르칩니까? 성경에 천년왕국이 있다고 했는데 없다고 가르치니 성경을 부인하는 것 아닙니까? 우리가 김 목사를 잘 알지만 노회에 상소(上訴)하여 목사님의 해석이 옳은지 그른지 해답을 받아야겠소" 라고 했다. 나는 담담하게 그렇게 하시라고 했다.

그 두 목사님의 소장(訴狀)은 드디어 노회에 제출되었고, 노회에서는 신학부로 보냈고, 신학부에서는 당시 한국 교계의 대표적인 신학자로 존경받던 총신대학의 박형룡 박사와 박윤선 박사에게 의뢰하여 해답을 얻기로 했다.

그러나 나의 마음은 두렵지 않고 담담했다. 내가 그런 형편에서 담담했던 이유는 그간의 연구로 무천년주의에 대한 확신이 있었고, 또 무천년주의는 나만의 주장이 아니기 때문이었다. 칼빈주의의 3대 학자라고 하는 아브라함 카이퍼(Abraham Kuyper), 워 필드(B.B. Warfield), 헤르만 바빙크(Herman Babink) 등이 다 무천년주의이며, 칼빈 선생도 그의 《기독교강요》에서 전천년설을 반대했고(Calvin' s In. p. 995), 소급하여 올라가면 교부 어거스틴(Augustine)도 무천년주의이며(The City of God Ⅱ, p. 356), 사도들과 예수님도 전천년설을 말씀하신 일이 없기 때문이었다.

두 분 신학자들이 그다음 노회에서 보고한 답변은 전천년설, 후천년설, 무천년설은 신학적 난제에 속하며, 따라서 어느 설을 믿어도 이단이라고 규정하지 않는 것이 교회의 전통이라는 것이었다. 나는 그 해답이 만족스럽지는 않았으나 무천년설을 정죄한 것보다는 낫다고 생각했다.

내가 저술한 《요한계시록 강해》가 노회에 문제가 되었으나 무사하게 되었다는 소문이 퍼지자 《요한계시록 강해》를 구독하는 목사와 신학생들이 더 많아지게 된 것은 다행이라고 생각되었다.

*** 다시 내는 요한계시록 강해**

회고해 보니, 내가 《요한계시록 강해》를 펴낸 지가 어언 45년이 지났다. 그러나 요한계시록의 천년왕국이 신령한 왕국이라고 하는 확신은 더 깊어 가고 있으며, 그런 깨달음을 주신 주님께 감사드린다. 내가 45년 만에 《요한계시록의 참뜻》이라는 제목으로 요한계시록 강해서를 다시 내게 된 데에는 몇 가지 이유가 있다.

① 때가 가까워 오는 이때에 계시록을 상고함으로, '우리가 어느 지점에 와 있는가? 우리의 할 일이 무엇인가?' 를 깨닫게 하였으면 하는 바람과,

② 교회를 지도하는 목사님들이 무천년주의에 대해 이해하는 이들이 많으나, 아직도 많은 교역자들과 교인들이 전천년주의를 믿고 있다는 점과,

③ 요한계시록을 바르게 해석하지 않고 교리에 위반되는 엉뚱한 해석을 하여 교인들을 방황하게 하는 일들이 많은 것과,

④ 요한계시록은 어렵기 때문에 해석하려고 하지 말아야 한다는 이들도 있기 때문이다.

"요한계시록은 해석하기 어렵기 때문에 해석하려는 생각은 무모(無謀)한 일이다. 그래서 나는 계시록이라고 하면 일곱 교회 외에는 해석한 일이 없다"라고 하는 목사님들을 여러 번 보았다. 그 말은 요한계시록을 인봉하라고 하는 말같이 들렸다. 성경해석을 조심해서 해야 한다는 생각은 옳으나 요한계시록 해석이 어렵다고 하여 펴지 않고 보자기에 싸 두었다가 예수님을 맞는 것은 신랑의 편지를 읽지 않고 모아 가지고 있다가 신랑을 맞으려는 신부와 무엇이 다르겠는가? 다른 성경도 읽어야 하지만 요한계시록은 더욱 읽고 상고해야 할 말씀이다.

요한계시록 외의 다른 성경들은 복음의 어느 한 부분들을 말씀한 책이 많다. 구약성경은 예수 그리스도를 예언하는 데 중점을 두었다. 신약 4복음서는 예수 그리스도의 행적을 중심으로 기록했다. 사도행전은 성령 강림 후 사도들의 활동에 대한 것이며, 서신들은 복음이 무엇인가와 복음에 합당한 삶이 어떤 것인가를 가르쳤다. 그러나 요한계시록은 짧은 22장에서 성경의 모든 것을 다 포함하고 있다.

2장과 3장에는 교회론이 있다. 4장과 5장에는 신론과 그리스도론이 있으며, 6장부터는 종말론이 있고 마귀론이 있으며, 7장에는 구원론이 있고, 10장부터 13장에는 교회의 사명과 교회가 환난의 때를 어떻게 감당해야 하는가를 보여준다. 16장부터 20장까지는 지상 심판과 최후 심판을 보여주며, 21장과 22장에서는 내세에 대한 것을 가르친다.

그래서 사도 요한은 "이 예언의 말씀을 읽는 자와 듣는 자들과 그 가운데 기록한 것을 지키는 자들이 복이 있나니 때가 가까움이라"(계 1:3)고 하였다.

이번에 다시 출판하는 요한계시록 강해는 첫 번 강해를 수정하거나 보충한 것은 아니다. 무천년주의의 기본 틀은 같으나 지난 40년간 추가적으로 깨달은 바를 토대로 하여 독자들이 이해하고 은혜 받기 쉽게 설명하려고 노력했다.

*** 본 책의 내용을 소개하면**

① 계시록 해석 원리를 상세하게 설명했다.

② 전 3년 반과 후 3년 반의 근원이 무엇이며, 언제부터 언제까지인가와, 우리는 지금 어디에 와 있는가를 설명했다.

③ 전 3년 반 기간에 교회의 사명이 무엇인가를 설명하는 데 노력했다.

④ 각 부분이 현대를 사는 크리스천에게 적용될 수 있도록 힘썼다.

요한계시록을 이해하려는 여러 교역자들과 성도들이 바른 종말관을 가지며 은혜를 받는 데 도움이 되기를 바란다.

마지막으로 나의 감사의 마음을 표하고자 한다. 고령의 나이에 있는 나에게 이 책을 펴낼 수 있는 건강과 마음과 환경을 허락하신 하나님께 감사드리며, 39년간 나를 아껴 주었고 은퇴 후에도 변함없이 아껴 주는 나성서부교회에 대해 감사하고, 이 책의 출판을 물질로 도우신 이용분 권사님께 감사하며, 책의 교정과 출판을 위해 수고한 나의 사위, 보스턴 장로교회를 담임하는 전덕영 목사에게 감사한다. 그리고 나의 글을 컴퓨터에 옮기느라 주야로 수고한 나의 아내 사라에게 감사하는 바이다. 이 모든 분들의 수고가 주 안에서 헛되지 않기를 바란다.

2013년 6월

저자 김 승 곤

차 례

Ⅰ. 계시록 해석 원리

구약 다니엘서에서는 말세에 대한 계시를 다니엘에게 보여준 다음 "이 말은 마지막 때까지 간수하고 봉함할 것임이니라"(단 12:9)고 하였고, 계시록에서는 "이 책의 예언의 말씀을 인봉하지 말라 때가 가까우니라"(계 22:10)고 하였다.

그렇게 말씀하신 이유는 다니엘의 시대에서는 말세라고 불리는 신약 시대가 먼 미래에 있었고 사도 요한의 시대에서는 그 말세가 시작되었기 때문이다(히 1:2).

요한계시록을 해석하는 사람들 중에는 요한계시록은 다른 성경에 나타나지 않은 독특한 것을 보여주는 말씀인 것처럼 생각하고 해석하는 사람들이 많다.

예를 들면 다음과 같다.

① 7년 환난 전에 성도는 공중으로 휴거되므로 성도는 7년 환난에 참여하지 않는다고 가르치기도 한다.

② 예수님이 재림하시면 천국에 들어가기 전 이 세상에서 천 년간 예수님과 함께 왕 노릇 한다고 가르치기도 한다.

③ 계시록과 다니엘서에 나타난 날짜를 잘 계산하면 재림의 날을 알 수 있다고 하며 재림일자를 선포하기도 하여 믿는 사람들의 마음을 요동하게 한다.

그렇게 해석하는 이유는 계시록의 해석 원리를 따르지 않고 자의적(自意的)으로 해석하기 때문이다(벧후 1:20, 3:16). 계시록을 바로 이해하려면 계시록을 해석하는 데 필요한 원리를 따라야 한다. 그 원리는 고대부터 전해 내려오는 원리이며, 가장 타당성(妥當性) 있는 원리이다.

1. 애매(曖昧)한 것은 분명한 가르침의 교훈을 통해 해석하는 원리

이 원리는 예수님의 시대에 살던 랍비 힐렐(Hillel)의 해석 원리인데, 애매한 것은 분명한 교훈에서부터 해석해야 한다고 하는 원리이다(Protestant Biblical Interpretation. p. 47).

워필드(B.B. Warfield)는 그 해석 원리를 다음과 같이 설명했다.

> "우리는 성경의 애매한 부분은 분명한 가르침의 교훈적 부분으로 말미암아 해석함이 타당하다는 것을 잊어서는 안 된다. 우리는 의심의 여지가 없이 그 문제를 우리 앞에 있는 본문에서 떠나거나 성경의 조화에서 떠나도록 해서는 안 된다"(B.B. Warfield, Biblical Doctrines, p. 643).

우리는 계시록에서 종말에 대한 것을 해석할 때 애매한 부분은 분명한 교훈적 가르침에서부터 해석해야 한다. 그 분명한 교훈적 가르침이란 복음서와 서신에 나타난 예수님과 사도들의 가르침이다. 공중 휴거나 지상 천년왕국에 대해 예수님과 사도들이 가르치고 있는가를 보고 그 가르침에 비추어 해석해야 할 것이다.

2. 상징적(象徵的) 해석을 취해야 한다

1) 상징이라는 것은 그것이 아닌 것으로 그것을 보여주는 화법(話法)인데 구약 시대부터 성경에 많이 사용된 화법이다

상징적 해석이라는 것은 그 말이 의미하는 것이 무엇인가를 찾아 해석하는 것을 가리킨다. 이사야는 "이새의 줄기에서 한 싹이 나며 그 뿌리에서 한 가지가 나서 결실할 것이요"(사 11:1)라고 하였다. 싹은 예수님이 아니다. 예수님이 아닌 것으로 예수님을 설명한다. 그것이 상징적(象徵的) 수사법이다. 이사야서 11장과 35장의 예언도 상징적으로 하신 말씀이다.

예수님은 비유의 말씀에서 "더러는 길가에 떨어지매 새들이 와서 먹어 버렸고"(마 13:4)라고 하셨는데, 새는 마귀가 아니다. 예수님은 마귀가 아닌 것으로 마귀를 설명하셨다(마 13:19).

2) 상징적 해석은 성경이 영감(靈感)된 책임을 부인하는 것이 아니다

성경은 영감된 책이요 오류가 없지만 상징적 수사법으로 그 뜻을 나타냈다고 보고 해석하는 것이 상징적 해석법이다. 예를 들면 예수께서 헤롯에 대하여 "가서 저 여우에게 이르라"(눅 13:32)고 하셨는데 그 여우는 산에 사는 여우가 아니라 헤롯 왕이었다. 비유의 말씀을 문자 그대로 해석한다면 예수님이 "새가 와서 주워먹는다"라고 하신 것은 마귀가 말씀을 빼앗는 것이 아니라 새가 와서 먹는 것이라고 주장하게 될 것이고, "가서 여우에게 고하라"고 하셨다고 하여 여우를 찾으러 산으로 가게 되었을 것이다.

3) 상징적 해석을 한다고 해서 성경의 모든 말씀을 상징적으로 해석하려 해서는 안 된다

동정녀 탄생, 십자가의 죽으심, 부활과 승천, 재림 등을 상징적으로 보려고 해서는 안 된다. 그런 말씀들은 실제적 사건을 기록한 것이요, 상징적으로 하신 말씀이 아니기 때문이다.

4) 계시록에 나타난 상징적 용어들

일곱별－일곱 교회의 사자(계 1:20)

하늘에서 떨어진 별－마귀 또는 타락한 교역자(계 8:10, 9:1)

일곱 촛대－일곱 교회(계 1:20)

감추었던 만나－진리(계 2:17)

입의 검－하나님의 말씀(계 2:16)

흰 돌－새로운 인격(계 2:17)

철장－권세(계 2:27)

인봉한 책－하나님의 계획(계 5:1)

어린 양－예수(계 5:6)

향－성도의 기도(계 5:8) 또는 예수님의 의(계 8:3)

바람－전쟁(계 7:1)

나무－지도자(계 7:1)

풀－평민(계 7:1)

인을 침－성령 주심(계 7:3; 엡 1:13)

독수리－화(계 8:13)

황충이－악한 사상(계 9:3)

펴 놓인 작은 책－복음(계 10:2)

두 증인－ 교회(계 11:3)

짐승－적그리스도(계 11:7)

붉은 용－마귀(계 12:3)

여자－ 교회(계 12:1)

아이－예수 그리스도(계 12:2)

왕－성도(계 5:10, 20:4)

음녀－이 세상주의(계 17:1)

바벨론－말세의 이 세상(계 18:2)

〈숫자상의 상징〉

2－증거 수(계 11:3; 눅 10:1)

3－하나님의 속수(계 8:13, 14:9)

4－땅의 완전수(계 7:1)

5－고통의 수(계 9:5; 요 4:18, 5:2)

6－육의 속수(계 13:18)

7－하나님의 완전 수(계 1:11)

10－땅의 완전 수(계 17:12)

12－선택 수(계 21:12)

1/10－남은 수(계 11:13; 사 6:13)

1,260일－전 3년 반(계 11:3, 12:6)

3일 반－후 3년 반(계 11:9)

한 때 두 때 반 때－연단 기간을 의미하는 전 3년 반(계 12:14)

마흔 두 달－후 3년 반 환난의 수(계 11:2, 13:5)

7천－남은 수(계 11:13; 롬 11:4)

666－인본주의와 번영의 극치(대하 9:13)

14만 4천－선민의 수(계 7:4, 14:1)

1천 년－은혜 시대(벧후 3:8; 계 20:2, 4)

이 모든 용어와 숫자의 상징적 의미를 이해해야 계시록을 바르게 이해할 수 있다.

3. 계시록의 구문(構文), (Syntax)을 이해해야 한다

1) 계시록은 조직적으로 구성되어 있다.

① 1:1-20－**서론**

② 2:1-3:22－**일곱 교회**

③ 4:1-5:14－**성부와 성자**

④ 6:1-16:21－**일곱 인, 일곱 나팔, 일곱 대접**

⑤ 17:1-20:15－**심판**

음녀 심판－17:1-18

바벨론 심판－18:1-24

적그리스도와 거짓 선지자 심판－19:1-21

마귀 심판－20:1-10

인류 심판－20:11-15

⑥ **내세**－21:1-22:5

⑦ **결언**－22:6-21

2) 본 계시에 특별계시가 삽입(揷入)되어 있다는 점을 유의해야 한다

본 계시는 일곱 인, 일곱 나팔, 일곱 대접으로 계속된다. 그러나 특별계시는 인과 인 사이와(제6 인과 제7 인 사이) 나팔과 나팔 사이(제6 나팔과 제7 나팔 사이)에 삽입되어 있다. 특별계시를 독립된 계시로 보지 않고 본 계시의 순서와 연결시켜 해석하면 바른 해석을 할 수 없다. 예를 들면 6장에서 여섯째 인까지 떼었으니 7장에서는 일곱째 인을 떼는 것이 순서이지만 14만 4천에게 인을 치는 계시가 나오고 일곱째 인은 8장에 가서 뗀다.

7장은 여섯째 인과 일곱째 인 사이에 삽입된 특별계시이다. 따라서 6장과 7장을 연결시켜 해석하면 바른 해석을 할 수 없게 된다. 7장 사건을 6장 사건 이후에 될 일로 착각하게 되기 때문이다.

7장은 독립된 특별계시로서 은혜 시대 전 기간에 걸쳐 구원의 복음을 전파하여 택하신 백성에게 성령의 인을 치는 것을 보여주는 계시이다.

10, 11, 13, 14장도 특별계시이다. 8장과 9장에서 여섯 나팔을 불었으니 10장에서는 일곱째 나팔을 불어야 하지만 일곱째 나팔은 11장 15절에서 불고 나팔의 내용은 15장과 16장에서 나타난다.

10, 11, 12, 13, 14장은 본 계시인 9장과 15장 사이에 끼여 있는

특별계시이다. 그리고 본 계시인 16장 다음에 오는 17장부터 20장도 심판에 대한 특별계시이다.

17장－음녀 심판

18장－바벨론 심판

19장－적그리스도 심판

20장 1-10절－마귀 심판

20장 11-15절－인류 심판

계시록은 본 계시(일곱 인, 일곱 나팔, 일곱 대접)와 삽입된 특별계시를 구분하지 않으면 바로 해석할 수 없다.

3) 특별계시의 사건별 특징(特徵)

이제 특별계시의 특징을 살펴보자.

① 7장은 복음을 전파하여 믿는 자들에게 성령의 인을 치는 특별계시이다.

② 10, 11장은 복음 전파에 대한 계시이다.

10장은 교회의 증거를 위한 준비요, 11장은 교회의 증거이다.

11장 1-6절은 전 3년 반의 교회이며, 11장 7-13절은 후 3년 반의 교회이다.

③ 12, 13장은 교회의 환난을 중심으로한 특별계시이다.

12장은 전 3년 반(1,260일)에 당하는 환난이며, 13장은 후 3년 반(마흔두 달)에 당하는 환난이다.

④ 14**장은 교회의 영광과 심판에 대한 특별계시이다**(15-16장은 본 계시이다).

⑤ 17-20**장은 심판에 대한 특별계시이다**.

17장은 음녀 심판이요, 18장은 바벨론 심판이요, 19장은 적그리스도와 거짓 선지자 심판이요, 20장 1-10절은 마귀 심판(예수님의 초림과 재림의 심판)이요, 20장 11-15절은 인류 심판이다.

⑥ 21**장** 1**절부터** 22**장** 5**절까지는 내세에 대한 특별계시이다**.

4. 선입주견(先入主見)을 버려야 한다

계시록을 바로 이해하려면 타인의 가르침이나 자신의 어떤 깨달음 같은 것으로 인한 선입주견(先入主見)에서 벗어나야 한다.

해리 볼테마는 계시록 4장 1절의 "이리로 올라오라 이후에 마땅히 될 일을 내가 네게 보이리라"고 한 말씀은 공중휴거의 부름을 의미하는 것이라고 하며, 계시록 4장에서 성도는 공중휴거되므로 그다음에 나타나는 계시는 모두 성도가 공중휴거된 후에(7년 환난 때) 될 일이요, 성도는 그 환난에 참여하지 않는다고 했다(Harry Bultema, Maranatha, p. 267). 볼테마는 공중휴거라고 하는 선입주견에 사로잡혀 성부와 성자에 대한 계시를 보여주기 위해 "이리로 올라오라"고 하신 말씀을 공중휴거로 오해했다. 선입주견은 색안경과 같다.

어떤 이들은 계시록 19장과 20장이 각각 독립된 계시임을 이해하지 못하고 19장은 예수님이 재림하시는 것을 보여주는 계시요, 20장은 그 후에 될 일이라고 생각함으로 20장은 예수님이 재림하신 후에 지상 천년왕국이 있다는 것을 보여준다고 해석한다. 그러나 19장과 20장은 다같이 심판에 대한 계시로서 19장은 적그리스도와 거짓 선지자에 대한 심판이요, 20장은 마귀와 인류 심판을 보여주는 특별계시이다. 마귀가 예수님의 초림 시에 결박되고 은혜 시대(천 년으로 상징됨)가 지나간 후(마귀가 후 3년 반에 무저갱에서) 다시 활동하다가 예수님의 재림으로 심판 받는 것을 보여주는 계시이다.

5. 7년 환난의 의미를 알아야 한다

7년 환난이란 어떤 기간을 가리키는 것인가? 많은 사람들이 7년 환난의 의미를 모르고 무작위(無作爲)로 7년 환난이 이미 왔다고도 하고 앞으로 올 것이라고 하기도 한다. 7년 환난이라는 말은 성경에 없다. 7년 환난의 근거가 되는 말씀들이 있을 뿐이다. 그 성구들을 면밀하게 상고(詳考)해야 한다.

1) 7년 환난의 기초가 되는 성구는 다니엘 9장 24-27절이다

"네 백성과 네 거룩한 성을 위하여 칠십 이레로 기한을 정하였나니 허물이 마치며 죄가 끝나며 죄악이 영속(永贖)되며 영원한 의가 드러나며 이상과 예언이 응하며 또 지극히 거룩한 자가

> 기름 부음을 받으리라 그러므로 너는 깨달아 알지니라 예루살렘을 중건하라는 영이 날 때부터 기름 부음을 받은 자 곧 왕이 일어나기까지 일곱 이레와 육십이 이레가 지날 것이요 그때 곤란한 동안에 성이 중건되어 거리와 해자가 이룰 것이며 육십이 이레 후에 기름 부음을 받은 자가 끊어져 없어질 것이며 장차 한 왕의 백성이 와서 그 성읍과 성소를 훼파하려니와 그의 종말은 홍수에 엄몰됨 같을 것이며 또 끝까지 전쟁이 있으리니 황폐할 것이 작정되었느니라 그가 장차 많은 사람으로 더불어 한 이레 동안의 언약을 굳게 정하겠고 그가 그 이레의 절반에 제사와 예물을 금지할 것이며 또 잔포하여 미운 물건이 날개를 의지하여 설 것이며 또 이미 정한 종말까지 진노가 황폐케 하는 자에게 쏟아지리라 하였느니라"(단 9:24-27).

7년 환난이라는 말은 본문의 70주 중 일곱 이레(7주)와 62이레가 지나간 후 마지막 남은 1주(7일)에 근거하는 말이다.

① 다니엘 9장 24-27절의 내용

이 부분은 7년 환난의 기초가 되는 말씀이기 때문에 그 의미를 충분히 이해해야 한다. 본문의 내용은 "네 백성과 네 거룩한 성을 위하여 칠십 이레(70週)로 기한을 정하였나니 허물이 마치며 죄가 끝나며 죄악이 영속(永贖)되며 영원한 의가 드러나며 이상과 예언이 응하며 또 지극히 거룩한 자가 기름 부음을 받으리라"고 하였다.

그리고 70주는 성전을 건축하라는 명령이 내릴 때부터 기름 부음을 받은 왕(예수)이 끊어질 때까지가 7주와 62주(합해서 69주)가 되며, 그다음 마지막 1주를 합한 기간이다.

② 7주와 62주와 1주에 대한 해석

a. 문자주의(Letterism)의 해석(세대주의의 해석)

성전 건축령이 내린 때부터 기름 부음을 받은 왕(예수)까지의 7주와 62주를 합한 69주는 이스라엘이 정탐한 기간인 40일을 40년으로 환산한 것같이(민 14:34) 환산하면 483년이 되는데, 그 기간은 아닥사스다 왕이 성전을 다시 세우라는 영을 내릴 때(느 2:6)부터 기름 부음을 받은 왕이신 예수님이 십자가에 죽으실 때까지의 기간과 거의 일치한다. 그러므로 70주 중 69주는 예수님이 십자가에 못 박혀 죽으실 때 이미 성취된 기간이라고 한다.

마지막 한 이레(1주)에 대한 세대주의의 해석은 다음과 같다.

7주와 62주를 해석하는 것같이 1일을 1년으로 환산하여 계산한다면 기름 부음을 받은 왕이 끊어진 후 70주 중 1주(7년)밖에 남지 않았으니 예수님이 죽으신 후 7년에 마지막 1주(7년 환난)가 지나가서야 한다.

그러나 "이방인의 때"(눅 21:24; 계 11:2)가 있다고 하였고, 이방인의 때는 70주 계산에 넣을 수 없기 때문에 이방인의 때가 찬 후에 7년 환난이 온다는 것이다.

세대주의에서는 70주 중 이방인의 때를 공백으로 비워 두고 계산해야 한다고 하므로 이 해석을 괄호식 해석(括弧式 解釋)이라고 한다. 그러므로 문자주의 해석에서는 해석자에 따라 7년 환난이 이미 왔다고도 하고 앞으로 올 것이라고 하기도 한다. 그 이유는 이방인의 때가 끝났다고 보기도 하고 아직 끝나지 않았다고 보기도 하기 때문이다.

그러나 문자주의의 해석은 납득하기가 어렵다.

그 이유는 첫째로 성전 건축령이 내려질 때부터 예수님이 십자가에 죽으시기까지의 기간이 정확하게 483년이라고 말하기 어렵고, 둘째로는 마지막 1주가 이방인의 때이기 때문에 이방인의 때는 계산에 넣지 말아야 한다는 이론도 성경말씀과 부합하지 않기 때문이다. 예수님이 말씀하신 이방인의 때(눅 21:24)는 예루살렘이 이방인의 손에 넘어가는 때를 의미하는데, 계시록에서는 그 기간을 마흔두 달 또는 1,260일이라고 하여(계 11:2) 그 기간이 마지막 1주의 전반기라고 하기 때문이다.

이런 모순이 보여주는 것은 70주와 1주를 문자주의적으로 해석하는 것이 불가능하다는 것이다. 이런 해석은 7년 환난을 허공에 띄워 놓아 무작위로 해석할 수 있게 하여 종말론에 대해 혼동을 가져오게 한다.

b. 상징주의적 해석(Symbolism)

70주는 하나님께서 구원을 이루시는 완전한 기간을 의미하는 기간이라고 본다. 그리고 7주와 62주를 구별하였는데 7주는 49일이며 1일을 1년으로 계산하면 49년이요 49년은 50년 희년을 기다리는 기간이다(레 25:11). 이 기간은 유대 민족이 포로 생활에서 자유를 대망하던 기간이다.

62주에 7주를 합한 기간은 69주인데 하나님의 구원이 완성되는 70주를 대망하고 준비하는 기간이라고 볼 수 있다. 역사적으로 포로 후 시대에는 다른 어떤 시대보다 메시아를 더욱 대망했다. "백성들이 바라고 기다리므로"(눅 3:15)라고 했다.

마지막 1주는 기름 부음을 받은 왕(예수)이 끊어지는 때부터 세상 끝까지의 기간인데, 하나님께서 구원을 완성하시는 기간이다.

이 기간은 7년 환난 기간이며 이레의 절반에 잔포하여 미운 물건이 나타난다고 하였으니, 이 기간은 환난의 전반기와 후반기로 나뉜다(단 9:27). 환난의 전반기는 환난이 있지만 적그리스도가 나타나지 않은 기간이요, 환난의 후반기는 적그리스도가 나타나는 기간인데 "그가 그 이레의 절반에 제사와 예물을 금지할 것이며 또 잔포하여 미운 물건이 날개를 의지하여 설 것이며"(단 9:27)라고 하신 말씀이 응하는 때이다.

이 예언이 보여주는 것은 기름 부음 받은 왕이 끊어진 후 7년 환난이 오는데 전 3년 반은 환난이 심하지 않고 후 3년 반은 환난이 극심하리라는 것이다.

다니엘서가 보여주는 7년 기간은 예수님의 초림부터 재림까지의 전 기간을 가리키는 기간이다.

〈70주에 대한 도표〉 - 다니엘 9장 24-27절 해석

• 세대주의의 문자주의적 해석(괄호식 해석)

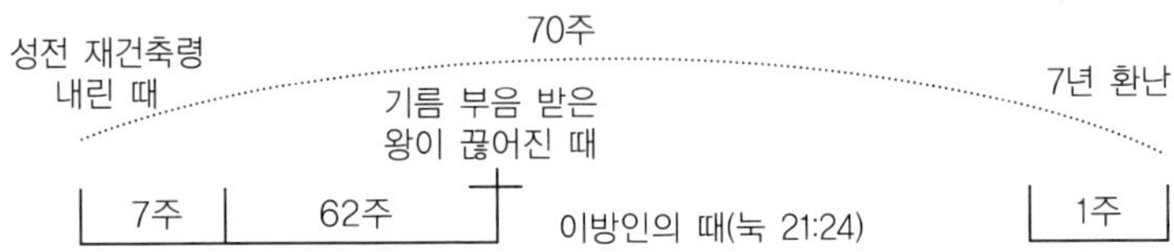

7+62=69주는 483일이며 1일을 1년으로 환산하면 아닥사스다 왕의 성전 건축령이 내린 때(느 2:6)부터 예수 그리스도가 죽으실 때까지의 기간과 거의 부합한다.

그렇다고 하면 예수님이 십자가 지신 다음에 남은 기간은 1주 7년밖에 남지 않은 것이 된다. 세대주의에서는 예수님이 십자가 지신 후부터가 이방인의 때이며 이방인의 때는 70주에 포함할 수 없기 때문에 이방인의 때가 지나간 후에 7년 환난이 온다고 한다. 그러나 계시록 11장 2절은 이방인의 때가 7년 환난에 포함되어 있다고 가르친다.

• 상징적 해석

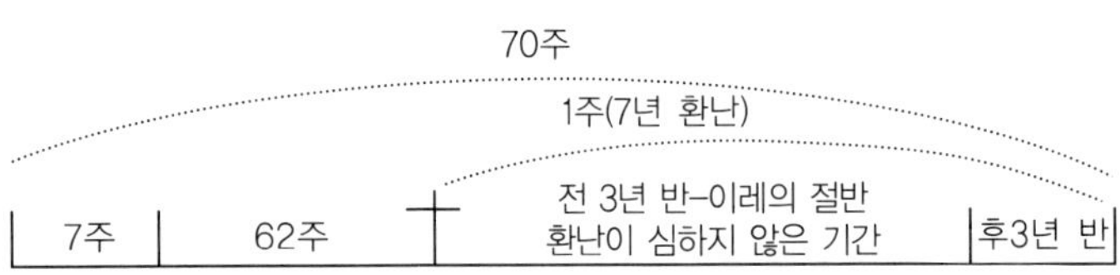

아닥사스다 왕이 성전 건축령을 내릴 때(느 2:6)부터 기름 부음을 받은 왕이 끊어질 때까지 7주와 62주가 될 것이라고 하였는데, 이 숫자를 영적 의미로 보면 7주는 49일이요 49일은 1일을 1년으로 환산할 때 49년이며 그해는 희년을 기다리는 해이다. 그리고 7주와 62주를 합한 기간은 구원 완성의 때인 70주를 기다리는 때이다. 이 기간들은 대망의 때이다. 마지막 1주는 예수님이 십자가에 못 박히신 때부터 재림까지의 기간이며, 전 3년 반은 복음을 전파하는 긴 기간이고, 후 3년 반은 짧고 극심한 환난의 기간이다.

2) 신약성경이 보여주는 7년 환난

신약성경은 미래에 올 환난이 7년 환난이라고 가르치지 않고 예수님이 십자가에 못 박히신 후부터가 환난 기간이라고 한다(마 24:3-14).

그리고 환난의 전반기와 후반기가 있는데 전반기는 환난이 극심하지 않은 긴 기간이요(6절 참조), 후반기는 환난이 극심하며 짧은 기간이 될 것이라고 성경 여러 곳에서 한결같이 가르치고 있다.

① 마태복음 24장 15절

"그러므로 너희가 선지자 다니엘의 말한 바 멸망의 가증한 것이 거룩한 곳에 선 것을 보거든(읽는 자는 깨달을진저)" 라고 하셨다. 예수님은 다니엘의 예언과 같이 멸망의 가증한 것이 거룩한 곳에 서는 때가 있을 것을 예고하셨다. 그것은 환난의 전반기와 후반기가 있을 것을 가르치신 것이다.

② 데살로니가후서 2장 4-7절

"저는 대적하는 자라 범사에 일컫는 하나님이나 숭배함을 받는 자 위에 뛰어나 자존하여 하나님 성전에 앉아 자기를 보여 하나님이라 하느니라……저로 하여금 저의 때에 나타나게 하려 하여 막는 것을 지금도 너희가 아나니 불법의 비밀이 이미 활동하였으나 지금 막는 자가 있어 그중에서 옮길 때까지 하리라" 고 하였다.

바울도 적그리스도가 아직 나타나지 않는 이유는 지금 막는 자가 있기 때문이라고 하며 적그리스도가 나타나지 않은 때와 나타나는 때가 있을 것을 예언했다.

③ **요한계시록 7장 1절, 9장 13절**

7장 1절에서는 네 천사가 땅 사방에 부는 바람을 붙잡아 불지 못하게 했고, 9장 13절에서는 유브라데 강에 결박한 네 천사를 놓아 전쟁하게 한다. 여기서도 환난이 심하지 않은 때와 심한 때가 있을 것을 보여준다.

④ **요한계시록 11장 3절, 9절**

3절에서 "내가 나의 두 증인에게 권세를 주리니 저희가 굵은 베옷을 입고 일천이백육십 일을 예언하리라"고 하였고, 9절에서 "그 시체를 사흘 반 동안을 목도하며"라고 하였다.

두 증인은 교회인데 1,260일(전 3년 반) 동안 증거하다가(계 11:3) 증거를 마칠 때 무저갱에서 올라오는 짐승에게 죽임을 당하고 3일 반 후에 부활하여 승천한다고 했다. 여기서도 교회가 7년 환난 중 전 3년 반(1,260일) 동안 역사하다가 후 3년 반(3일 반)에 적그리스도의 박해를 받을 것을 보여준다.

⑤ **요한계시록 12장 1절-13장 18절**

"그 여자가 광야로 도망하매 거기서 일천이백육십일 동안 저를 양육하기 위하여 하나님의 예비한 곳이 있더라"(계 12:6)고 하였고, "또 짐승이 큰 말과 참람된 말하는 입을 받고 또 마흔 두 달 일할 권세를 받으니라"(계 13:5)고 하였다.

여자는 교회를 상징하는데 환난의 전반기(前半期)인 1,260일 기간에는 큰 환난은 당하지 않다가 바다에서 짐승이 올라온 후 환난이 더욱 심해질 것을 보여준다.

⑥ **요한계시록** 20**장** 1-10**절**

2-3절에 "용을 잡으니 곧 옛 뱀이요 마귀요 사단이라 잡아 일천 년 동안 결박하여 무저갱에 던져 잠그고 그 위에 인봉하여 천 년이 차도록 다시는 만국을 미혹하지 못하게 하였다가 그 후에는 반드시 잠깐 놓이리라"고 하였다. 여기서도 마귀가 갇힌 기간과 놓인 기간이 있다. 마귀가 갇힌 기간인 1천 년은 전 3년 반에 해당하며, 곡과 마곡을 미혹하여 싸움을 붙여 전쟁하게 하는 기간은 후 3년 반을 가리킨다.

다니엘서의 70주 중 남은 1주는 이방인의 때가 지난 후에 오는 문자적 7년이 아니라 상징적 수이며, 예수님이 십자가에서 죽으신 때부터 계속되어 오는 환난의 기간이다. 그리고 그 환난의 기간은 잔포하여 미운 물건—적그리스도(단 9:27; 마 24:15; 살후 2:4-7; 계 9:13)가 나타나기 전 기간과 나타난 후 기간으로 나뉘며, 적그리스도가 나타나기 전 기간을 환난의 전반기라고 하고 나타난 후의 기간을 환난의 후반기라고 한다.

7년 환난은 무엇을 의미하는가?

그것을 알려고 하면 그 기초가 되는 다니엘 9장 27절을 충분히 이해하고 그것을 신약성경과 계시록에서 무엇이라고 설명하는지 이해하는 것이 필요하다.

다니엘 9장 27절의 한 이레를 문자주의적으로 볼 수는 없다. 1일을 1년으로 환산한다 하더라도 그 기간은 7년뿐인데 그렇게 본다면 예수님이 십자가를 지신 후 7년 후에 환난이 다 끝나야 한다. 예수님이 십자가를 지신 후부터는 이방인의 때이기 때문에 이방인의 때는 계산에 넣지 않아야 한다는 세대주의의 주장은 성경을 역행하는 해석이다. 성경에는 "성전 밖 마당은 척량하지 말고 그냥 두라 이것을 이방인에게 주었은즉 저희가 거룩한 성을 마흔두 달 동안 짓밟으리라"(계 11:2)고 하여 이방인의 때가 전 3년 반에 해당하는 기간이라고 하였기 때문이다.

Ⅱ. 제1장 요의(要意)

1:1-20

사도 요한은 제1장에서 계시록의 중요성과 구원의 의미와 예수님의 재림과 계시 받은 경위(經緯)를 설명한다.

1. 계시록의 중요성(1:1-3)

1) 계시록은 하나님의 말씀이다

하나님이 그(예수)에게 주시고 예수님은 그 천사를 보내어 요한에게 보이시고 요한은 일곱 교회의 사자들에게 증거했다. 계시록은 다른 모든 성경과 같이 원저작자는 하나님이시다(딤후 3:16).

2) 계시록은 말세에 처한 성도들에게 주신 책이다

"때가 가까움이라"(3절)고 하셨다. 말세는 예수님이 이 세상에 오신 때부터이다(히 1:2). 계시록은 말세에 처한 성도들에게 말세에 나타날 일들을 보여줌으로 예수를 믿게 하고 준비하게 하는 하나님의 말씀이다. 그러므로 말세에 처한 성도들은 모든 성경을 하나님의 말씀으로 믿는 것과 같이 계시록이 하나님의 말씀임을 믿고 그 말씀을 따라 지키며 순종해야 한다.

3) 계시록은 복을 주는 책이다

"이 예언의 말씀을 읽는 자와 듣는 자들과 그 가운데 기록한 것을 지키는 자들이 복이 있나니 때가 가까움이라"(3절)고 하였다. 예수님이 가르치신 산상보훈의 팔복과 계시록에 나오는 칠(七)복은 이 세상 복이 아니요 신령한 복이며 종말론적 복(終末論的福)이다.

① **산상보훈에서 가르치신 팔복**(마 5:3-10)

심령이 가난한 자－천국이 저희 것임이요

애통하는 자－저희가 위로를 받을 것임이요

온유한 자－저희가 땅을 기업으로 받을 것임이요

의에 주리고 목마른 자－저희가 배부를 것임이요

긍휼히 여기는 자－저희가 긍휼히 여김을 받을 것임이요

마음이 청결한 자－저희가 하나님을 볼 것임이요

화평케 하는 자－저희가 하나님의 아들이라 일컬음을 받을 것임이요

의를 위하여 핍박을 받는 자－천국이 저희 것임이라

이 복은 이 세상 복이 아니라 신령한 복이다.

② **계시록에서 가르치신 칠(七)복**

"이 예언의 말씀을 읽는 자와 듣는 자들과 그 가운데 기록한 것을 지키는 자들이 복이 있나니 때가 가까움이라"(1:3).

"주 안에서 죽는 자들은 복이 있도다"(14:13).

"깨어 자기 옷을 지켜 벌거벗고 다니지……아니하는 자가 복이 있도다"(16:15).

"어린 양의 혼인 잔치에 청함을 입은 자들이 복이 있도다"(19:9).

"첫째 부활에 참예하는 자들은 복이 있고 거룩하도다"(20:6).

"이……예언의 말씀을 지키는 자가 복이 있으리라"(22:7).

"그 두루마기를 빠는 자들은 복이 있으니"(22:14).

계시록의 칠복도 신령한 복이다.

하나님의 심판 전 홍수 시대 사람들과 소돔 성 사람들에게 필요한 것은 자녀나 집이나 전토나 건강 같은 이 세상 복이 아니라 생명 구원을 받는 것이었다. 그와 같이 하나님의 심판이 가까운 이때에 이 세상에 살고 있는 사람들에게 필요한 것은 지상의 복이 아니라 종말론적 축복이다. 종말에 살고 있는 성도 여러분은 계시록을 읽고 배움으로 종말에 주시는 복을 받으시기 바란다.

4) 계시를 통해 복 받는 방법

① 읽음으로 복을 받는다.

고대에는 성경을 필사(筆寫)하여 사용하였으므로 읽는 자가 따로 있었다. 그 읽는 자는 사람들 앞에서 읽어야 하므로 성경을 자주 읽어야 했는데 그 읽는 자가 복이 있다고 하였다.

어느 어린 손자는 병상에 있는 할머니에게 성경을 읽어 드리다가 자신이 은혜를 받았다고 한다. 나는 오랜 목회생활 후 어느 성도로부터 자기는 매일 성경을 10장씩 읽는다고 하는 말을 듣고 도전을 받아 나도 그렇게 해야겠다고 생각하고 매일 10장을 읽었을 때 많은 은혜를 받았다. 나의 이야기를 들은 어떤 목사님도 성경을 매일 10장씩 읽으며 은혜를 받는다고 했다.

성경을 많이 읽어야 한다. 성경을 읽지 않는 신자는 음식을 먹지 않는 사람과 같고, 성경을 읽지 않는 사역자는 음식을 먹지 않는 유모와 같게 된다.

② 들음으로 복을 받는다.

바울은 "믿음은 들음에서 나며 들음은 그리스도의 말씀으로 말미암았느니라"(롬 10:17)고 하였다. 고대 성도들은 성경을 읽으며 신앙생활을 한 사람이 적었다. 성경은 회당에 비치한 것 외에 없었기 때문이다. 그러므로 교회에서 읽고 가르치는 말씀을 들을 뿐이었으나 그들은 훌륭한 신앙생활을 했다. 그들은 성령님의 감동으로 신령한 귀가 열려 하나님의 말씀을 잘 깨달았기 때문이다. 예배 시간에 성경 말씀을 잘 들어야 한다.

③ 지킴으로 복을 받는다.

"노아가 그와 같이 하되 하나님이 자기에게 명하신 대로 다 준행하였더라"(창 6:22)고 하였고, "그러므로 누구든지 나의 이 말을 듣고 행하는 자는 그 집을 반석 위에 지은 지혜로운 사람 같으리니 비가 내리고 창수가 나고 바람이 불어 그 집에 부딪히되 무너지지 아니하나니 이는 주초를 반석 위에 놓은 연고요"(마 7:24-25)라고 하였다.

들었다고 다 지켜야 할 의무가 있는 것은 아니다. 좋은 소설을 읽었거나 감동적인 노래를 들었다고 하여 그대로 지킬 필요는 없다. 소설이나 노래를 통해서 받는 복은 감동을 받는 그 순간 다 받은 것인지 모른다. 그러나 진리는 듣기만 해서는 아무 소용이 없고 지켜야 한다. 만일 하나님께서 노아에게 방주를 지어 홍수에서 구원을 얻으라고 하셨는데 노아가 방주를 짓지 않았더라면 어떤 결과가 나왔겠는가? 하나님의 말씀은 지키는 자가 복을 받는다.

2. 구원에 대한 설명(1:4-6)

사도 요한은 소아시아 일곱 교회에 성도가 받은 구원에 대해 설명하며 은혜와 평강이 그들에게 있기를 기원하고, 그들이 영광과 능력을 그리스도에게 돌리기를 기원한다고 했다. 성도는 구원의 의미를 깨달을 때 은혜와 평강을 누리게 되며, 하나님께 영광 돌리는 삶을 살게 된다.

1) 구원자

삼위일체 하나님이 구원하심.

① 이제도 계시고 전에도 계시고 장차 오실 이-성부 하나님
② 그 보좌 앞에 일곱 영-성령님
③ 충성된 증인으로서 죽은 자들 가운데서 나시고 땅의 임금들의 머리가 되신 분-예수 그리스도로 말미암아 구원을 얻는다.

사도 바울은 우리의 구원을 위해 성부 하나님은 창세 전에 그리스도 안에서 우리를 예정하셨고(엡 1:5), 그리스도 안에서 그의 피로 말미암아 구속 곧 죄 사함을 받게 하셨고(엡 1:4, 7), 약속의 성령으로 인을 치셨다고 하였다(엡 1:13). 하나님의 택하심이 없었거나 예수님의 피 흘려 대속하심이 없었거나 성령님의 비추심이 없다면 죄인이 하나님 앞에 나와 구원 얻을 수 없다. 삼위일체 하나님의 역사하심으로 우리가 구원을 얻는다. 나의 존재와 배후에 어머니 아버지가 계시듯이 나의 구원의 배후에는 삼위 하나님의 역사하심이 있다.

2) 구원의 두 방면(1:5-6절)

① 죄와 사망에서 해방하심(5절).

"그의 피로 우리 죄에서 우리를 해방하시고"(5절)라고 하였고, "우리가 그리스도 안에서 그의 은혜의 풍성함을 따라 그의 피로 말미암아 구속 곧 죄 사함을 받았으니"(엡 1:7)라고 하였다.

구속(救贖)은 포로 된 군인을 찾아올 때 지불하는 돈을 의미한다. 십자군전쟁 때 남편이 포로가 된 여인은 남편을 석방해 줄 것을 칼리프(이슬람의 장군)에게 호소하며 남편을 석방해 준다면 무슨 일이라도 하겠노라 했다. 칼리프는 그러면 네 팔 하나를 베어 보내라는 회답을 했고, 그 여인은 남편을 구하기 위해 자기 팔 하나를 끊어 보내고 남편을 찾았다고 한다. 그래서 영국 모처에 가면 팔 하나 없는 여인의 동상이 있다고 한다.

예수님은 우리를 구속하시기 위해 자기 생명을 속전으로 주셨다. 그러나 이 놀라운 구속주를 만나지 못한 사람들이 많다. 불교계의 거성이라 불리던 성철 스님은 운명할 때 "나는 죄를 속해 줄 자가 없어서 지옥 간다"라고 말했다 한다(딸 불필 스님에게 남긴 유언). 그가 예수님을 만났더라면 얼마나 좋았을까?

성부 하나님께서는 사랑으로 자기 아들을 보내 주셨고, 성자 예수님은 자기 몸을 속전으로 내어주셨고, 성령님은 마음을 감화하여 믿게 하심으로 구원하신다.

② 나라와 제사장으로 삼으심.

믿는 사람들은 자신이 죄에서 구원받은 사실은 알면서도 더 나가서 나라와 제사장으로 삼아 주신 적극적 방면은 인식하지 못하는 경우가 많다.

a. 나라를 삼으심

나는 여러 나라(일본, 중국, 북한, 남한, 미국)의 통치를 경험하며 살아왔다. 일제의 통치 아래서 전전긍긍하며 살기도 했다. 해방 후 북한이 공산화되어 야음(夜陰)을 타고 남하했고 자유의 품에서 행복했었다. 그 후 미국에 와서 이 나라의 통치를 받으며 살고 있다. 미국 정부의 시민에 대한 배려에 대해 감탄할 때가 많다.

"죄의 삯은 사망이요 하나님의 은사는 그리스도 예수 우리 주 안에 있는 영생이니라"(롬 6:23)고 하신 말씀과 같이 하나님께서는 사망에서 우리를 건지셨고 우리를 그의 나라로 삼으시사 성령님의 통치를 받게 하셨다. 성령님의 통치를 받는 것은 행복한 일이다. 그래서 다윗은 "여호와는 나의 목자시니 내가 부족함이 없으리로다"(시 23:1)라고 했다. 구원 얻은 성도는 하나님 나라의 시민이다. 그러므로 그 나라의 임금이신 하나님께서 지켜 주신다.

b. 제사장으로 삼으심.

아버지 하나님을 위하여 제사장으로 삼으신다. 포로 귀환 시대의 대제사장 여호수아는 여호와의 사자 앞에 남루한 옷을 입고 섰고 사단은 그 우편에서 그를 대적했다. 그때 여호와께서는 "예루살렘을 택한 여호와가 너를 책망하노라 이는 불에서 깨낸 그슬린 나무가 아니냐. 그 더러운 옷을 벗기라. 내가 네 죄과를 제하여 버렸으니 네게 아름다운 옷을 입히리라"고 하셨고, 그때 스가랴는 "정한 관을 그 머리에 씌우소서"라고 하였다(슥 3:1-5).

제사장의 직분은 왕과 같은 고귀한 직분이다. 그래서 "왕 같은 제사장"이라고 했다(벧전 2:9). 하나님께서는 그를 믿는 자들을 구원하시는 것만 아니라, 아름다운 옷을 입히고 정한 관을 머리에 씌워 왕 같은 제사장을 삼아 왕 같은 제사장의 일을 하게 하신다.

〈제사장은 다음과 같은 일을 한다〉

- **성의를 입고 기름 부음을 받는다**(출 40:12-15).
- **제물을 드려 속죄한다**(레 4:35).
- **백성들에게 율법을 가르치며**(겔 7:26), **거룩한 것과 속된 것을 구별하여 가르친다**(겔 44:23).
- **백성들을 위해 기도한다**(민 6:22-27).
- **송사할 일을 재판한다**(겔 44:24).

이와 같이 하나님께서는 우리를 구원해 주신 것만 아니라 신령한 제사장으로 삼아 주셨다.

- **죄 씻음 받아 흰옷을 입게 하셨다**(계 7:14).
- **성령의 기름 부음을 받게 하셨다**(요일 2:27).
- **사람들을 위해 기도하게 하셨다**(딤전 2:1-2).
- **성경을 가르치게 하셨다**(마 28:20).
- **선악을 판단하게 하셨다**(고전 6:3; 신 16:18-20).

이 직분은 모든 믿는 자에게 주신 직분이므로, 마틴 루터는 개인 사제권(個人司祭權 - 모든 신자는 예배드릴 권리가 있다는 것)을 주장했다. 하나님께서 구원 얻은 성도에게 주신 권한은 놀라운 것이다. 그러므로 "그에게 영광과 능력이 세세에 있기를 원하노라"고 찬양했다.

3. 재림하시는 예수(1:7)

"볼지어다 구름을 타고 오시리라 각인의 눈이 그를 보겠고"(7절), 사도신경은 "저리로서 산 자와 죽은 자를 심판하러 오시리라"고 하였다. 예수님의 재림은 천지창조 후에 있을 최대의 사건이다. 그때 이 세상에 왔던 사람들은 다 심판을 받게 되며 믿는 사람들은 구원을 얻게 되기 때문이다. 그러므로 "볼지어다"라고 하는 감탄사로 주위를 환기시킨다. 믿는 사람들은 재림을 확신하고 주의(注意)를 기울여야 한다.

1) 재림에 대한 신앙을 바로 가져야 한다

① 재림을 부인하는 이단에 넘어가지 않아야 한다(벧후 3:4).

② 재림을 상징적으로 해석하지 말아야 한다(행 1:11; 계 1:7).

③ 예수님께서 어느 특정 장소에 오신다고 믿지 말아야 한다.

예수님은 "번개가 동편에서 나서 서편까지 번쩍임같이 인자의 임함도 그러하리라"(마 24:27)고 하셨다. 어떤 이들은 스가랴 14장 4절에 "그날에 그의 발이 예루살렘 앞 곧 동편 감람산에 서실 것이요 감람산은 그 한가운데가 동서로 갈라져 매우 큰 골짜기가 되어서"라고 기록되었으므로 예수님이 재림하실 때 감람산에 오실 것이라고 하며 예수님의 재림을 제일 먼저 맞기 위해 감람산 부근에 묘지를 사는 사람들이 많다고 한다.

그러나 칼빈(Calvin)은 그 말씀은 예수님의 재림을 의미하는 것이 아니라 초림 시에 오셔서 구원의 길을 여실 것을 가키킨다고 하였다(Calvin' s Commentary). 재림 시에는 성도들이 공중에서 주를 맞는다(살전 4:17).

④ 재림을 이중적(二重的)으로 믿지 말아야 한다.

다비(J.N. Darby)는 재림 전 공중 휴거(rapture)가 있고 그 후 7년 환난이 있고 그 후에 재림이 있다고 하였다(클라란스. B. Bass 저, 황영철 역, 《세대주의란 무엇인가?》, pp. 45-49).

⑤ 재림의 날짜를 알려고 하지 말아야 한다.

윌리엄 밀러(William Miller)는 1843년에 세상이 끝난다고 예언했고, 히람 에드슨(Hiram Edson)은 1844년 10월 22일에 예수님이 재림하신다고 했고, 엘렌 화이트(Ellen G. White)는 1844년 재림하신다고 믿고 있다가 그대로 되지 않자 크게 실망한 후 무릎을 꿇고 기도하다가 1846년 8월 30일에 오신다고 정정했다. 그 후 그는 다시 환상을 보았는데 예수님이 재림하셔서 하늘 성소에 들어가셨다고 말을 바꾸었다. 예수님은 그 날과 그 때는 아버지만 아신다고 하셨다(마 24:36).

⑥ 재림 시 예수님이 어떤 사람의 모양으로 오시는 것이 아니다.

한때 한국 교회에 예수님이라고 불리는 사람이 10명도 넘는다는 말이 있었다. 예수님은 평범한 사람으로 오시는 것이 아니라 영광스럽게 오신다(계 1:7).

⑦ 재림 후 이 땅에 천년왕국이 있다고 믿지 않아야 한다.

예수님이 재림하시면 "그러나 주의 날이 도적같이 오리니 그 날에는 하늘이 큰 소리로 떠나가고 체질이 뜨거운 불에 풀어지고 땅과 그중에 있는 모든 일이 드러나리로다"(벧후 3:10)라고 하였다.

⑧ 예수님이 재림하시면 죽은 자들이 살아나고 흰 보좌 앞에서 심판을 받는다(계 20:11-12).

2) 재림을 위한 준비

① 흰 세마포를 입고 기다려야 한다(계 7:9, 19:8, 22:14).

흰 세마포는 회개하고 그리스도의 피를 믿음으로 입게 되는 의의 옷이다(롬 5:1).

② 등과 기름을 준비하고 기다리는 다섯 처녀와 같이 해야 한다(마 25:1-13).

③ 깨어 주인을 기다리는 종과 같이 깨어 있다가 주님을 맞아야 한다(눅 12:35-40).

④ 주 앞에 점도 없고 흠도 없고 평강 가운데 있어야 한다(벧후 3:14).

⑤ 재림이 가까이 왔다고 하여 일상생활을 포기하지 말아야 한다.

스피노자는 "내일 이 세상의 종말이 온다고 하더라도 나는 사과나무를 심겠다"라고 했다. 주님 오실 날이 가까이 왔다고 사업이나 공부를 포기하는 것은 잘못이다. 성도는 누워 자다가, 맷돌을 돌리다가 주님을 맞이한다고 말씀하셨다(눅 17:34-35).

4. 하나님의 자기 선언(自己宣言) (1:8)

"주 하나님이 가라사대 나는 알파와 오메가라"(8절)고 했다. 하나님께서는 자기 선언을 통해 하나님께서 어떤 분이심을 증거하여 성도들이 더욱 확실한 믿음을 갖게 하신다.

1) 알파와 오메가

알파는 히랍어로 첫 글자요 오메가는 마지막 글자이다. 그 뜻은 하나님은 창조주도 되시고 심판주도 되신다는 말씀이다. 창세기 1장 1절에는 "태초에 하나님이 천지를 창조하시니라"고 하였고, 히브리서 저자는 "집마다 지은 이가 있으니 만물을 지으신 이는 하나님이시라"(히 3:4)고 하였고, 사도 바울은 "이는 만물이 주에게서 나오고 주로 말미암고 주에게로 돌아감이라 영광이 그에게 세세에 있으리로다"(롬 11:36)라고 찬양했다.

우주의 기원이나 세상만사가 우연은 없다. 모든 일은 하나님께서 시작하시고 주관하신다. 우리의 구원도 하나님이 시작하셨고 하나님께서 이루신다. 그래서 바울은 빌립보의 성도들에게 "너희 속에 착한 일을 시작하신 이가 그리스도 예수의 날까지 이루실 줄을 우리가 확신하노라"(빌 1:6)고 하였다.

2) 이제도 있고 전에도 있었고 장차 올 자

하나님은 아브라함의 하나님, 이삭의 하나님, 야곱의 하나님이라고 하셨다(눅 20:37). 그 의미는 영원히 살아 계시는 하나님이라는 뜻이라고 한다(Lange). 하나님은 아브라함의 때에도 살아 계셨고, 이삭의 때에도 살아 계셨고, 야곱의 때에도 살아 계셨고, 모세의 때와 예수님의 때 그리고 말세인 이 시대에도 살아 계시는 하나님이시며 장차 오실 하나님이시다. 하나님이 우주를 창조하신 후 자연 법칙에 맡겨 두셨다고 하는 자연신론자들의 주장은 잘못된 것이다.

3) 전능하신 자

하나님께서는 아브라함의 나이 90세에 그에게 나타나셔서 "나는 전능한 하나님이라 너는 내 앞에서 행하여 완전하라"(창 17:1)고 하셨다. 아브라함은 13년 전 "네 몸에서 날 자가 네 후사가 되리라"(창 15:4)고 하는 말씀을 듣고도 나이 많은 사라를 통해 아들을 낳을 것이라고는 생각하지 못하고 하갈을 취하여 이스마엘을 낳았다. 그러나 하나님께서는 그로부터 13년 후에 아브라함에게 나타나셔서 "나는 전능한 하나님이라 너는 내 앞에서 행하여 완전하라" 고 책망하셨다.

하나님은 사람의 지각에 뛰어난 능력을 가지신 분이시다. 만물을 없는 데서 창조하셨다(창 1:1). 만물을 그의 능력으로 붙드신다(히 1:3). 인간 나라를 다스리신다(단 4:17, 25, 35). 개인의 생명을 주관하신다(눅 12:20; 약 4:13-15).

말세의 성도들은 ① 말씀의 확신 ② 구원의 확신 ③ 재림의 확신 ④ 능력의 확신을 가져야 한다.

5. 계시를 받은 경위(經緯) (1:9－20)

1) 계시를 받은 자－사도 요한

> "나 요한은 너희 형제요 예수의 환난과 나라와 참음에 동참하는 자라 하나님의 말씀과 예수의 증거를 인하여 밧모라 하는 섬에 있었더니"(계 1:9).

① 요한

사도 요한이며, 세베대의 아들이며, 요한복음과 요한 1, 2, 3서의 저자이다. 에베소에 다시 돌아와 교회를 섬기다가 별세한 것으로 알려져 있다.

② 너희의 형제

'너희' 는 그리스도를 믿는 모든 사람들이다. 형제는 같은 혈

통으로 난 사람들을 일컫는 이름이다. 그리스도인은 그리스도의 피로 구속을 받은 자들이므로 형제이다(마 23:8). 형제라는 칭호는 높고 낮음이 없는 평등감과 애정이 풍겨나는 칭호이다. 형제는 경쟁의 대상이 아니라 도움의 대상이며 사랑의 대상이다. 그리스도인들은 모든 그리스도인들에 대해 형제 의식을 가져야 한다.

사도 요한은 그의 서신에서 다음과 같이 권면한다.

> "빛 가운데 있다 하며 그 형제를 미워하는 자는 지금까지 어두운 가운데 있는 자요"(요일 2:9).
>
> "우리가 형제를 사랑함으로 사망에서 옮겨 생명으로 들어간 줄을 알거니와 사랑치 아니하는 자는 사망에 거하느니라"(요일 3:14).
>
> "누가 이 세상 재물을 가지고 형제의 궁핍함을 보고도 도와줄 마음을 막으면 하나님의 사랑이 어찌 그 속에 거할까 보냐"(요일 3:17).
>
> "누구든지 하나님을 사랑하노라 하고 그 형제를 미워하면 이는 거짓말하는 자니 보는 바 그 형제를 사랑치 아니하는 자가 보지 못하는 바 하나님을 사랑할 수가 없느니라"(요일 4:20).

이러한 사도 요한의 교훈을 통해 그리스도 안의 형제 사랑을 일깨워야 하겠다.

③ 예수의 환난과 나라와 참음에 동참하는 자

a. 예수의 환난에 동참하는 자

사람이 이 세상에 살면서 당하는 환난은 여러 가지가 있다. 자연재해, 전쟁, 질병, 기근과 같은 재난이 있다. 불의의 사고로 불구자가 되기도 한다. 애매히 당하는 고난도 있고, 예수님의 이름과 의를 위해 고난을 당하는 경우도 있다.

사도 요한은 복음을 증거하다가 도미시안 황제에게 핍박을 받아 밧모 섬에 유배(流配)되었다고 한다. 예수님은 "나를 인하여 너희를 욕하고 핍박하고 거짓으로 너희를 거스려 모든 악한 말을 할 때에는 너희에게 복이 있나니 기뻐하고 즐거워하라 하늘에서 너희의 상이 큼이라 너희 전에 있던 선지자들을 이같이 핍박하였느니라"(마 5:11-12)고 하셨다.

b. 나라에 참여하는 자

예수님은 산상보훈에서 "너희는 먼저 그의 나라와 그의 의를 구하라"(마 6:33)고 하셨고, "하나님의 나라는 볼 수 있게 임하는 것이 아니요 또 여기 있다 저기 있다고도 못하리니 하나님의 나라는 너희 안에 있느니라"(눅 17:20-21)고 하셨고, "그러나 내가 하나님의 성령을 힘입어 귀신을 쫓아내는 것이면 하나님의 나라가 이미 너희에게 임하였느니라"(마 12:28)고 하셨다.

예수님께서 말씀하시는 하나님의 나라는 유대인들이 기다리던 지상왕국이 아니라 성령 강림으로 성령의 인도를 받는 하나님의 통치 영역이다. 사도 요한은 장차 하나님 나라에 가서 살 것이지만 현재 이 세상에서 이루어져 가는 하나님 나라에 동참하여 살고 있었다. 그는 성령의 인도를 받아 살았고, 또 그 나라를 확장시키기 위해 힘썼다.

c. 참음에 동참하는 자

가족이 함께 사는 것을 미풍(美風)으로 알던 시대에 8대(代)가 함께 사는 가정이 있었는데 그 비결을 물었을 때 가장은 그를 창고로 인도하여 쪽지에 쓴 '참을 인(忍)' 자가 가득히 들어 있는 큰 독 세 개를 보여주었다고 한다. 어느 자수성가한 가정주부는 "인내는 쓰나 그 열매는 달다"라는 글을 부엌 벽에 붙여 놓고 그 글을 읽으며 살았다 한다.

사도 요한은 자신을 "예수님의 참음에 동참하는 자"라고 했다. 예수님이 가신 길은 모든 것을 참으며 가신 길이다. 가난을 참으셨다. 사람들의 비난과 조롱을 참으셨다. 십자가의 고난을 참으셨다. 우리도 예수님의 참음에 동참해야 한다. 사도 야고보는 농부처럼, 선지자들처럼, 욥처럼 참으라고 하였다(약 5:7-11). 바울은 "미쁘다 이 말이여, 우리가 주와 함께 죽었으면 또한 함께 살 것이요 참으면 또한 왕 노릇 할 것이요 우리가 주를 부인하면 주도 우리를 부인하실 것이라"(딤후 2:11-12)고 하였다.

2) 계시를 받은 곳

"하나님의 말씀과 예수의 증거를 인하여 밧모라 하는 섬에 있었더니"(계 1:9).

밧모 섬은 지중해 동북부에 있는 작은 섬이다. 에베소 교회를 시무하던 사도 요한은 로마 황제 도미시안의 핍박을 받아 밧모 섬에 유배되어 있을 때 이 계시를 받았다. 유배 생활은 극도로 부자유하고 궁핍하고 외로운 것이었지만 사도 요한은 그런 열악한 환경을 하늘의 계시를 받는 장소로 바꾸었다.

사도 바울도 "어떠한 형편에든지 내가 자족하기를 배웠노니 내가 비천에 처할 줄도 알고 풍부에 처할 줄도 알아 모든 일에 배부르며 배고픔과 풍부와 궁핍에도 일체의 비결을 배웠노라"(빌 4:11-12)고 하였다.

그리스도인들은 어떠한 환경에서도 그 환경을 선으로 바꾸는 사람들이 되어야 한다.

3) 계시를 받은 날-주의 날

"주의 날에"(on the Lord's Day, 10절), 이 한마디는 교회가 주일을 어떻게 맞아야 하는가 하는 문제에 대해 교훈을 준다. 교회는 약 150년간 안식일과 주일을 겸하여 지키다가 그 후 주일만 지키게 되었다. 현대에 와서도 주일에 대한 교회들의 개념은 일치하지 않는다.

① 안식일을 고수(固守)하는 교회

안식일 교회

② 주일을 안식일로 지키는 교회

주일을 지키지만 구약의 안식일 계명을 그대로 지켜야 한다고 생각하는 교회 – 청교도적 이념을 따르는 교회다 .

③ 주일은 안식일과 관계가 없고 예수님이 부활하신 날이요 성령이 강림하신 날이므로 주일에 모이는 교회인데, 개혁주의의 사상을 따르는 교회다(Schaff, History of Christian Church, Vol. Ⅱ, p. 204).

개혁주의의 신앙은 예수님 자신이 "안식일의 주인(마 12:8)" 이라고 하셨고 "이미 믿는 우리들은 저 안식에 들어가는도다" (히 4:3)라고 하였으니 안식일에 대한 구약의 계명은 예수 안에서 성취되었다고 믿는 것이다. 그리고 교회가 주일에 모여서 예배드리는 것은 안식일 계명을 지키기 위한 것이 아니라 그날에 예수님이 부활하셨고 성신이 강림하셨기 때문이라고 믿는 것이다.

시편 저자는 이날을 예언하며 "이날은 여호와의 정하신 것이라 이날에 우리가 즐거워하고 기뻐하리로다"(시 118:24)라고 하였다. 사도 요한이 주의 날에 성령의 감동으로 이 계시를 받았다는 말씀은 주일의 중요성을 강조하는 말씀이다. 예수님이 부활하신 날, 성령님이 강림하신 날, 이날에 사도 요한은 다시 성령의 감동을 받아 예수님을 만나 계시를 받았다. 우리도 주의 날에 기쁘고 즐겁게 모여 예배하며 성령을 기다려야겠다.

4) 예수님을 만난 요한

"몸을 돌이켜 나더러 말한 음성을 알아보려고 하여 돌이킬 때에 일곱 금 촛대를 보았는데 촛대 사이에 인자 같은 이가 발에 끌리는 옷을 입고 가슴에 금띠를 띠고"(계 1:12-13).

사도 요한은 예수님이 육신으로 계셨을 때 누구보다도 더 예수님을 가까운 곳에서 보았던 제자였다. 그러나 이제는 부활하신 영광의 주님을 성령 안에서 보게 되었다. 사도 요한은 그 영광의 주님을 대하고 그 발 앞에 쓰러져 죽은 것같이 되었다고 했다(계 1:17). 우리 믿는 사람들도 지식의 눈으로 예수님을 보는 데 그치지 말고 성령 안에서 부활하신 예수님을 만나야 한다.

〈부활하신 예수님은 어떠한 분이신가?〉

• 촛대 사이에 계시는 예수

촛대는 교회인데 촛대 사이에 계신다는 것은 예수님이 교회에 계셔서 살피시며 보호하신다는 것을 보여준다. 예수님은 그의 제자들에게 "내가 세상 끝 날까지 너희와 항상 함께 있으리라"(마 28:20)고 약속하셨다. 그 약속대로 주님은 교회에 함께하신다.

• 발에 끌리는 옷을 입으심.

발에 끌리는 옷은 제사장이 입는 옷이다(레 6:10). 예수님이 제사장이심을 보여준다. 예수님은 대제사장이시다(히 4:14, 6:20). 그러므로 그 누구의 죄도 사하실 수 있다.

• 가슴에 금띠를 띠심.

임금의 모습이다(단 10:5). 예수님은 부활하신 후 하나님의 보좌 우편에 앉으셨다(막 16:19). 그리고 하늘과 땅의 모든 권세를 가지셨다고 했다(마 28:18).

• 머리와 털의 희기가 흰 양털 같고 눈과 같음.

예수님의 무죄성과 성결성을 나타낸다. 예수님은 사람의 몸을 가지신 분이었으나 죄는 없는 분이시다(고후 5:21; 벧전 2:22; 히 4:15; 요일 3:5). 성결하신 예수님은 그에게 나아가는 자를 눈같이 양털같이 희게 하시며(사 1:18) 영원히 온전케 하신다(히 10:14).

• 눈이 불꽃 같으심.

'암실기신 신목여전'(暗室欺神 神目如電)이라는 말은 어두운 방에서 신을 숨기려 하지만 신의 눈은 전기와 같다는 말이다. 하나님의 눈은 숨길 수 없다. 동생을 죽인 가인을 보셨고(창 4:10), 금덩이를 숨긴 아간을 보셨고(수 7:10-11), 다윗의 형제들의 마음을 보셨고(삼상 16:7), 다윗의 은밀한 범죄를 보셨고(삼하 11:27), 배 밑층에서 잠자는 요나를 보셨고(욘 1:4), 땅 값 얼마를 감춘 아나니아를 보셨고(행 5:3), 이세벨을 용납한 두아디라 교회를 보셨다(계 2:20). 예수님의 눈은 불꽃과 같다. 그러므로 회개하고 정직하게 살아야 한다.

• 발은 풀무에 연단한 빛난 주석과 같으심.

발의 아름다움을 묘사하는 말이다. 선지자 이사야는 "좋은 소식을 가져오며 평화를 공포하며 시온을 향하여 이르기를 네 하나님이 통치하신다 하는 자의 산을 넘는 발이 어찌 그리 아름다운고"라고 했다(사 52:7). 복음 전하는 자의 발이 아름답거든 예수님의 발은 얼마나 더 아름답겠는가? 하늘에서 땅에 내려오셨고, 복음을 전하기 위해 유대와 사마리아와 갈릴리로 다니셨고, 십자가에 못 박혀 보혈을 흘리신 발이다. 죄인인 여인은 눈물로 그 발을 적셨고 머리털로 씻었으며 그 발에 입 맞추고 향유를 부었다(눅 7:36-38). 우리도 상하신 발 아래 엎드려야 한다.

• 음성은 많은 물소리 같으심.

능력 있는 음성이다.

> "여호와의 소리가 물 위에 있도다 영광의 하나님이 뇌성을 발하시니 여호와는 많은 물 위에 계시도다 여호와의 소리가 힘 있음이여 여호와의 소리가 위엄차도다"(시 29:3-4).

하나님께서는 말씀으로 천지를 창조하셨다(요 1:3). 하나님의 말씀에 의해 홍수 심판도 왔다(시 29:10). 죽었던 나사로도 살아났다(요 11:43). 그 아들의 소리를 들을 때 죽은 영혼들이 부활하며(요 5:25), 육신도 부활한다(요 5:28). 사울도 그 소리를 듣고 변화되었다(행 9:4). 지금도 그 많은 물소리 같은 목소리로 역사하신다.

• 오른손에 일곱 별이 있으심.

일곱 별은 일곱 교회의 사자이다(계 1:20). 연약한 인간이 하나님의 일을 할 수 있는 것은 주님이 그의 종들을 붙들어 주시기 때문이다. "내가 붙드는 나의 종, 내 마음에 기뻐하는 나의 택한 사람을 보라 내가 나의 신을 그에게 주었은즉 그가 이방에 공의를 베풀리라"(사 42:1)고 하였다. 사울 왕은 하나님께서 쓰실 때 큰일을 하였으나 버림을 받았을 때 비참하게 끝났다(삼상 16:1). 하나님의 일꾼들은 예수님의 손에 붙들린 종이 되기 위해 힘써야 한다.

• 그 입에서 좌우에 날선 이한 검이 나오심.

"하나님의 말씀은 살았고 운동력이 있어 좌우에 날선 어떤 검보다도 예리하여 혼과 영과 및 관절과 골수를 찔러 쪼개기까지 하며 또 마음의 생각과 뜻을 감찰하나니"(히 4:12)라고 하였다. 예수님의 입에서는 좌우에 날선 이한 검과 같은 하나님의 말씀이 나온다. 그 검은 사람의 혼과 영과 골수를 쪼개어 회개하게 하기도 하지만 회개하지 않을 때 육신을 치는 칼이 되기도 한다. 발람은 회개하지 않다가 칼에 망했다(민 31:8).

• **얼굴은 해가 힘 있게 비치는 것 같으심.**

빛이 가장 강하게 비치는 계절은 여름이요 하루 중에는 정오이다. 그 햇빛은 해충을 없애며 곡식을 성장하게 하고 충실히 결실하게 한다. 사람에게는 광명을 주어 활동하게 하며, 세균을 없애 주며, 정신과 육체에 건강을 준다.

예수님은 영혼의 태양이다. 예수님의 얼굴빛이 비칠 때 영혼은 새로운 건강과 기쁨을 얻게 된다. 그래서 하나님께서는 제사장들에게 다음과 같이 축복하라고 하셨다.

> "여호와는 네게 복을 주시고 너를 지키시기를 원하며 여호와는 그 얼굴로 네게 비취사 은혜 베푸시기를 원하며 여호와는 그 얼굴을 네게로 향하여 드사 평강 주시기를 원하노라 할지니라 하라"(민 6:24-26).

우리는 햇빛 같은 예수님 얼굴을 항상 구해야 한다.

이상의 예수님의 열 가지 모습을 본 사도 요한은 예수님의 발 앞에 엎드러져 죽은 자같이 되었다고 했다. 사도 요한은 예수님이 육신으로 계실 때 가장 가까이 모셨던 제자이다. 예수님의 품에 기대어 안기기도 했다(요 13:23). 그러나 밧모 섬에서 성령의 감동으로 본 예수님은 그전의 모습과는 아주 다른 영화로운 주님이었다. 부활하신 주님이시며 삼위일체 중 제2위의 모습을 갖추신 분이었다. 육신을 가진 인간이 감히 대할 수 없는 분이었다.

사도 요한이 성령의 감동으로 예수님을 만났던 것처럼 모든 믿는 사람들은 성령 안에서 예수님을 만나는 것이 필요하다. 18세기로부터 많은 신학자들이 인간 예수를 연구하는 데 노력했으나 사도 요한처럼 성령 안에서 예수님을 만나지 못했다. 현대의 신학자들과 신자들은 "너희가 믿을 때에 성령을 받았느냐"(행 19:2)라고 한 바울의 질문에 대해 "예"라고 대답할 수 있어야 한다.

Ⅲ. 일곱 교회

1:19 – 3:22

계시록 2장과 3장은 소아시아 일곱 교회에 대한 칭찬과 책망과 권면과 약속의 말씀이다. 이 일곱 교회에 주신 말씀은 땅 위의 모든 교회에 주신 말씀이다. 그러므로 모든 교회는 일곱 교회에 하신 말씀을 통해 교훈을 받아야 한다.

1. 일곱 별의 비밀과 일곱 금 촛대(1:20)

> "네 본 것은 내 오른손에 일곱 별의 비밀과 일곱 금 촛대라 일곱 별은 일곱 교회의 사자요 일곱 촛대는 일곱 교회니라"(계 1:20).

'비밀' 은 감추인 것을 의미한다. 예수 그리스도의 속죄하심과 교회를 통해 사람들을 구원하시는 일은 하나님의 비밀이다. "오직 비밀한 가운데 있는 하나님의 지혜를 말하는 것이니 곧 감취었던 것인데 하나님이 우리의 영광을 위하사 만세 전에 미리 정하신 것이라"(고전 2:7)고 하였고, "영원부터 만물을 창조하신 하나님 속에 감취었던 비밀의 경륜이 어떠한 것을 드러내게 하려 하심이라"(엡 3:9)고 하였다. 하나님은 그 구원의 비밀을 일곱 별과 촛대를 통해 드러내신다.

1) 일곱 별은 일곱 교회의 사자(천사)

이 말씀은 교회의 사역자는 별과 같은 사명과 천사와 같은 사명이 있다는 말씀이다.

① 일곱 별

a. 별이 상징하는 것

• 선민(창 15:5)

• 그리스도(민 24:17; 마 2:2)

• 교회의 지도자(계 1:20)

• 성도(단 12:3)

b. 별의 사명

• 별은 하늘에 떠 있는 천체이다. 하나님께서는 땅에 속한 사람을 하늘에 속한 사람으로 만들어 사용하신다. 요한복음 3장 3절의 '거듭남' (겐네데 안노덴)은 위로부터 난다는 말이니 하늘로부터 난 자라는 뜻이다.

• 별은 빛을 비춘다(마 2:2). 성도와 교회의 지도자들은 빛을 비추는 사명이 있다(마 5:14; 요 1:9).

• 별은 방향을 지시한다(단 12:3; 마 2:9). 길을 잃은 동방박사들의 길을 인도하던 별처럼 갈 길을 몰라 헤매는 인생들을 예수님께 인도해야 한다.

• 별은 때를 알려 준다(벧후 1:19; 롬 13:11). 새벽별이 아침이 가까운 것을 가르쳐 주는 것처럼 때를 가르쳐 주어야 한다.

하나님은 그의 종들을 별과 같이 사용하신다. 예수님은 그 별들을 오른손으로 붙잡고 죄로 인하여 어두워진 세상을 비추어 영혼들이 잠을 깨게 하시며, 방향을 깨닫게 하시며, 때를 알게 하신다. 하나님의 종들의 사명은 크다.

그러나 별 중에는 유리하는 별이 있다고 하였고(유 1:13), 하늘에서 땅에 떨어져 물샘을 쓰게 하는 별들이 있다고 하였고(계 8:10-11), 붉은 용 마귀의 꼬리로 인해 땅에 떨어지는 별들이 있다고 했다(계 12:4). 그것은 마귀가 거짓말로 교역자들과 성도들을 타락시킬 것을 가리킨다.

마귀는 거짓말쟁이요, 거짓말하는 자의 아비다(요 8:44). 마귀가 하와에게 한 말과 예수님에게 한 말은 모두 다 거짓말이다. 마귀는 말세에 교역자들과 성도들을 거짓말로 유혹하여 타락시킨다.

② 일곱 교회의 사자(천사)

70인역은 학개 1장 13절과 말라기 2장 7절에서 선지자를 천사라고 번역했고, 계시록에서도 교회의 인도자를 천사라고 했다.

a. 천사의 하는 일

하나님을 찬양한다(눅 2:13; 계 5:11).

아브라함에게 나타나서 축복을 예언했다(창 18:2).

롯에게 나타나서 길을 인도했다(창 19:1).

모세에게 나타나 사명을 주었다(출 3:2).

여호수아에게 나타나 용기를 주었다(수 5:13).

기드온에게 나타나 사명을 주었다(삿 6:12).

다윗에게 나타나 형벌을 선언했다(삼하 24:15).

엘리야에게 나타나 떡과 물을 주었다(왕상 19:5).

사가랴에게 나타나 아들을 줄 것을 예언했다(눅 1:11).

마리아에게 나타나 예수님이 나실 것을 예언했다(눅 1:26).

나사로를 천국으로 인도했다(눅 16:22).

무덤에 나타나 부활을 증거했다(눅 24:4).

옥문을 열고 베드로를 옥에서 구했다(행 5:19).

고넬료에게 나타나서 지시했다(행 10:3).

교회의 인도자들은 천사와 같이 하나님의 뜻을 성도들에게 전하며 인도하는 일을 한다. 그러므로 천사라고 하는 이름을 주셨다. 교회의 인도자는 하나님이 사용하시는 인천사(人天使)다. 하나님은 "바람으로 자기 사자를 삼으시며 화염으로 자기 사역자를 삼으시며"(시 104:4)라고 하셨다. 불은 세 친구는 태우지 못하고 세 친구를 불에 던지는 사람만 태웠다. 하나님은 바람도 불도 까마귀도 그의 사자로 사용하신다. 그 하나님께서 무능한 사람을 세워 교회를 위해 봉사하게 하신다.

b. 사자(천사)의 주의할 점과 신자의 주의할 점

"누구든지 일부러 겸손함과 천사 숭배함을 인하여 너희 상을 빼앗지 못하게 하라 저가 그 본 것을 의지하여 그 육체의 마음을 좇아 헛되이 과장하고 머리를 붙들지 아니하는지라 온몸이 머리로 말미암아 마디와 힘줄로 공급함을 얻고 연합하여 하나님이 자라게 하심으로 자라느니라"(골 2:18-19)고 말씀했다. 그 당시 골로새와 라오디게아 지방에는 천사를 숭배하는 일들이 있었다.

바울은 그것을 금지하였다고 한다.

교회의 지도자들은 하나님의 사자의 칭호를 가졌기 때문에 숭배의 대상이 되기 쉽다. 가톨릭에서는 성모 마리아와 베드로와 기타 인물들과 교황을 숭배하는 것을 볼 수 있고, 개신교에서도 영향력이 있는 목사들을 인간 이상으로 추대하며 존경하는 것을 볼 수 있다.

그러나 지금 가톨릭에서 숭배의 대상이 되어 있는 베드로 자신은 고넬료가 그의 발 앞에 엎드려 절할 때 일으키며 "나도 사람이라"(행 10:26)고 하며 사양하였고, 예수님은 "모든 사람이 너희를 칭찬하면 화가 있도다 저희 조상들이 거짓 선지자들에게 이와 같이 하였느니라"(눅 6:26)고 하셨다. 그런 말씀들이 가르치는 것은 교역자는 존경(尊敬)의 대상은 될 수 있으나 숭배(崇拜)의 대상이 되어서는 안 된다는 것이며, 신자들은 하나님의 사자들을 존경은 해야 하지만 숭배는 하지 말아야 한다는 것이다.

바울은 골로새 교인들에게 "일부러 겸손함과 천사 숭배함을 인하여 너희 상을 빼앗지 못하게 하라"고 하였다. 하나님의 사자들을 잘 섬기는 일은 하나님 앞에서 상 받을 일이다. 그러나 숭배하면 하나님께 돌려야 할 영광을 사람에게 돌리게 됨으로 상을 받지 못하게 될 뿐 아니라 도리어 죄가 된다. 그리고 교역자들은 천사의 사명이 무엇인가를 깨닫고 겸손과 눈물로 봉사해야 한다.

2) 일곱 촛대는 일곱 교회

① 일곱 촛대의 의미

a. 촛대는 교회의 목적을 보여준다.

촛대의 목적은 빛을 비추는 것이다. 그와 같이 교회의 목적은 죄로 인해 어두워진 세상에 빛을 비추어 사람들을 구원하는 데 있다(마 5:14-16). 교회는 만물을 충만케 하시는 자의 충만이라고 하였다(엡 1:23). 교회는 만물이 존재하는 목적인 구원을 달성하여 만물을 충만케 해야 한다.

b. 촛대는 교회의 구성(構成)을 보여준다.

촛대는 금을 쳐서 만든다(출 37:17). 금은 믿음을 상징한다(벧전 1:7). 교회는 금 같은 믿음을 가진 사람들의 공동체(共同體)다. 금으로 쳐서 만든다는 것은 하나 됨을 의미한다. 그러므로 하나 되기를 힘써야 한다.

"형제들아 내가 우리 주 예수 그리스도의 이름으로 너희를 권하노니 다 같은 말을 하고 너희 가운데 분쟁이 없이 같은 마음과 같은 뜻으로 온전히 합하라"(고전 1:10)고 하였고, "평안의 매는 줄로 성령의 하나 되게 하신 것을 힘써 지키라"(엡 4:3)고 하였다. 교회는 성령으로만 하나 될 수 있음을 깨닫고, 성령의 하나 되게 하신 것을 힘써 지켜야 할 것이다(엡 4:3).

c. 촛대는 교회의 원동력(原動力)을 보여준다.

선지자 스가랴가 본 환상은 순금 등대가 있고, 그 꼭대기에 주

발 같은 것이 있고, 등대에는 일곱 등잔이 있고, 꼭대기 등잔에는 주발과 연결된 일곱 관이 있고, 그 옆에는 두 감람나무가 있고(슥 4:2-3), 그 감람나무 가지에서 금(金) 기름이 흘러내리는 것이었다(슥 4:12). 스가랴가 "이것들이 무엇이니이까?" 라고 묻자 천사는 "이는 힘으로 되지 아니하며 능으로 되지 아니하고 오직 나의 신으로 되느니라"(슥 4:6)고 했다.

촛대에는 기름이 있어야 빛을 비출 수 있다. 그와 같이 교회에는 성령의 기름이 있어야 세상에 빛을 비출 수 있다. 그리고 등잔에 기름이 공급되려면 금 기름을 공급하는 두 감람나무가 있어야 한다. 성령이 역사하셨던 라마 나욧에는 사무엘이 있었고(삼상 19:23), 성령이 임하셨던 마가의 다락방에는 기도하는 사람들이 있었다(행 1:4).

교회에는 두 감람나무와 같은 기도하는 성도들이 있어야 한다. "너희가 악할지라도 좋은 것을 자식에게 줄 줄 알거든 하물며 너희 천부께서 구하는 자에게 성령을 주시지 않겠느냐"(눅 11:13)라고 하셨다.

② 일곱 촛대의 조명(照明)

일곱 촛대는 무엇을 조명하는가?

a. 역사적 해석(歷史的 解釋)

사도 요한 당시에 있었던 교회들을 조명한다고 보는 해석이다. 그렇게 보면 계시록의 일곱 교회에 주신 교훈은 현대 교회와는 별 관계가 없게 된다.

b. 시대사적 해석(時代史的 解釋)

계시록에 나타난 각 교회는 어떤 특정 시대의 교회를 조명한다고 보는 해석이다(예를 들면 에베소 교회는 1세기에서부터 2세기 교회를 조명한다고 본다). 그렇게 보면 일곱 교회에 주신 교훈 전부가 이 시대 교회에 주신 교훈이라고 보지 못하게 된다.

c. 포괄적 해석(包括的 解釋)

일곱 교회에 하신 말씀은 하나님께서 모든 시대의 모든 교회에게 주신 말씀이라고 보는 해석이다.

2. 일곱 교회에 주시는 교훈(2:1-3:22)

소아시아 일곱 교회에 대해 하신 말씀은 하나님께서 교회에게 무엇을 원하고 계시는가를 잘 보여준다. 현대의 교회들은 계시록에 나오는 일곱 교회에 하신 말씀을 거울삼아 잘못된 것을 회개하고 올바른 교회관을 정립하여 하나님이 원하시는 교회를 이루어 나가야 한다. 그렇게 해야 교회가 하나님의 진노를 피할 수 있고, 하나님의 구원 계획을 이룰 수가 있다.

1) 에베소 교회(2:1-7)

교훈 : 처음 사랑을 회복하라.

① 에베소 교회의 형편

에베소는 이오니아(Ionia)의 수도였고 세계 7대 불가사의 중 하나라고 하는 아데미(Diana) 여신의 신전이 있던 곳이다. 그곳에 맨 처음 선교한 사람은 아볼로였고(행 18:24), 그 후 브리스길라와 아굴라가 그곳에 갔으며, 그 후 사도 바울이 갔다.

사도 바울은 에베소의 12명에게 성령을 받게 하였다(행 19:6). 바울의 몸에서 손수건이나 앞치마를 가져다가 병자에게 얹으면 병 고침을 받는 능력이 나타났다(행 19:12). 그런 일이 일어나자 은장색 데메드리오가 자기 영업에 방해가 된다고 하며 군중을 동원하여 큰 소동을 일으키기도 했다(행 19:24 이하). 에베소 교회는 그런 경로로 세워졌고, 사도 요한은 에베소 교회에서 시무하다가 종신(終身)했다고 한다.

② 예수님이 나타나신 모양

예수님이 각 교회에 나타나시는 모양은 그 교회의 형편에 따라 반응(反應)하시는 모양이다. 그것은 아이들의 행동을 본 부모의 반응과도 같다. 에베소 교회에는 "오른손에 일곱 별을 붙잡고 일곱 금 촛대 사이에 다니시는 이"로 나타나셨다. 그것은 예수님이 사역자들을 붙잡고 역사하시며 교회의 정황(情況)을 살피시는 모습이다.

③ 책망 : 처음 사랑을 버렸으니 처음 사랑을 회복하라

에베소 교회는 행위, 수고, 인내, 악한 자를 용납하지 않은 것, 거짓된 것을 드러낸 것, 참은 것, 내 이름을 위해 견딘 것, 게으르지 않은 것, 니골라당의 행위를 미워한 것 등 아홉 가지 잘한 것이 있었다. 그러나 처음 사랑을 잃었다고 책망하셨다. 처음 사랑은 아홉 가지의 선행으로도 바꿀 수 없는 귀중한 것이었다. 사도 바울은 사랑 없는 방언과 사랑 없는 믿음과 사랑 없는 희생은 아무것도 아니며 유익이 없다고 했다(고전 13:1-3).

a. 처음 사랑은 무엇인가?

하나님께서는 이스라엘 백성에게 "네 소년 때의 우의와 네 결혼 때의 사랑 곧 씨 뿌리지 못하는 땅, 광야에서 어떻게 나를 좇았음을 내가 너를 위하여 기억하노라"(렘 2:2)고 하셨다. 이스라엘 백성이 애굽에서와 홍해에서 구원받은 후 하나님을 향한 사랑으로 그 험한 광야 길을 참고 나오던 일을 회상하시며, 그것이 '소년 때의 우의와 결혼 때의 사랑' 이라고 말씀하셨다.

사도 요한은 "사랑은 여기 있으니 우리가 하나님을 사랑한 것이 아니요 오직 하나님이 우리를 사랑하사 우리 죄를 위하여 화목제로 그 아들을 보내셨음이니라 사랑하는 자들아 하나님이 이같이 우리를 사랑하셨은즉 우리도 서로 사랑하는 것이 마땅하도다"(요일 4:10-11)라고 하였다.

처음 사랑은 믿는 사람들이 회개하고 성령을 받아 하나님의 구원의 은혜를 깨달아 가지게 되는 사랑이다(행 2:43-47). 에베소 교회는 이러한 구원을 통한 사랑을 경험한 교회였다(행 19:6, 엡 1:15). 가정에서 가장 중요한 것은 재물이 아니라 사랑인 것과 같이 교회의 생명은 구원 얻은 기쁨으로 하나님을 사랑하며 사람을 사랑하는 것이다.

사랑은 새 계명이다(요 13:34). 사랑하는 자는 하나님께로부터 난 자이다(요일 4:7). 사랑하면 하나님이 그들과 함께 계신다(요일 4:12). 사랑하면 사람들이 우리가 예수님의 제자임을 알게 된다(요 13:35). 사랑하면 기쁨이 온다(갈 5:22). 사랑을 잃으면 이 귀중한 것들을 잃는다.

b. 처음 사랑을 회복하는 방법

"어디서 떨어진 것을 생각하고 회개하여 처음 행위를 가지라"고 하였다. 병의 원인을 알면 치료가 가능하다고 한다. 부부의 사랑이 식었다면 원인이 있다. 허영심으로 조강지처(糟糠之妻)의 내적 미를 잊어버리고 외부적 미가 없다고 생각하기 때문일 수 있다. 서로가 자기의 주장을 굽히지 않는 고집 때문일 수도 있다. 자녀나 부모로 인해 부부애에 금이 가기도 한다. 재물로 인해 부부 사이가 멀어지기도 한다.

그와 같이 교회에 처음 사랑이 식어졌다면 이유가 있다. 처음 받은 은혜를 망각(忘却)하므로(딤후 1:6), 재물과 세상을 사랑하므로(마 6:24), 명예심과 경쟁심으로(눅 22:24), 교리적 분쟁과 교만으로(딤후 2:23), 영적 생활—예배, 기도, 봉사—의 게으름 등이 그 이유가 되기도 한다.

회개하여 처음 행위를 가지라고 하셨다. 교회나 개인이 처음 사랑을 회복하는 순서는 어디서 떨어졌는가 하는 자기반성과 회개와 죄 사함 받음과 성령 충만이다(행 2:38; 슥 12:10, 13:1). 처음 사랑을 잃어버리게 된 원인을 찾아내어 회개할 때 성령이 임하시며, 성령이 임하실 때 하나님의 사랑을 깨닫게 되며, 하나님의 사랑을 깨닫게 될 때 교회의 사랑을 회복하게 된다.

c. 처음 사랑을 회복하지 않을 때와 회복할 때

- 회복하지 않을 때 – "네 촛대를 그 자리에서 옮기리라"(계 2:5)고 하셨다. 엘리 제사장의 가정이 타락했을 때 하나님의 영광이 떠났다고 했다(삼상 4:21). 교회는 유형 교회(有形敎會)와 무형 교회(無形敎會)가 있다. 유형 교회는 눈에 보이는 교회이며, 무형 교회는 보이지 않는 교회이다. 구원 얻은 성도와 성령으로 역사하시는 교회이다. 무형 교회가 없어지면 유형 교회도 없어진다. 예루살렘 성전을 보면 예수님이 탄생하셨을 때엔 기도하는 시므온과 안나가 있었고, 예수님의 12세 때에는 율법학자들이 있었다. 그러나 예수님이 사역하실 때에는 장사하는 사람들만 있었다. 그 성전은 주후 70년에 무너지고 말았다. 오늘날 유럽에서는 문 닫는 교회가 많다고 한다. 그 이유는 참 성도가 줄어들었기 때문이다. 촛대를 옮기면 에베소는 더욱 어두워질 것이다.
- 처음 사랑을 회복할 때 – "이기는 그에게는 내가 하나님의 낙원에 있는 생명나무의 과실을 주어 먹게 하리라"(계 2:7)고 하셨다. 생명나무 과실은 에덴 동산에 있었으나 범죄하여 따 먹지 못했다(창 3:24). 그러나 예수님은 "내가 곧 생명

의 떡이니 내게 오는 자는 결코 주리지 아니할 터이요 나를 믿는 자는 영원히 목마르지 아니하리라"(요 6:35)고 하셨고, 계시록에는 "그 두루마기를 빠는 자들은 복이 있으니 이는 저희가 생명나무에 나아가며 문들을 통하여 성에 들어갈 권세를 얻으려 함이로다"(계 22:14)라고 하였다. 회개하여 처음 사랑을 회복하는 사람은 천국에 가서 생명과를 따 먹을 뿐만 아니라 이 세상에서도 그 영혼이 생명의 떡을 먹으며 산다(요 6:48-51).

솔로몬은 "여간 채소를 먹으며 서로 사랑하는 것이 살진 소를 먹으며 서로 미워하는 것보다 나으니라"(잠 15:17)고 하였다. 사랑 가운데 행복이 있다. 현 시대는 사랑이 식어가는 시대이다. 사랑이 식어 가정이 파괴되고 사회는 서로 물고 먹으며 국가 간에는 전운이 감돌고 있다. 하나님의 사랑을 전한다고 하는 교회마저 다투고 싸운다. 교회가 오순절에 가졌던 처음 사랑을 회복해야 한다. 이것이 교회에 대한 하나님의 명령이다.

2) 서머나 교회(2:8-11)

교훈 : 죽도록 충성하라.

> "네가 죽도록 충성하라 그리하면 내가 생명의 면류관을 네게 주리라"(계 2:10).

① 서머나 교회의 형편

"내가 네 환난과 궁핍을 아노니 실상은 네가 부요한 자니라"(계 2:9).

a. 환난(患難) 중에 있음.

그 당시 로마의 황제는 악명 높은 네로(Nero) 황제 다음으로 황제가 된 도미시안(Domitian Titus)이었고, 주후 81년부터 로마를 다스렸다. 그는 자신을 신격화(神格化)했으며 다윗의 후손을 멸하려고 힘썼다고 한다. 그는 예수님의 동생 유다를 불러 심문하고 재산 정도를 조사했고, 하나님 나라가 무엇인가 질문하며 조롱했다고 한다. 그러나 유다의 험해진 농군의 손을 보고 안심하였음인지 재산을 돌려주라고 하는 너그러움도 보였다고 한다. 그러나 많은 믿는 사람들을 죽이고 추방했다고 한다(Eusebius's Ecc. History, pp. 102-103). 서머나 교회의 환난은 믿는 사람들이 독재국가에서 당하는 환난과 같은 것이었다.

b. 궁핍을 당함.

당시 로마 정권은 기독교인들의 재산을 몰수하고 추방(追放)하거나 유배(流配)시켰다. 과거 공산국가들이 하던 것과 같았다. 추방당한 성도들은 유리걸식(琉籬乞食)했을 것이다.

c. 유대인들의 훼방을 받음

사도 바울은 "유대인은 주 예수와 선지자들을 죽이고 우리를 쫓아내고 하나님을 기쁘시게 아니하고 모든 사람에게 대적이 되어 우리가 이방인에게 말하여 구원 얻게 함을 저희가 금하여 자기 죄를 항상 채우매 노하심이 끝까지 저희에게 임하였느니라"(살전 2:15-16)고 했다.

주후 70년 예루살렘의 멸망으로 유대인들의 세력은 약화되었으나 각국에 흩어진 유대인들은 그리스도교를 계속 핍박했다.

d. 미래적 환난이 있음.

"십 일 동안 환난을 받으리라"(계 2:10)고 하였다. 10일은 연단의 기간을 의미한다(단 1:12). 이 예언이 있은 지 약 60여 년 후, 주후 155년 서머나의 감독 폴리캅은 화형주(火刑柱)에 달려 순교했다. 폴리캅은 순교 전날 밤 꿈에 자신의 베개에 불이 붙는 환상을 보고 자신이 화형당할 것을 알았다고 한다. 관리들이 폴리캅을 화형주에 못 박으려고 하자 불꽃을 이길 수 있게 하실 하나님은 못 박지 않아도 견딜 수 있게 하실 것이니 그냥 불사르라고 하였고, 관리들은 그를 노끈으로 기둥에 매었다고 한다.

그는 불꽃 중에서 세 가지를 감사하였다. "나를 순교의 반열에 참여하게 하여 영,육이 영생하게 하신 것, 나를 살진 양처럼 받으실 만한 제물로 삼으신 것, 지금까지 베푸신 모든 은혜에 대해 하나님께 영광을 돌린다고 했다"(Eusebius's Ecc. History, p. 147).

모든 하나님의 교회에는 환난이 있다. 한국 교회는 일본의 지배 아래서 많은 환난을 당했고 많은 순교자를 냈다. 구 소련과 중국의 교회는 더 많은 환난을 당했다고 한다. 그러나 하나님의 교회에는 미래에 후 3년 반에 올 환난이 있다. 하나님께서는 그 모든 환난에서 충성하기를 원하신다.

② 죽도록 충성하라.

충성(피스토스)의 의미는 신실(信實)이다.

a. 삼위일체 하나님은 신실하신 분이시며, 우리는 그 신실하신 하나님의 백성이다.

• 성부 하나님 – "하나님은 미쁘시니라 우리가 너희에게 한 말은 예 하고 아니라 함이 없노라"(고후 1:18)고 하였다.

• 성자 예수님 – "하나님의 아들 예수 그리스도는 예 하고 아니라 함이 되지 아니하였으니 저에게는 예만 되었느니라"(고후 1:19; 딤전 6:13 참조)고 하였고, "또한 모세는 장래에 말할 것을 증거하기 위하여 하나님의 온 집에서 사환으로 충성하였고 그리스도는 그의 집 맡은 아들로 충성하였으니 우리가 소망의 담대함과 자랑을 끝까지 견고히 잡으면 그의 집이라"(히 3:5-6)고 하였다. 그리스도의 충성은 십자가에 죽으신 것이다. 그러므로 죽었다가 다시 사신 분으로 나타나셨다.

• 성령님 – "그러하나 진리의 성령이 오시면 그가 너희를 모든

진리 가운데로 인도하시리니 그가 자의로 말하지 않고 오직 듣는 것을 말하시며 장래 일을 너희에게 알리시리라"(요 16:13)고 하였고, "이와 같이 성령도 우리 연약함을 도우시나니 우리가 마땅히 빌 바를 알지 못하나 오직 성령이 말할 수 없는 탄식으로 우리를 위하여 친히 간구하시느니라"(롬 8:26)라고 하였다.

성부 하나님은 약속대로 그 아들을 속죄 제물로 내어 주셨고, 예수님은 아버지의 뜻을 따라 십자가에서 죽기까지 충성하셨고, 성령님은 드라크마를 찾는 여인처럼 잃은 영혼을 찾으신다. 삼위일체 하나님은 신실하시다. 그러므로 그의 백성 된 우리도 하나님 앞에서 신실해야 한다.

b. 죽도록 충성하라(Be faithful even to the point of death).

죽기까지 충성하라는 말씀이다. 죽기까지 신실을 지킨 사람들은 교회 밖에도 있다. 고려 말기의 충신(忠臣) 정몽주는 임금을 배반하지 않기 위해 목숨을 바쳤다. 그가 남긴 시는 "이 몸이 죽고 죽어 일백 번 고쳐 죽어 백골이 진토 되어 넋이라도 있고 없고 님 향한 일편단심 가실 줄이 있으랴"이다. 그러나 그런 충신들보다 더 많은 그리스도인들이 우리의 왕이신 예수님을 위해 목숨을 바쳤다.

폴리캅은 화형주 앞에서 이제라도 예수를 배반하고 목숨을 구하라고 하는 로마의 관헌에게 "나의 임금님은 86년 동안 한 번도 나를 배반하신 일이 없는데 내가 어찌 이 자리에서 그분을 배반하겠는가?" 라고 대답했다고 한다.

일본의 신사참배 강요에 굴복하지 않고 싸우다가 순교한 고 박관준 장로는 다음과 같은 순교시를 남겼다.

> 예수위아사(耶蘇爲我死) 아위예수사(我爲耶蘇死)
>
> 시래사불사(時來死不死) 생락불여사(生樂不如死)
>
> (예수님은 나 위해 죽으셨으니 나도 예수님을 위해 죽겠노라
>
> 죽을 때가 되어도 죽지 않으면 살아서 즐거워하나 죽는 것만 못하다.)

③ 죽도록 충성하는 자가 받는 상(11절)

a. 생명의 면류관을 주심.

면류관은 무엇을 의미하는가? 시편 저자는 "저를 천사보다 조금 못하게 하시고 영화와 존귀로 관을 씌우셨나이다"(시 8:5)라고 하였다. 사람은 만물과 구별되게 하나님의 형상으로 창조하셨다(창 1:26). 시인은 그것이 영화와 존귀로 관을 씌우신 것이라고 하였다. 생명의 면류관을 주신다고 하는 것은 부활할 때 더 좋은 생명을 주실 것을 가리키는 것 같다. 부활할 때의 생명은 현재의 생명과 비교할 수 없이 고상한 생명이다(고전 15:42-54 참조).

b. 둘째 사망의 해를 받지 않음.

둘째 사망은 육신의 사망을 첫째 사망이라고 하는 전제(前提)에서 하는 말이다. 첫째 사망이라고 할 수 있는 육신의 죽음도 비

참한 것이다. 그러나 육신이 죽어도 부활이 있으므로 희망이 있다. 그러므로 육신의 죽음을 잠자는 것이라고 했다(요 11:11; 살전 4:13). 그러나 둘째 사망은 영혼이 멸망하는 사망이다.

성경은 둘째 사망에 대해 다음과 같이 가르치고 있다.

> "슬피 울며 이를 갊이 있으리라"(마 22:13).
>
> "거기는 구더기도 죽지 않고 불도 꺼지지 아니하느니라"(막 9:48).
>
> "이 둘이 산 채로 유황불 붙는 못에 던지우고"(계 19:20).
>
> "사망과 음부도 불 못에 던지우니 이것은 둘째 사망 곧 불 못이라"(계 20:14).

이 둘째 사망 불 못의 해를 받지 않는 사람은 다음과 같다고 했다.

> "하나님이 세상을 이처럼 사랑하사 독생자를 주셨으니 이는 저를 믿는 자마다 멸망치 않고 영생을 얻게 하려 하심이니라"(요 3:16).
>
> "이기는 자는 둘째 사망의 해를 받지 아니하리라"(계 2:11).
>
> "이 첫째 부활에 참예하는 자들은 복이 있고 거룩하도다 둘째 사망이 그들을 다스리는 권세가 없고 도리어 그들이 하나님과 그리스도의 제사장이 되어 천 년 동안 그리스도로 더불어 왕 노릇 하리라"(계 20:6).

"누구든지 생명책에 기록되지 못한 자는 불 못에 던지우더라"(계 20:15).

추수할 때 알곡은 모아 곳간에 들이고 쭉정이는 거두어 불에 태우는 것과 같이 심판 때에 의인들은 하나님이 예비하신 곳으로 들려가고, 악인들은 둘째 사망의 해를 받게 된다. 믿음을 지키며 사명을 위해 죽기까지 충성하는 성도가 되어야 한다.

3) 버가모 교회(2:12-17)

교훈 : 세속화(世俗化)되지 말라.

하나님께서는 이스라엘 백성이 가나안 땅에 들어가면 "그 민족들의 가증한 행위를 본받지 말 것이니"(신 18:9)라고 하셨다. 그 하나님은 구속 받은 성도가 이 세상에 살 때 세속화되지 말아야 한다고 명령하신다.

버가모는 제우스 신당과 황제 숭배를 위한 신전과 기타 신전들이 있는 곳이었다고 하며, 안디바는 버가모 교회의 감독으로서 로마의 황제 숭배자들에게 잡혀 놋으로 만든 황소 속에서 불태워 죽임 당했다고 한다. 성경 본문의 말씀과 같이 버가모는 사단의 위가 있는 곳으로 우상숭배의 중심 거점이었다.

① 버가모 교회의 범죄

버가모 교회는 충성된 증인 안디바가 순교를 당하는 무서운 핍박 중에서도 믿음을 지켰다. 그래서 "나를 믿는 믿음을 저버리지 아니하였도다"라고 칭찬하셨다. 그러나 "네게 두어 가지 책망할 것이 있나니 거기 네게 발람의 교훈을 지키는 자들이 있도다……이와 같이 네게도 니골라당의 교훈을 지키는 자들이 있도다"라고 책망하셨다.

발람의 교훈과 니골라당의 교훈은 어떠한 교훈인가?

a. 발람의 교훈

발람은 이방 선지자로서 이스라엘을 저주하려고 하다가 뜻을 이루지 못했다. 그러나 이스라엘 백성은 싯딤에서 모압 여자들과 음행하였고 그 일로 인해 하나님께 형벌을 받았다(민 25:1). 예수님은 그 일이 발람이 발락을 가르쳐 일어난 일이라고 하며, 버가모 교회는 발람의 교훈과 같은 그릇된 교훈으로 인해 음행으로 타락했다고 책망하신다.

b. 니골라당의 교훈

니골라는 일곱 집사 중 하나인 니골라라고 하며(이레네오), 육신은 악하고 영은 선하므로 육으로 죄를 지어도 영에 아무런 영향도 미치지 않는다고 하는 이원론적(二元論的) 윤리관을 가진 단체였다고 한다. 버가모 교회는 환난 중에 예수님의 이름을 배반하지 않았으나 그릇된 사상에 미혹되어 세상 풍속에 물들어 타락하였다. 하나님께서는 성도가 그를 믿는 것만 아니라 순결한 윤리 생활을 하기를 원하신다.

성경 말씀은 다음과 같이 음행을 금했다.

〈간음죄의 종류〉

강간－강제적 추행(신 22:23)

혼외 간음－결혼하지 않고 가지는 성 관계(레 20:10)

이혼 간음－이혼은 간음과 같다(마 5:32)

근친 간음－한 가족, 이모, 고모, 딸, 아들, 형수, 제수(레 20:11-12)

동성 간음－호모 섹스(homosexual, 레 20:13)

동물 간음(레 20:15-16)

정신 간음(마 5:28)

〈간음에 대한 심판〉

노아 시대－홍수로 심판(창 6:2)

소돔과 고모라－불로 심판(창 19:5)

이스라엘 백성－하루에 2만 3천 명 멸망(고전 10:8)

엘리의 가정－홉니와 비느하스의 죄로 개인, 가정, 교회, 국가가 다 망했다(삼상 2:22).

다윗의 범죄－자신, 가정, 국가에 큰 재난이 왔다(삼하 12:10-11).

현대 교회는 버가모 교회와 같이 성적 유혹에 노출되어 있다. 음행을 죄로 여기지 않는 시대가 되었다. 학교는 성교육을 시킨다고 하면서 성적 죄를 가르치고 있고, 동성애가 죄가 아니라고 가르친다.

② **버가모 교회에 대한 권면 : 회개하라**

유대인들이 간음하다가 잡힌 여인을 끌고 예수님께 와서 "이 여자를 돌로 치리이까?" 라고 물었을 때 예수님은 누구든지 죄 없는 자는 먼저 돌을 들어 치라고 말씀하셨고, 무리가 떠나간 후 "나도 너를 정죄하지 않노니 다시는 범죄하지 말라" 고 하며 그 여자를 돌려보내셨다(요 8:3-11). 유대교 또는 이슬람교와 예수님의 복음이 다른 것은 그들은 간음하는 여인들을 죽이지만 예수님은 회개할 때 용서하시고 새롭게 출발하게 하신다는 것이다.

회개는 생사의 분기점(分岐點)이다.

a. 회개하지 않을 때의 화

"내가 네게 속히 임하여 내 입의 검으로 그들과 싸우리라"(16절)고 하셨다. 회개하지 않던 발람의 앞길에는 칼을 들고 기다리는 천사가 있었고, 그는 결국 이스라엘 군대의 칼에 죽었다(민 31:8). 버가모 교회가 회개하지 않으면 그러한 심판을 받는다는 경고이다.

b. 회개할 때 얻는 축복

- 감추었던 만나를 주심 – 모세는 만나 한 오멜을 항아리에 채워 법궤에 소장했다(출 16:32). 그 만나는 하늘로서 내려온 생명의 떡인 예수님의 예표(豫標)이다. 만나를 준다고 하심은 하늘로서 내려오신 참 떡이 되시는 예수님이 그의 양식

이 되실 것을 가리킨다(요 6:32-35).

• 흰 돌을 주심 – 변화된 인격이다(벧전 2:5). 예수님을 만난 거라사인은 "옷을 입고 정신이 온전하여 예수의 발 아래 앉았더라"고 했다(눅 8:35). 회개할 때 새로운 인격을 만들어 주신다.

• 자기만 아는 새 이름을 주심 – 크레다너스는 "흰 돌에 쓴 새 이름은 이기는 자에게 세워 주는 그의 본질과 인격과 거기 해당하는 영광과 지위의 선물을 상징한다. 이 세상에서 우상의 제연(祭宴)에 참석하는 것을 거절하는 자는 모두 박해를 받았으며, 심지어 생활의 길까지 빼앗겼다. 그러나 세상 사람들이 다 모르는 천적으로 영예 있는 인격과 지위를 얻는다"라고 했다(박윤선, 《계시록 주석》 딤전 3:13 참조).

현대 교회는 버가모 교회와 같이 우상숭배와 음란이 가득한 세상에 처해 있다. 성경은 동성애가 음행 중에도 가장 큰 죄라고 가르치고 있다(창 19:5; 레 20:13; 롬 1:26-27). 그러나 현재 미국에 동성 결혼을 합법화한 주가 6개나 되며 대통령도 동성 결혼을 지지하고 있고 학교에서는 동성 결혼을 이해해야 한다고 가르치고 있다. 청교도의 나라라고 하던 미국이 소돔과 고모라와 같이 되어 가고 있다.

이런 환경 가운데 있는 교회는 어떤가? 일부 기독교에서는 동성 결혼을 한 사람을 목사로 인정한다. 성직자라고 하는 이들 가운데 많은 사람들이 성적 죄에 빠져 있다. 일반 신자들의 윤리관은 어떠할까? 교회는 성적 죄를 회개해야 한다. 그래야 하나님의 진노의 칼을 면할 것이고 새로운 변화의 복을 받을 것이다. 그뿐 아니라 2세들에게 성경적 윤리교육을 시켜야 한다. 윤리교육을 시키지 않을 때 젊은 세대는 죄가 무엇인지 알지도 못하고 따라가게 된다.

4) 두아디라 교회(2:18-29)

교훈 : 이단(異端)과 거짓 선지자를 용납하지 말라.

① 두아디라 교회의 형편

두아디라는 소아시아에 있었던 도시로서 버가모에서 하룻길 거리에 있는 작은 도시였으며, 현재는 '악키사' 라고 불린다. 그 도시는 버가모와 사데에서 로마로 통하는 길이 있고 염료 공업이 발달한 곳이며, 지금도 두아디라에서는 염료 재료로 사용되는 식물을 재배한다고 한다.

사도행전에는 두아디라에 사는 자주 장사 루디아가 빌립보에 왔다가 사도 바울을 만나 예수님을 영접하였다고 기록되었는데(행 16:14), 두아디라 교회는 루디아의 전도로 세워진 교회라고 한다.

② 책망

"그러나 네게 책망할 일이 있노라 자칭 선지자라 하는 여자 이세벨을 네가 용납함이니 그가 내 종들을 가르쳐 꾀어 행음하게 하고 우상의 제물을 먹게 하는도다"(20절)라고 하셨다. 두아디라 교회는 에베소 교회와 같이 잘한 일이 여섯 가지나 있었다. 그러나 용납하지 말아야 할 이세벨을 용납하여 주님의 책망과 징계를 받았다. 이 교회는 교회가 하는 선교, 구제, 교육 등의 사업은 잘했지만 내부적으로 거짓 선지자의 가르침을 따라감으로 타락한 교회였다.

이세벨은 고대 시돈 사람의 왕 엣바알의 딸이었고(왕상 16:31), 아합 왕의 왕후가 된 후 왕과 이스라엘 백성이 바알 신을 섬겨 타락하게 했다(왕상 21:19, 25). 두아디라 교회는 이세벨에게 비교되는 거짓 선지자를 용납하여 신자들이 음행하며 우상의 제물을 먹었다.

성경 말씀은 교회가 사랑이 있어야 한다고 가르친다. 그러나 이단과 거짓 선지자와 죄는 용납하지 말아야 한다고 가르치고 있다.

"거짓 선지자들을 삼가라 양의 옷을 입고 너희에게 나아오나 속에는 노략질하는 이리라"(마 7:15), "누구든지 이 교훈을 가지지 않고 너희에게 나아가거든 그를 집에 들이지도 말고 인사도 말라"(요이 1:10), "만일 누가 가서 우리의 전파하지 아니한 다른 예수를 전파하거나 혹 너희의 받지 아니한 다른 영을 받게 하거나 혹 너희의 받지 아니한 다른 복음을 받게 할 때에는 너희가 잘 용납하는구나"(고후 11:4), "너희의 자랑하는 것이 옳지 아니하도다 적은 누룩이 온 덩어리에 퍼지는 것을 알지 못하느냐"(고전 5:6)라고 했다.

이리를 목장에 용납하면 이리가 양을 죽이며 목장을 황폐하게 하고, 누룩을 가루에 넣으면 온 가루가 발효하게 되며, 쉬파리가 잠실(蠶室)에 들어가면 누에에 쉬를 쓸어 고치에서 나방 대신 쉬파리가 나온다고 한다. 순수한 신앙인 루디아를 통해 세워진 두아디라 교회는 이세벨과 같은 거짓 선지자를 용납하여 교회가 음행하며 우상의 제물을 먹는 타락한 교회가 되었다.

현대 교회는 어떠한 형편에 처해 있는가? 한국 교회에 선교한 미국 장로교회는 1900년 초까지는 사도신경을 고백하는 순수한 교회였다. 그러나 1900년 초부터 성경을 비판하는 자유주의 신학이 들어왔고 1925년에는 그 영향을 받은 목사들 1천 명이 오번 선언(Auburn Affirmation)을 하기에 이르렀다. 오번 선언은 "우리는 ① 성경무오설 ② 동정녀 탄생 ③ 예수의 신성 ④ 십자가의 구속 ⑤ 예수의 부활을 믿을 수 없다"는 것이었다(라보도, 《현대 에큐메니칼 운동과 동향》, p. 333).

미국 교회는 그 이세벨과 같은 이단 사상을 용납하지 않았어야 했다. 그러나 하나님의 말씀보다 사람을 더 존중하는 생각 때문에 대부분의 교회는 두아디라 교회처럼 양 우리에 들어온 이리를 용납하는 것같이 이단 사상을 용납하였고, 교회는 생명 없는 형식주의 교회로 바뀌어 갔으며, 지금은 동성애를 하는 성직자와 교회를 인정하는 데까지 이르렀다.

잘못된 교리를 용납한 것은 한국 교회도 마찬가지다. WCC는 세계의 모든 종교를 하나로 만드는 것을 목적으로 하는 그릇된 단체인데도 불구하고 세계기독교협의회라고 하는 이름으로 군림하고 있다. 한국 교회는 그 단체에 가입하는 문제를 놓고 논쟁이 있기는 하였다. 그로 인해 교파가 갈라졌으며 많은 교회가 이미 가입되어 있다. 현대 교회는 예수님이 두아디라 교회에 대해 하신 말씀을 듣고 악한 교훈을 용납하지 말아야 한다.

③ 경고

> "또 내가 그에게 회개할 기회를 주었으되 그 음행을 회개하고자 아니하는도다 볼지어다 내가 그를 침상에 던질 터이요 또 그로 더불어 간음하는 자들도 만일 그의 행위를 회개치 아니하면 큰 환난 가운데 던지고 또 내가 사망으로 그의 자녀를 죽이리니 모든 교회가 나는 사람의 뜻과 마음을 살피는 자인 줄 알지라 내가 너희 각 사람의 행위대로 갚아 주리라"(계 2:21-23).

하나님은 거역하는 자를 징벌하신다. 이세벨을 용납하여 우상숭배하고 음행했던 아합 왕과 이스라엘 백성은 3년 6개월 동안 우로가 내리지 않아 기근의 고통을 당했고(왕상 17:1; 약 5:17), 아합 왕은 길르앗 라못 전쟁에서 전사했으며(왕상 22:35), 아합 왕의 아들 70인은 하루 동안에 목 베어 죽임을 당했다(왕하 10:7).

교회가 거짓된 사상을 받아들인 미국은 어떠한가? 미국은 전 시대에 없었던 부강한 나라였고 지금도 그 자리를 내어놓지는 않았다. 그러나 교회가 그릇된 사상을 받아들인 후 사회는 세속화가 더해 가며 1930년대의 대공황과 1, 2차 세계대전과 한국

전, 월남전으로 수많은 젊은이들이 죽어 갔다. 이런 일을 우연이라고 보는 것은 너무나 안이한 생각인 것 같다. 불꽃 같은 눈을 가지신 예수님은 사람의 깊은 것을 감찰하고 징계하시는 분이시기 때문이다. 교회는 국가와 사회적 책임까지 가지고 있다.

④ 이기는 자에 대한 약속

이기는 자는 "사단의 깊은 것을 알지 못하는 자", 즉 이세벨의 교훈을 받지 않은 자들이다. 그들에게는 다음과 같은 상이 있다고 했다.

a. 만국을 다스리는 권세를 주심.

이 권세는 예수 그리스도에게 주신 권세이며 복음의 권세이다.

"네가 철장으로 저희를 깨뜨림이여 질그릇같이 부수리라 하시도다"(시 2:9).

"내가 네 뿔을 철 같게 하며 네 굽을 놋 같게 하리니 네가 여러 백성을 쳐서 깨뜨릴 것이라"(미 4:13).

"여자가 아들을 낳으니 이는 장차 철장으로 만국을 다스릴 남자라"(계 12:5).

이 권세를 두아디라 교회의 이기는 자들에게 주시겠다고 하셨다. "복음은 모든 믿는 자에게 구원을 주시는 하나님의 능력이 됨이라"(롬 1:16)고 하셨다. 고대 로마제국을 정복한 사람들은 이 복음의 철장을 가진 성도들이었다. 앞으로도 이 철장 권세를 받은 성도들이 세상을 점령할 것이다.

b. 새벽 별을 주심.

새벽 별은 예수님이시다. "나는 다윗의 뿌리요 자손이니 곧 광명한 새벽 별이라 하시더라"(계 22:16)고 하였다. 긴 어두운 밤을 지나 동편 산 위에 광명한 새벽 별이 떠올라 새날의 희망을 안겨 주듯이 예수님은 인생의 희망이요 소망이시다. 예수님은 두아디라 교회의 이세벨의 교훈을 받지 않은 자들 같이 진리를 떠나지 않는 자, 말씀을 지키는 자에게 성령 안에서 자기를 나타내신다(요 14:21). 철장의 복음으로 세상을 정복하는 교회와 성령님이 함께하시는 교회는 이단과 타협하는 교회가 아니라 이단을 이기는 교회이다.

5) 사데 교회(3:1–6)

교훈 : 산 교회가 되라

> "네가 살았다 하는 이름은 가졌으나 죽은 자로다"(계 3:1)

교회는 외부적 부요함이 아니라 영적 생명이 있어야 한다.

① 사데 교회의 형편

사데는 루디아의 수도였고, 부하고 화려한 도시였다고 한다.

부유한 도시의 교회는 부유한 경우가 많다. 사데 교회가 살았다는 이름이 있었던 것을 보면 사데 교회는 부유한 교회였던 것 같다. 교회 건물도 훌륭하게 지었을 것이고 교인들도 부유하게 살았을 것이다. 그러나 그런 환경에 있는 사데 교회는 영적으로 타락하여 생명력을 잃었다. 그러므로 예수님은 일곱 영과 일곱 별을 가지신 이로 나타나셔서 "네가 살았다 하는 이름은 가졌으나 죽은 자"라고 책망하셨다.

의사들에 의하면 호흡이 없거나 감각이 없거나 의식이 없으면 죽었다고 판단한다고 한다. 사도 야고보는 "영혼 없는 몸이 죽은 것같이 행함이 없는 믿음은 죽은 것이니라"(약 2:26)고 하였다. 사데 교회는 부유한 환경에 있는 교회요, 외관상 축복받은 선남선녀들이 모이는 교회였다. 그러나 실상은 행함이 없는 죽은 교회였다. 만일 교회 밖에 있는 사람들이 사데 교회의 살았다는 이름을 듣고 동경심에서 교회를 찾아왔다가 교회 안에 시체가 널려 있고 악취가 나는 것을 본다면 얼마나 질겁을 하겠는가? 현대에 이런 교회가 많다는 것을 인정해야 하며, 산 교회가 되기 위해 힘써야 한다.

② 주님이 나타나신 모양

"하나님의 일곱 영과 일곱 별을 가진 이"(계 3:1).

일곱 영은 1장에 나타나신 예수님의 모습에는 나타나지 않았으나 5장에서는 "일곱 뿔과 일곱 눈이 있으니 이 눈은 온 땅에 보내심을 입은 하나님의 일곱 영이더라"(계 5:6)고 했다. 영적 사망 상태에 있는 사데 교회에 일곱 영과 일곱 별(교회의 사역자)을 가지고 나타나신 것은 사데 교회를 살리기 위하여 필요한 것은 성령의 역사와 교회의 사역자의 역할이 중요함을 보여주는 것이다. 교회가 영적 생명을 회복하려면 성령께서 역사하셔야 하고, 성령님이 역사하시려면 성령님이 사용하시는 일꾼이 있어야 한다.

③ 권면 : 회개하라.

"그러므로 네가 어떻게 받았으며 어떻게 들었는지 생각하고 지키어 회개하라"(계 3:3).

a. 죽은 신앙이 산 신앙으로 회복하는 길은 회개다.

회개는 예수를 믿을 때에 하는 것이다(행 2:38). 그러므로 회개는 그리스도 도의 초보라고 했다(히 6:1). 그러나 도의 초보라고 하더라도 회개하지 않고 믿는다든지, 회개하였으나 과거의 죄에 다시 돌아갔다면 회개해야 한다. 그것은 학생이 상급반에 있더라도 기초 지식이 없다면 하급반에 돌아가서 배워야 하는 것과도 같다. 현대 교회에는 신앙의 초보와 같은 회개가 필요한 신자가 많다.

b. 회개의 방법

처음 사랑을 버린 에베소 교회에 대해서는 "어디서 떨어진 것을 생각하고 회개하여 처음 행위를 가지라"(5절)고 하셨는데, 사데 교회에 대해서는 "어떻게 받았으며 어떻게 들었는지 생각하고 지키어 회개하라"고 하셨다. 이 말씀은 요시야 왕이 율법의 말씀을 읽고 회개한 것같이 말씀으로 돌아와 회개하라는 것이다. 회개는 감정의 자극을 받아 우는 것도 아니며, 의미 없이 "나는 죄인입니다. 모든 죄를 용서하옵소서"라고 하는 것도 아니다. 회개는 하나님 앞에서 어떤 것이 잘못된 것인가를 깨달아 뉘우치고 자신의 마음과 행위를 고치는 것이다. 현대인은 과거보다 마음이 더욱 어두워졌고 죄를 합리화하는 시대에 살고 있으므로 자기의 죄가 무엇인가를 찾아 회개하기가 더욱 어렵다. 복음이 무엇인가를 생각해야 한다.

c. 회개하지 않는 결과

> "만일 일깨지 아니하면 내가 도적같이 이르리니 어느 시에 네게 임할는지 네가 알지 못하리라"(계 3:3).

회개의 선언에는 언제나 약속과 경고가 수반된다. 약속은 회개하는 자에게 주시는 축복이요, 회개치 않는 자에게는 형벌이 임한다(눅 13:5; 계 2:5, 7, 11, 16-17, 23, 26, 3:16, 21). 사데 교회에는 회개하지 않으면 예수님이 도적같이 오실 것이라고 하셨다. 도적의 두 가지 특징이 있다. ① 뜻하지 않은 때에 오는 것과 ② 귀한 것을 가져가는 것이다. 회개하지 않는 자에게는 미래가 없다. 주님이 어느 날 오실지 모르며 언제 나의 생명을 부르실지 알 수 없기 때문이다.

④ 약속

a. 흰 옷을 입고 나와 함께 다닌다고 하셨다.

> "그러나 사데에 그 옷을 더럽히지 아니한 자 몇 명이 네게 있어 흰 옷을 입고 나와 함께 다니리니"(계 3:4).

성도가 입는 흰 옷은 어린 양의 피에 죄 씻음을 받아 입게 된 의의 옷이요(계 7:14), 그 옷을 지킴으로 얻는 의다(계 22:14).

사데 교회의 몇 명은 그러한 사람들이었다고 한다. 그런 사람들은 흰 옷을 입고 주와 함께 다닌다고 하셨다. 《천로역정》에서 기독도가 허화시에 들렀을 때 허화시 사람들은 기독도와 그 일행의 하는 말과 입은 옷을 보고 "저 사람들의 말과 옷을 보니 다른 나라 사람인가 봐" 라고 했다. 온 세상이 다 죄의 검은 옷을 입고 다니는데 주님의 보혈로 씻음 받아 흰 옷을 입고 사는 성도는 얼마나 행복한 사람들인가? 그들은 예수님을 신랑으로 맞을 신부들이다.

b. 주님께서 아신다고 시인해 주시겠다는 약속이다.

> "그 이름을 생명책에서 반드시 흐리지 아니하고 그 이름을 내 아버지 앞과 그 천사들 앞에서 시인하리라"(계 3:5).

70세가 넘도록 함께 살아온 어느 부부의 이야기이다. 남편이 치매에 걸려 아내를 알아보지 못하고 "여보, 내가 누군지 아세요?" 하니 머리를 흔들며 "당신 누구요?" 하며 "당신 빨리 가요" 라고 했다고 한다. 치매가 걸려서 하는 말이지만 아내는 너무 섭섭했다고 한다.

예수님은 그날에 될 일을 다음과 같이 말씀하셨다.

> "그 날에 많은 사람이 나더러 이르되 주여 주여 우리가 주의 이름으로 선지자 노릇 하며 주의 이름으로 귀신을 쫓아내며 주의 이름으로 많은 권능을 행치 아니하였나이까 하리니 그때에 내가 저희에게 밝히 말하되 내가 너희를 도무지 알지 못하니 불법을 행하는 자들아 내게서 떠나가라 하리라"(마 7:22-23).

평생 예수를 믿었는데 예수님이 모른다고 하신다면 얼마나 큰 낭패겠는가? 그날에 주님 앞에 인정을 받는 자는 큰 일을 하는 자가 아니라 주님의 뜻을 따라 행하는 자이다.

6) 빌라델비아 교회(3:7-13)

교훈 : 신실한 성도와 교회가 되라.

① 빌라델비아 교회의 형편

빌라델비아는 버가모 왕 앗탈루스Ⅱ세 필라델푸스가 건립한 성인데 중요한 교통상로(交通商路)가 있는 곳이며, A.D. 17년 지진으로 많은 피해를 받아 로마의 원조를 받은 곳이며, 유대인 회당도 있어 유대교의 박해도 있었던 곳이다. 그러나 빌라델비아 교회는 그런 역경 중에서 여간한 능력을 가지고 주님의 말씀을 지키며 예수님의 이름을 배반하지 않았다.

② 주님이 나타나신 모양

"거룩하고 진실하사 다윗의 열쇠를 가지신 이 곧 열면 닫을 사람이 없고 닫으면 열 사람이 없는 그이"(7절)로 나타나셨다. 다윗의 열쇠를 가지신 이는 메시아(예수님)를 가리킨다. 예수님은 부활하신 후 "하늘과 땅의 모든 권세를 내게 주셨으니"(마 28:18)라고 하셨다. 모든 권세를 가지신 모습이다.

③ 칭찬과 상급

예수님은 빌라델비아 교회에 거룩하고 진실하사 다윗의 열쇠를 가지신 이, 곧 열면 닫을 사람이 없고 닫으면 열 사람이 없는 분으로 나타나셔서 칭찬하시며 상을 약속하셨다.

a. 적은 능력을 가지고도 내 말을 지키며 내 이름을 배반하지 않았으므로 열린 문을 두었으니 능히 닫을 자가 없으리라고 하셨다.

주석가 반즈(Barnes)는 적은 능력은 외부적 또는 영적 능력이 적은 것을 의미한다고 했다. 외부적 능력은 교세, 건물, 인물, 재력을 다 포함하는 것이요, 영적 능력은 각종 신령한 은사이다. 빌라델비아 교회는 그런 능력이 적었지만 진실한 믿음을 가지고 주님을 섬기다가 진실하신 주님께 칭찬과 상을 받게 되었다. 이 교회는 다섯 달란트를 받아 다섯 달란트를 남긴 종이 아니라 두 달란트를 받아 두 달란트를 남긴 종과 같은 교회이다. 이런 교회와 성도가 주님께로부터 칭찬을 받는다. 예수님은 이 교회에게 "열린 문을 두었다"라고 하셨다.

성경은 여러 가지 문에 대해 말씀하고 있다 .

축복의 문－온전한 십일조를 하나님께 드릴 때(말 3:10)

은혜의 문－예수님이 낮아지심으로(마 3:16; 요 1:17)

전도의 문－성도가 기도할 때(고전 16:9)

마음의 문－회개함으로 열린다(계 3:20).

이 모든 문은 교회와 성도에게 열려야 할 문이다.

b. 거짓말하는 자들이 발 앞에 절하게 함(9절).

자칭 유대인이라고 하는 자들은 혈통적 유대인임을 자랑하는 자들이다. 그들을 굴복하게 하신다는 약속이다. 교회에는 진리 아닌 것을 주장하는 자들이 굴복하고 돌아와야 한다.

c. 장차 올 시험의 때를 면하게 함(10절).

'면하게 한다' 고 한 것은 잘못된 번역이다. '시험의 때에 지켜 주리라' 고 번역해야 한다. 어떤 이들은 이 말씀은 성도가 7년 환난을 당하지 않는다는 말로 해석하나 7년 환난에 참여하지 않는다는 말이 아니라 그 환난 때에 지켜 주시겠다는 말씀이다.

사드락, 메삭, 아벳느고를 풀무 불에서 지켜 주시고 다니엘을 사자 굴에서 지켜 주신 것처럼 지켜 주시겠다는 약속이다.

d. 면류관에 대한 약속(11절)

"네가 가진 것을 굳게 잡아 아무나 네 면류관을 빼앗지 못하게 하라"(계 3:11).

여기서 '가진 것' 이란 적은 능력으로 주님의 말씀을 지키는 것이다. 그 적은 능력으로 주님의 말씀을 지켜 온 그 일을 계속하면 면류관을 주실 것이라고 하셨다. 면류관은 큰 능력을 받아 큰일을 한 자에게 주시는 상이 아니라 적은 능력이지만 인내하며 충성하는 자에게 주시는 상이다.

e. 성전의 기둥이 되게 함(12절).

예루살렘 성전에는 두 기둥이 있었다. 그리고 초대 교회의 기둥같이 중요한 인물들은 야고보와 게바와 요한이라고 했다(갈 2:9). 그러나 그런 인물 외에도 기둥 같은 성도들이 있다. 그들은 빌라델비아 교회와 같이 적은 능력으로 낙심하지 않고 말씀을 지키며 나아가는 성도들이다. 그 기둥 위에 "하나님의 이름과 하나님의 성 새 예루살렘의 이름과 나의 새 이름을 기록하리라" 고 하셨다. 이름을 기록함은 소유를 증명하는 수단이다. 빌라델비아 교회에 이 이름들을 기록함은 그 교회가 하나님과 예수님의 소유이며 새 예루살렘에 들어갈 교회임을 확증하는 것이다.

빌라델비아 교회는 외부적으로 교세와 건물과 인재와 경제력이 다 빈약했다. 영적으로도 큰 권능을 받은 사람들이 아니었다. 그러나 그 여간한 능력으로 말씀을 지켰다. 그리고 그것은 큰 축복을 가져왔다. 예수님은 이 빌라델비아 교회를 들어 허영심에 들뜬 교회와 교역자들에게 교훈을 주신다.

7) 라오디게아 교회(3:14-22)

교훈 : 뜨거운 교회가 되라.

① 라오디게아 교회의 형편

"내가 네 행위를 아노니 네가 차지도 아니하고 더웁지도 아니하도다 네가 차든지 더웁든지 하기를 원하노라"(계 3:15).

라오디게아는 안티오커스 에피파네스Ⅱ세의 왕후 라오디스(Laodice)의 이름을 따서 부르는 도시이며, 부유한 상업 도시였다고 한다. "나는 부요하여 부족한 것이 없다" 라고 한 것을 보면 교회의 외부적 조건은 부족한 것이 없다고 할 정도로 다 갖추어져 있었던 교회임을 알 수 있다. 부유한 도시에 있는 교회는 도시의 부를 함께 누리는 경우가 많다. 부유한 사람들이 모이니 교회의 건물도 잘 짓고 재정도 넉넉하여 교회적 사업도 잘하게 된다. 그러므로 라오디게아 교회는 "나는 부요하여 부족한 것이 없다" 라고 했다. 현대 교회에는 이런 교회를 부러워하는 사람들이 많다. 그러나 예수님은 여섯 가지 결점을 책망하셨다.

② 예수님이 나타나신 모양

"아멘이시요 충성되고 참된 증인이시요 하나님의 창조의 근본이신 이"(14절)로 나타나셨다. 아멘이시요 충성되고 참된 증인은 십자가에서 고난받으신 예수님이시다. 그런 분으로 나타나심은 라오디게아 교회의 외식과 허영심을 드러내시기 위함이다. 창조의 근본으로 나타나심은 미지근한 라오디게아 교회를 재창조하시려고 하심이다. 그리스도 안에 있으면 새로운 피조물이라고 하셨다(고후 5:17). 미지근한 교회는 그리스도 안에서 재창조가 되어 뜨거운 교회가 되어야 한다.

③ 예수님의 책망

a. 미온적 신앙(微溫的 信仰)을 책망

"네가 이같이 미지근하여 더웁지도 아니하고 차지도 아니하니 내 입에서 너를 토하여 내치리라"(계 2:16).

가나안 땅은 그 거민을 토하여 버렸다고 했다(레 18:25). 토하여 버림은 멸망을 의미한다. 그리스도인의 신앙은 뜨거움이 기초가 되어 있다. 엠마오로 내려가던 제자들은 자기들과 동행한 분이 예수님이심을 알게 된 후 "길에서 우리에게 말씀하시고 우리에게 성경을 풀어 주실 때에 우리 속에서 마음이 뜨겁지 아니하더냐"(눅 24:32)라고 하였다. 복음의 내용은 불같이 뜨거운 하나님의 사랑이며, 그 복음을 믿는 자들에게는 불 같은 성령이 임하여 역사하시기 때문이다. 그래서 바울은 그리스도를 알지 못할 때 핍박자였지만 그리스도를 만난 후 다메섹에서부터 죽음을 두려워하지 않고 그리스도를 증거하는 사도가 되었다. 믿음이 미지근한 것은 아직 복음의 내용을 깨닫지 못한 까닭이요, 성령을 받지 못했기 때문이다.

b. 알지 못함(무지)을 책망

> "네가 말하기를 나는 부자라 부요하여 부족한 것이 없다 하나 네 곤고한 것과 가련한 것과 가난한 것과 눈먼 것과 벌거벗은 것을 알지 못하도다"(계 2:17).

곤고함(파라이포로스)은 선을 행하려 하지만 이르지 못하는 상태에서 괴로워하는 것을 의미한다. 바울은 율법 아래에서 선을 원하지만 그 선을 이루지 못하고 죄 아래로 끌려가는 자신을 보고 "오호라 나는 곤고한 사람이로다"(롬 7:24)라고 부르짖었다. 그러나 그다음 순간 예수님을 바라보며 "우리 주 예수 그리스도로 말미암아 하나님께 감사하리로다"(롬 7:25)라고 하였다.

라오디게아 교회는 아직 율법 아래에서 의롭게 되려고 하며, 하나님께서 예수 그리스도를 통하여 나타내신 그 의를 깨닫지 못한 상태에 있었다. 그런 영혼은 항상 곤고할 뿐이요 참 기쁨과 감사를 가지지 못한다. 사도 바울과 같이 예수 그리스도를 만나야 한다.

- 가련함(에리이노스)을 알지 못함.

  여리고에서 강도 만난 사람이 거의 죽게 된 것과 같이 된 상태를 의미한다. 라오디게아 교회의 영적 상태는 거의 죽게 된 상태였다. 라오디게아 교회가 살 수 있는 길은 사마리아인같이 우리에게 찾아오신 예수님의 도우심을 의지하는 것 뿐이지만 그것을 알지 못했다.

- 가난한 것(푸토코스)을 알지 못함.

  푸토코스는 무일푼의 가난한 자를 의미한다. 라오디게아 교회는 외부적인 면만 보고 스스로 부요하여 부족한 것이 없다고 하였으나 영적으로는 길거리에서 구걸하는 걸인과 같이 가난한 상태인 것을 알지 못했다.

- 눈먼 것을 알지 못함.

  예수님은 영적 가치관을 바로 가지지 못한 서기관과 바리새인들에게 소경 된 인도자라고 책망하셨다(마 23:16). 가치관이 바르지 않은 사람은 사실상 소경이다. 중한 것은 하찮게 여기고 가치 없는 것은 중하게 여기기 때문이다. 심판 받을 소돔 성을 좋게 본 롯은 소경과 다를 바 없었다. 라오디게아 교회가 스스로 부요하여 부족한 것이 없다고 한 것은 영이 어두워 바른 가치관을 가지지 못한 까닭이다.

• 벌거벗음을 알지 못함.

허영심이 많은 임금을 골탕 먹게 한 신하의 이야기가 있다. 신하는 임금에게 효자 옷이 있는데 한번 입어 보겠냐고 했다. 그런데 그 효자 옷은 효자의 눈에만 보이지 불효자에겐 보이지 않는다고 했다. 왕은 당장 가지고 오라고 했고, 신하는 아무것도 없는 빈 쟁반을 가지고 임금께 가서 "이 쟁반에 있는 것이 효자 옷입니다. 보이십니까?" 했다. 그러자 임금은 "아, 보이구말구! 화려하구만!" 하면서 입은 옷을 다 벗고 효자 옷을 입는 시늉을 했다. 신하의 꾀로 임금은 벌거벗게 되었고, 임금은 자기가 벗은 줄을 몰랐다는 이야기다. 라오디게아 교인들은 벌거벗고도 벗은 줄을 모른다고 했다. 현대 교회에도 벗고 있으면서도 부끄러움을 모르는 신자가 많다. 죄를 짓고 있는 것이 벗은 것이다.

④ 예수님의 권면

라오디게아 교회의 죄를 책망하신 예수님은 라오디게아 교회가 새로워지는 길을 보여주셨다.

a. 불로 연단한 금을 사서 부요하게 하라.

사도 베드로는 믿음이 금보다 더 귀하다고 했다(벧전 1:7). 토마스 아퀴나스가 교황을 배알했을 때 교황은 바티칸의 부를 보여주며 "이제 우리 교회는 '은과 금은 우리에게 없거니와' 라고 하던 시대는 지나갔습니다" 라고 자랑했다. 그러자 아퀴나스는 "그렇습니다만 '내게 있는 것으로 네게 주노니 곧 나사렛 예수 그리스도의 이름으로 걸으라' 고 하던 시대도 지나갔습니다" 라고 대답했다고 한다. 아퀴나스의 대답은 교회는 은금 보화보다 믿음이 더욱 귀하다는 뜻이었다.

믿음으로 의롭다 함을 얻는다(롬 5:1).

믿음으로 세상을 이긴다(요일 5:4).

믿음으로 표적도 나타난다(막 16:17).

믿음의 부자가 참 부자이다 .

b. 흰 옷을 사서 입으라.

사도 요한은 각 나라와 족속과 방언에서 셀 수 없는 큰 무리가 흰 옷을 입고 손에 종려가지를 들고 보좌와 어린 양 앞에서 찬양하는 것을 보았다(계 7:9). 그리고 "이는 큰 환난에서 나오는 자들인데 어린 양의 피에 그 옷을 씻어 희게 하였느니라"(계 7:14)고 하였다.

하나님의 보좌 앞에서 흰 옷을 입고 찬양하는 성도들은 어린 양의 피에 그 옷을 씻어 희게 한 자들이라고 했다. 흰 옷은 회개하고 예수님의 보혈을 믿음으로 죄 사함을 받아 의롭다 함을 얻는 것을 의미한다. 라오디게아 교회는 이 의의 옷을 입지 못한 상태이다. 의의 옷을 입지 못한 것은 참된 회개와 온전한 믿음에 이르지 못한 까닭이다.

c. 안약을 사서 눈에 발라 보게 하라.

바울은 에베소 교회를 위해 "우리 주 예수 그리스도의 하나님, 영광의 아버지께서 지혜와 계시의 정신을 너희에게 주사 하나님을 알게 하시고 너희 마음 눈을 밝히사 그의 부르심의 소망이 무엇이며 성도 안에서 그 기업의 영광의 풍성이 무엇이며 그의 힘의 강력으로 역사하심을 따라 믿는 우리에게 베푸신 능력의 지극히 크심이 어떤 것을 너희로 알게 하시기를 구하노라"(엡 1:17-19)고 기도하였다. 성령은 믿는 사람들의 마음 눈을 밝혀 신령한 것을 알게 하신다. 성도들은 신령한 눈을 떠서 성도의 소망과 기업과 능력을 알게 되어야 한다.

위에서 말씀하신 금과 흰 옷과 안약을 모두 사라고 하는 것은 돈으로 사라는 것이 아니다. 이사야는 "너희 목마른 자들아 물로 나아오라 돈 없는 자도 오라 너희는 와서 사 먹되 돈 없이, 값 없이 와서 포도주와 젖을 사라"(사 55:1)고 했다. 돈 없이 사는 것은 무엇을 의미하는가? 마태복음 13장 46절의 비유를 보면 천국은 진주를 구하는 장사가 극히 값진 진주 하나를 만나매 가서 자기 소유를 다 팔아 진주를 산 것과 같다고 하였다. 신령한 것은 돈으로 사는 것이 아니다. 그런 면에서 볼 때 거저 주는 것이다. 그러나 돈보다 더 귀한 자기 자신을 포기해야 얻을 수 있는 보배이다.

d. 열심을 내라, 회개하라.

예수님은 라오디게아 교회에 대해 가난을 해결하기 위해 금을, 벌거벗은 수치를 가리기 위해 흰 옷을, 눈먼 것을 해결하기 위해 안약을 사서 눈에 발라 보게 하라고 권면하셨다. 그리고 결론적으로 "열심을 내라 회개하라"(19절)고 권면하셨다. 열심을 내어 회개하면 믿음도 얻게 되며, 흰 옷도 입게 되고, 신령한 눈도 밝아지게 되며, 미지근한 믿음이 뜨거운 믿음으로 변하게 되기 때문이다.

⑤ 약속

"볼지어다 내가 문밖에 서서 두드리노니 누구든지 내 음성을 듣고 문을 열면 내가 그에게로 들어가 그로 더불어 먹고 그는 나로 더불어 먹으리라 이기는 그에게는 내가 내 보좌에 함께 앉게 하여 주기를 내가 이기고 아버지 보좌에 함께 앉은 것과 같이 하리라 귀 있는 자는 성령이 교회들에게 하시는 말씀을 들을지어다"(계 3:20-22).

이것은 회개하는 성도에게 하신 두 가지 약속이다.

a. 주님이 그로 더불어 먹고 마시는 복

예수님의 비유에 나타난 돌아온 탕자는 아버지가 베푼 잔치의 기쁨을 누렸다(눅 15:23). 회개하는 성도에게는 그런 즐거움이 있다. 다윗은 "주께서 내 마음에 두신 기쁨은 저희의 곡식과 새 포도주의 풍성할 때보다 더하니이다"(시 4:7)라고 하였다.

b. 주님의 보좌에 함께 앉게 하여 주심.

예수님은 그의 제자들에게 "내가 진실로 너희에게 이르노니 세상이 새롭게 되어 인자가 자기 영광의 보좌에 앉을 때에 나를 좇는 너희도 열두 보좌에 앉아 이스라엘 열두 지파를 심판하리라"(마 19:28)고 하셨다.

세상이 새롭게 되어 인자가 영광의 보좌에 앉을 때는 어느 때인가? 세상이 새롭게 됨은 은혜 시대가 시작되는 때를 가리키며, 인자가 자기 영광의 보좌에 앉는 것은 예수님이 부활 승천하신 때를 의미한다. 예수님은 부활 승천하신 후 "하나님 우편에 앉으시니라"(막 16:19)고 하였다. 그리고 제자들이나 성도들이 주님의 보좌에 함께 앉게 하여 주신다고 한 것은 성령충만으로 믿는 사람들의 영적 지위가 높아져 복음의 증거자가 될 것을 가리킴이다. 사도 바울은 "또 함께 일으키사 그리스도 예수 안에서 함께 하늘에 앉히시니"(엡 2:6)라고 하였다.

라오디게아 교회는 주님께서 토해 버리겠다는 경고를 받은 교회였다. 그러나 회개하고 주님을 영접하면 그런 영적 즐거움과 영적 지위를 회복시켜 주시겠다고 하셨다. 라오디게아 교회와 같은 현대 교회가 사는 길은 회개뿐이다. 현대 교회의 사자들(교역자들)과 신자들은 소아시아 일곱 교회를 거울로 삼아 자신들과 교회를 비추어 보아야 한다.

3. 일곱 교회에 주신 공통어(共通語)

"귀 있는 자는 성령이 교회들에게 하시는 말씀을 들을지어다"라고 하신 말씀과 "이기는 자에게는"이라는 말씀과 "회개하라"는 이 말씀은 거의 모든 교회와 모든 성도에게 해당되는 말씀이며, 중요한 말씀이다.

1) 귀 있는 자는 들으라

① 사람의 귀는 모든 소리를 다 들을 수 있게 창조되지 않았다.

지구가 회전하는 소리, 코끼리가 내는 소리(ultra-sound), 미세한 곤충들이 우는 소리는 듣지 못한다. 타락한 인생은 하나님의 음성을 듣지 못한다. 예수님과 하나님의 대화를 들은 곁에 있던 사람들은 우렛소리로 듣거나 천사가 말한 것으로 들었을 뿐이었다(요 12:28-29).

고대 이스라엘 백성에게는 "깨닫는 마음과 보는 눈과 듣는 귀는 오늘날까지 여호와께서 너희에게 주지 아니하셨느니라"(신 29:4)고 하셨다. 그러므로 그들은 하나님의 말씀을 들었으나 깨닫지 못했다. 하나님의 말씀을 들으려면 듣는 귀를 받아야 한다. 그래서 예수님은 "너희 귀는 들음으로 복이 있도다"(마 13:16)라고 하셨고, "귀 있는 자는 들으라"(마 13:9)고 하셨다.

② 귀와 행동은 서로 연결되어 있다.

귀로 듣지 못하면 행동을 바로 할 수 없다. 그러므로 귀가 어두운 사람은 정상적인 활동을 하지 못한다. 귀가 어두우면 말도 못하게 된다. 귀와 입은 밀접한 관계가 있다. 벙어리가 말을 못 하는 이유는 입의 구조 때문이 아니라 청각 때문이라고 한다. 듣게 되면 자연스럽게 말도 하게 된다. 신자들이 영의 귀가 열려 하나님의 음성을 듣게 되며 자연스럽게 덕 있는 말과 은혜 있는 말, 즉 천국 방언을 말하게 된다.

③ 새로운 귀를 받을 수 있다.

선지자 예레미야는 "대저 열방은 할례를 받지 못하였고 이스라엘은 마음에 할례를 받지 못하였느니라 하셨느니라"(렘 9:26)고 하였고, 스데반은 유대인들에게 "목이 곧고 마음과 귀에 할례를 받지 못한 사람들아"(행 7:51)라고 책망했다.

듣는 귀와 깨닫는 마음을 가지게 되는 방법은 마음의 할례인 참된 회개를 해야 한다. 할례는 아브라함 때부터 하나님과 세운 언약의 표로서 남아의 몸에서 양피를 베어 버리는 예식이다. 스데반의 책망은 유대인들은 몸의 할례는 행했지만 마음과 귀가 변화되는 회개는 하지 못했다는 것이다. 회개는 마음의 가죽을 베어 버리는 것이다(렘 4:4).

성령님은 오셔서 우리의 회개를 도우심으로 거듭나는 회개에 이르게 하시고 듣는 귀와 깨닫는 마음을 주어 하나님의 말씀을 듣고 순종하게 하신다. "귀가 있어 들을 자는 들을지어다"라는 말씀을 모든 교회에게 하신 것을 보면 듣는 영의 귀를 가지는 것이 얼마나 중요한가를 생각하게 된다.

2) 성령이 교회들에게 하시는 말씀을 들을지어다

이 말씀은 모든 교회에게 하시는 두 번째 공통어이다. 사도 요한은 계시록 1장 1-2절에서 이 말씀은 예수 그리스도의 계시이며 하나님이 그에게 주사 반드시 속히 될 일을 그 종들에게 보이시려고 그 천사를 그 종 요한에게 보내어 지시하신 것이라고 하며 이 계시가 하나님이 주신 것임을 강조하였다. 그러나 그 계시를 소아시아 일곱 교회에 전할 때에는 "귀 있는 자는 성령이 교회들에게 하시는 말씀을 들을지어다"라고 하며 그 계시의 말씀은 성령께서 교회들에게 하신 말씀이라고 강조한다. 교회는 성경은 성령님이 기록하게 하신 말씀이요 성령님은 그 말씀과 함께 역사하신다는 것을 인정해야 한다.

① 하나님의 말씀은 성령의 감동으로 기록된 말씀이다.

바울은 "모든 성경은 하나님의 감동으로 된 것으로 교훈과 책망과 바르게 함과 의로 교육하기에 유익하니"(딤후 3:16)라고 하였다. 모든 성경은 사람이 더하거나 덜 수 없는 말씀으로 믿고 그 말씀을 받으며 전해야 한다.

어떤 합리주의자(合理主義者)가 성경을 연구하며 자기 이성에 맞지 않는 부분을 찢어 버렸는데 3년간 연구하고 나니 성경의 표지만 남았다는 말이 있다. 성경은 하나님께서 그의 성령을 보내어 저자를 감동하여 기록하게 하신 말씀이다. 그러므로 하나님의 말씀을 받아 전하는 사람들은 승지(承旨)가 왕의 칙령(勅令)을 받아 전하듯이 한 마디라도 더하거나 덜하지 않고 그대로 받아서 전해야 한다.

바울은 데살로니가 교회에 대해 "이러므로 우리가 하나님께 쉬지 않고 감사함은 너희가 우리에게 들은 바 하나님의 말씀을 받을 때에 사람의 말로 아니하고 하나님의 말씀으로 받음이니 진실로 그러하다 이 말씀이 또한 너희 믿는 자 속에서 역사하느니라"(살전 2:13)고 하였다. 데살로니가 교회가 믿음과 사랑과 소망의 본이 된 것은 그 교회가 바울을 통해 전파되는 말씀을 사람의 말로 받지 않고 하나님의 말씀으로 받았기 때문이라고 했다. 모든 교회와 성도는 성경은 하나님의 성령이 교회들에게 하신 말씀으로 믿어야 한다. 그렇게 할 때 그 말씀이 믿는 사람들 가운데 역사하는 것을 볼 수 있을 것이다.

② 성령님의 역사를 믿으며 말씀을 전하고 받아야 한다.

성령님은 하나님의 말씀인 성경을 기록하게 하셨을 뿐 아니라 말씀을 전하고 받을 때 역사하신다. 베드로가 예수님을 증거할 때 성령님이 역사하여 3천 명이 회개했다(행 2:41). 고넬료의 가정에서 말씀을 전할 때 성령님이 역사하셨다(행 10:44). 바울이 빌립보 강가에서 말씀을 전할 때 성령님이 루디아의 마음을 열어 바울의 말을 청종하게 하셨다(행 16:14).

말씀 전하는 현장에 성령님이 역사하시는 것을 체험한 바울은 고린도 교회에 보내는 편지에서 다음과 같이 말하였다.

> "형제들아 내가 너희에게 나아가 하나님의 증거를 전할 때에 말과 지혜의 아름다운 것으로 아니하였나니 내가 너희 중에

> 서 예수 그리스도와 그의 십자가에 못 박히신 것 외에는 아무것 도 알지 아니하기로 작정하였음이라 내가 너희 가운데 거할 때에 약하며 두려워하며 심히 떨었노라 내 말과 내 전도함이 지혜의 권하는 말로 하지 아니하고 다만 성령의 나타남과 능력으로 하여 너희 믿음이 사람의 지혜에 있지 아니하고 다만 하나님의 능력에 있게 하려 하였노라"(고전 2:1-5).

말씀을 증거할 때 나타나는 성령의 역사를 경험한 바울은 말과 지혜의 아름다운 것으로 증거하려고 하지 않고 예수 그리스도와 그의 십자가에 못 박힌 것만 전하려고 하였고, 성령의 나타남과 능력으로 증거하여 말씀을 받는 사람들의 믿음이 사람의 지혜에 있지 않고 하나님의 능력에 있게 하였다고 했다.

현대 교회에는 십자가에 대한 증거와 성령의 나타나심에 대한 기대가 쇠퇴해 가는 것 같다. 교인들은 예배시간에 십자가에 대한 깨달음과 성령님의 임재(臨在)를 기다리는 것보다 흥미 있는 예배 순서와 시사나 예화를 가미한 짧은 설교와 예배 후에 있는 사적 교제에 관심이 많고, 하나님의 성령이 모임 가운데 찾아오신다는 사실을 생각하지 않는다. 목사들은 성령님을 의지하고 십자가만 증거하기보다는 교인들의 기호(嗜好)에 맞추기 위해 귀를 즐겁게 할 예화를 신문이나 인터넷에서 취하여 사용한다. 일반 강연자처럼 화두에 세상 이야기를 먼저 한다. 설교는 될 수 있는 대로 짧게 하여 교인들의 마음에 맞게 한다. 예배의 프로그램을 변화 있게 하여 지루하지 않게 하려고 노력한다.

그러나 성령님이 우리에게 말씀하신다는 것을 믿고 기다리는 자세는 어디 있는가? 현대 교회는 "귀 있는 자는 성령이 교회들에게 하시는 말씀을 들을지어다" 라고 하신 말씀을 따라 말씀을 전하는 자나 말씀을 받는 자들이 다 같이 성령님을 인정하고 사모해야 한다.

3) 이기는 자가 되라

"이기는 자에게는" 이라는 말씀은 일곱 교회에 나오는 세 번째 공통어이다. 종교개혁자 칼빈은 지상 교회를 전투 교회(戰鬪敎會)라고 묘사했다.

① 교회의 전투는 어떤 것인가?

마귀의 궤계(詭計)와 싸우는 전투이다. "마귀의 궤계를 능히 대적하기 위하여 하나님의 전신갑주를 입으라" (엡 6:11)고 하였다. 궤계라는 것은 책략을 의미하는데, 여러 가지 방법을 동원하는 것을 의미한다. 마귀는 믿는 사람들의 천국 가는 길을 여러 가지 방법으로 방해한다.

a. 세 가지 욕심을 자극하여 미혹한다.

- 아담과 하와에게(창 3:6)

  하와가 마귀의 말을 들은 후 선악과를 보았을 때 그 나무 열매는 먹음직하고(물욕), 보암직하고(명예욕), 지혜롭게 할 만큼 탐스러웠다(영광)고 하였다.

• 예수님에게(마 4:1-11)

마귀는 예수님에게 와서 세 가지로 유혹했다. 돌이 떡이 되게 하라(물욕), 성전 꼭대기에서 뛰어내리라(명예욕), 만국 영광을 보여줌(영광).

• 믿는 사람들에게(요일 2:16)

육신의 정욕(물욕), 안목의 정욕(명예), 이생의 자랑(세상 영광). 마귀는 사람의 이 세 가지 욕심을 자극하여 넘어지게 한다. 중국의 왕(王) 장군은 산중 적은 잡기 쉬우나 심중 적(心中敵)은 잡기가 어렵다고 했고, 솔로몬은 "노하기를 더디 하는 자는 용사보다 낫고 자기의 마음을 다스리는 자는 성을 빼앗는 자보다 나으니라"(잠 16:32)고 했고, 사도 바울은 "내가 내 몸을 쳐 복종하게 함은 내가 남에게 전파한 후에 자기가 도리어 버림이 될까 두려워함이로라"(고전 9:27)고 했다.

b. 적그리스도를 통해 핍박한다.

적그리스도는 붉은 용 마귀의 능력과 보좌와 권세를 받아 역사하는 정사와 권세들이다(계 13:2-3; 고후 10:4). 사도 요한은 그 당시 벌써 적그리스도가 일어났다고 하였고(요일 2:18), "아버지와 아들을 부인하는 그가 적그리스도니"(요일 2:22)라고 적그리스도에 대해 정의하였다.

최후의 적그리스도는 후 3년 반에 나타나지만 많은 적그리스도가 일어났다고 했다(요일 2:18). 때로는 국가가 적그리스도가 될 수도 있고, 다른 종교가 적그리스도가 될 수도 있고, 어떤 사회단체가 적그리스도가 될 수도 있고, 부모 형제가 적그리스도가 될 수도 있다. 이런 시험을 당할 때 기억할 것은 우리의 싸움은 육체대로 싸우는 전투가 아니라는 것이다(고후 10:3-5).

c. 거짓 선지자들을 통해 미혹한다.

예수님은 "거짓 선지자들을 삼가라 양의 옷을 입고 너희에게 나아오나 속에는 노략질하는 이리라 그의 열매로 그들을 알지니 가시나무에서 포도를, 또는 엉겅퀴에서 무화과를 따겠느냐 이와 같이 좋은 나무마다 아름다운 열매를 맺고 못된 나무가 나쁜 열매를 맺나니 좋은 나무가 나쁜 열매를 맺을 수 없고 못된 나무가 아름다운 열매를 맺을 수 없느니라"(마 7:15-18)고 하셨다. 사도 요한은 "내가 보매 또 다른 짐승이 땅에서 올라오니 새끼 양같이 두 뿔이 있고 용처럼 말하더라"(계 13:11)고 했다.

이 말씀들은 거짓 선지자들을 식별(識別)하는 방법에 대한 말씀이기도 하다.

거짓 선지자는 :

- 외모를 보고 식별할 수 없다−그 이유는 거짓 선지자도 성도처럼 양의 옷을 입기도 하고, 새끼 양같이 뿔도 있기 때문이다.
- 하는 일을 보고 식별할 수 없다−거짓 선지자도 이적을 행하기 때문이다. 바울은 "악한 자의 임함은 사단의 역사를 따라 모든 능력과 표적과 거짓 기적과 불의의 모든 속임으

로 멸망하는 자들에게 임하리니 이는 저희가 진리의 사랑을 받지 아니하여 구원함을 얻지 못함이니라"(살후 2:9-10)고 하였고, 사도 요한은 "큰 이적을 행하되 심지어 사람들 앞에서 불이 하늘로부터 땅에 내려오게 하고"(계 13:13)라고 하였으니, 거짓 선지자는 무능한 자가 아니다.

• 말과 행동을 보고 식별할 수 있다-사도 요한은 거짓 선지자는 새끼 양같이 두 뿔이 있으나 말은 용(마귀)의 말을 한다고 했다. 이리는 열두 가지 소리를 내어 양을 유도한다고 한다. 그러나 발성기관이 다른 이리가 목자나 양의 소리를 온전히 흉내낼 수는 없을 것이다. 예수님은 "내 양은 내 음성을 들으며 나는 저희를 알며 저희는 나를 따르느니라"(요 10:27)고 하셨다. 거짓 선지자를 식별하는 방법은 그 말을 식별하는 것이다. 그러므로 바울은 디모데에게 "네가 진리의 말씀을 옳게 분변하며"(딤후 2:15)라고 했다.

거짓 선지자를 식별하는 또 다른 방편은 열매로서 나무를 식별하는 것과 같이 행위를 통해 식별하는 것이다. 예수님은 못된 열매 맺는 좋은 나무가 없고, 좋은 열매 맺는 못된 나무가 없다고 하셨다(마 7:16-18). 그리스도인은 이러한 모든 마귀의 궤계를 이겨야 한다.

② 교회(성도)가 싸움에 이기는 길

사도 바울은 마귀의 궤계를 이기려면 하나님의 전신갑주를 입어야 한다고 했다(엡 6:11).

그 전신갑주는 :

- 진리로 허리띠를 띠어야 한다–말씀에 붙들려야 한다.
- 의의 흉배를 붙여야 한다–나의 의를 믿지 말고 하나님의 의를 의지해야 한다.
- 복음의 예비한 것으로 신을 신어야 한다–전도는 마귀를 이기는 도구이다.
- 믿음의 방패를 가져야 한다–십자가에 대한 신앙은 마귀의 시험을 막는 방패다.
- 구원의 투구를 써야 한다–구원의 소망은 머리를 보호하는 투구와 같다.
- 성령의 검 곧 하나님의 말씀을 가져야 한다–예수님은 세 가지 시험을 말씀으로 물리치셨다.

모든 기도와 간구를 하며 성령 안에서 기도해야 한다. 모든 기도는 많은 기도이다. 신앙생활은 마귀와 더불어 싸우는 전쟁이다. 이 전쟁에 승리하는 길은 하나님의 전신갑주를 입는 것인데, 진리의 말씀에 굳게 서서 하나님이 입혀 주신 의를 의지하고 복음을 증거하며 믿음으로 시험을 이기며 성령 충만한 가운데서 말씀을 붙잡고 기도함으로 이길 수 있다.

③ 이기는 자에게 주시는 상

이기는 자에게는 상이 약속되었다.

- 에베소 교회–하나님의 낙원에 있는 생명나무의 과실을 주

어 먹게 하리라.

- 서머나 교회－생명의 면류관을 주리라.
- 버가모 교회－감추었던 만나, 흰 돌, 새 이름을 주리라.
- 두아디라 교회－만국을 다스리는 권세와 새벽 별을 주리라.
- 사데 교회－흰 옷을 입혀주고 생명책에서 흐리지 아니하리라.
- 빌라델비아 교회－성전 기둥이 되게 하리라.
- 라오디게아 교회－보좌에 함께 앉게 하여 주리라.

교회와 성도는 마귀와 싸우는 전쟁에 승리해야 한다. 진 자는 이긴 자의 종이 된다고 하였으니(벧후 2:19), 지면 마귀의 종이 되고 이기면 많은 상이 약속되어 있다.

4) 회개하라

이 말씀은 환난 중에서 믿음을 지킨 서머나 교회와 적은 능력을 가지고도 주님의 말씀을 지켰던 빌라델비아 교회를 제외하고 다섯 교회 모두에게 하신 공통어(共通語)이다. 이 말씀에 비추어 보면 현대 교회는 서머나 교회와 같이 환난 중에서 믿음을 지키는 중국의 지하 교회들과 빌라델비아 교회와 같이 미자립 교회에서 그래도 교회를 꾸려 나가려고 눈물로 교회를 섬기고 있는 교회들 외에는 모두가 다 "회개하라"는 이 말씀에 해당될 것으로 보인다.

① 회개는 복음 신앙의 기초이다.

그러므로 복음을 믿는 자는 누구든지 회개가 우선되어야 한다. 세례 요한은 "회개하라 천국이 가까웠느니라"(마 3:2)고 하였고, 예수님은 "때가 찼고 하나님 나라가 가까웠으니 회개하고 복음을 믿으라"(막 1:15)고 하셨고, 베드로는 "너희가 회개하여 각각 예수 그리스도의 이름으로 세례를 받고 죄 사함을 얻으라 그리하면 성령을 선물로 받으리니"(행 2:38)라고 하였고, 사도 바울은 "유대인과 헬라인들에게 하나님께 대한 회개와 우리 주 예수 그리스도께 대한 믿음을 증거한 것이라"(행 20:21)고 하였다.

참 믿음에는 참 회개가 선행된다. 선지자 예레미야는 이스라엘 백성에게 "너희 묵은 땅을 갈고 가시덤불 속에 파종하지 말라……너희는 스스로 할례를 행하여 너희 마음 가죽을 베고 나 여호와께 속하라"(렘 4:3-4)고 하였다. 예수님은 씨 뿌리는 비유에서 가시떨기에 떨어진 씨는 기운이 막혀 결실하지 못한다고 하셨다. 그 말씀은 가시덤불에 씨를 뿌리지 말고 묵은 땅을 먼저 간 후 씨를 뿌리라는 말씀과 같다.

회개는 죽은 행실을 회개하는 것이다(히 6:1). 회개는 양심이 하나님을 찾아가게 하는 것이다(벧전 3:21). 회개는 씨 뿌리기 전 황무지를 개간하는 것과 같고, 집을 지을 때 기초를 만드는 것과 같다. 그러나 많은 믿는 사람들이 황무지에 씨를 뿌리고 있고 모래 위에 집을 짓고 있다.

② 회개는 모든 영적 질병에서 구원한다.

소아시아 교회 중 결점이 없는 교회는 거의 없었다. 그러나 그들에게 회개의 길이 남아 있었고, 회개할 때 은혜와 복을 받게 될 것을 약속하셨다.

- 에베소 교회는 처음 사랑을 잃었으므로 촛대를 그 자리에서 옮기리라는 경고를 받았다. 그러나 회개하면 생명나무 열매를 먹을 것이라고 하셨다.
- 버가모 교회는 발람과 니골라 무리의 교훈에 물들어 있었다. 그러나 회개할 때 감추었던 만나와 흰 돌을 주겠다고 하셨다.
- 두아디라 교회는 이세벨을 용납하여 멸망이 선언된 교회였다. 그러나 '이기는 자'에게는 만국을 다스리는 권세를 주고 새벽별을 주겠다고 약속하셨다. 그 이기는 자는 바로 회개하는 자이다.
- 사데 교회는 살았다 하는 이름은 가졌으나 죽은 자라는 판단을 받은 교회였다. 그러나 회개할 때 생명책에서 그 이름을 반드시 흐리지 않겠다고 하셨다.
- 라오디게아 교회는 신앙의 열정이 없는 교회요 스스로 부요하다고 생각하나 영적 상태는 가난하고 가련하고 눈멀고 벌거벗은 교회였다. 그러나 열심을 내어 회개하면 주님이 그에게로 들어가 그로 더불어 먹고 마시고 주님의 보좌에 함께 앉게 하여 주겠다고 하셨다.

회개는 복음 신앙의 기초다. 오랜 신앙생활을 했어도 회개하지 않고 믿고 있다면 회개해야 한다. 회개는 모든 영적 질병의 만병통치약이다. 우리는 많은 병을 가지고 있으나 고치지 못하고 있는 현대 교회에 회개의 영을 부어 달라고 기도해야 하겠다 (슥 12:10).

Ⅳ. 성부와 성자

4:1–5:14

계시록 2장과 3장에서는 소아시아 일곱 교회에 주신 말씀을 통해 하나님께서 교회를 세우신 목적과 하나님께서 원하시는 교회가 어떠한 교회인가 하는 것과 교회가 하나님의 뜻을 위반할 때에 받는 징계와 순종할 때에 받는 상을 말씀하셨다. 주님의 몸된 교회의 지체가 된 성도들은 자신과 현대 교회가 하나님께서 원하시는 교회와 개인이 되기 위해 일곱 교회에 주신 말씀을 명심하고 순종하며 교회를 위해 기도해야 한다.

4장과 5장에서는 말세에 될 일을 계획하고 성취하시는 성부, 성자, 성령님에 대하여 보여주신 계시다. 우주의 생성과 인류의 역사와 말세에 나타나는 일들은 다 성부와 성자와 성령님의 역사하심으로 이루어지는 일들이다(창 1:1; 요 1:1). 그리고 삼위일체 하나님의 역사는 구원을 중심으로 한 역사임을 알 수 있다.

1. 성부 하나님(4:1-11)

사도 요한은 "이리로 올라오라"는 음성을 듣고 성령에 감동되어 하나님의 보좌를 보았다. 본 장은 하나님이 어떠한 분이신 것과 어떻게 역사하시는 것과 어떻게 존귀와 영광을 받으시는가를 보여준다.

1) 높은 보좌에 앉으신 하나님(4:1-8)

이사야는 높이 들린 보좌를 보았고(사 6:1), 사도 요한은 하늘에 베푼 보좌를 보았다(계 4:2). 둘 다 높은 보좌이다. 하나님께서 높은 보좌에 앉으셨다는 것은 하나님은 창조주이시며 만물을 통치하시는 지극히 높으신 분이심을 보여주는 말씀이다. 고대 바벨론을 다스리던 느부갓네살 왕은 하나님의 신에 감동된 다니엘이 자기의 잊어버린 꿈을 찾아내고 해몽까지 하였을 때 하나님은 "모든 신의 신이시요 모든 왕의 주재시로다"(단 2:47)라고 하나님을 찬양하였다.

① 앉으신 이의 모양

'모양'(오라세이)은 '그렇게 보인다'는 것이요, 모양이 있다는 의미가 아니다. 하나님은 눈으로 볼 수 없다. "오직 그에게만 죽지 아니함이 있고 가까이 가지 못할 빛에 거하시고 아무 사람도 보지 못하였고 또 볼 수 없는 자시니"(딤전 6:16)라고 하였고, 모세도 하나님을 대면하여 보지 못하고 하나님께서 지나가신 후 등만 볼 것이라고 하셨다(출 33:23).

공기가 눈에 보인다면 공기라고 할 수 없을 것이다. 그와 같이 하나님이 사람의 눈에 보인다면 더 이상 하나님은 아닌 것이다. 그러므로 어떤 보이는 형상에서 하나님을 찾으려고 하는 것은 하나님에 대한 개념이 잘못된 것이요 우상숭배가 된다. 중세 기독교가 미술로 하나님을 표현하다가 새로운 우상숭배로 전락하게 된 것은 그 까닭이다. 하나님은 형상을 통해서가 아니라 그의 특성(特性)을 통해 자신을 나타내신다.

a. 만물을 통해 자신을 나타내심.

"그의 영원하신 능력과 신성이 그 만드신 만물에 분명히 보여 알게 되나니"(롬 1:20)라고 하였다. 만물을 보면 창조주 하나님의 지혜와 능력과 신성이 나타나고 있다. 뉴턴은 과학을 연구하던 중 우주의 신기함에 놀라 무릎을 꿇고 "오 하나님, 당신은 위대하십니다"라고 했다고 한다.

b. 상징적으로 그의 특성을 나타내신다.

"벽옥과 홍보석 같고"(계 4:3).

벽옥은 하나님의 성결성을 나타내고 홍보석은 하나님의 진노를 나타낸다. 하나님은 공의의 하나님이시다. 그러므로 시편 저자는 "하나님은 의로우신 재판장이심이여 매일 분노하시는 하나님이시로다"(시 7:11)라고 하였다. 아브라함은 소돔 성을 멸하시려는 하나님께서 가혹하신 것처럼 "세상을 심판하시는 이가 공의를 행하실 것이 아니니이까"(창 18:25)라고 항의하였으나 소돔 성에 의인 10명이 없다는 말씀을 들은 후 더 이상 간구할 수 없었다. 하나님께서는 지금도 그의 공의를 따라 심판하신다.

"또 무지개가 있어 보좌에 둘렸는데 그 모양이 녹보석 같더라"(계 4:3).

무지개는 다시는 심판하지 않는다는 언약의 상징이다(창 9:8-17). 하나님은 언약의 하나님이심을 보여준다. 하나님께서는 시내 산에서 이스라엘 백성과 첫 언약을 세우셨다(출 24:1-11). 그러나 그들은 하나님과의 언약을 지키지 않고 파하였다(사 24:5; 렘 11:10).

그러므로 하나님께서는 새 언약을 세우실 것이라고 하시며 "그날 후에 내가 이스라엘 집에 세울 언약은 이러하니 곧 내가 나의 법을 그들의 속에 두며 그 마음에 기록하여 나는 그들의 하나님이 되고 그들은 내 백성이 될 것이라"고 하셨다(렘 31:31-34). 그것은 예수 그리스도로 말미암은 언약인데 누구든지 예수를 믿으면 구원하신다는 언약이다.

하나님은 사람을 구원하실 때 언약을 통해 구원하신다. 그러나 옛 언약과 새 언약은 아주 다르다. 하나님께서 이스라엘 백성에게 세우신 언약은 율법을 지키면 살리라고 하는 것이었으나 새 언약은 "하나님이 세상을 이처럼 사랑하사 독생자를 주셨으니 이는 저를 믿는 자마다 멸망치 않고 영생을 얻게 하려 하심이니라"(요 3:16)고 하신 은혜의 언약이다.

이사야는 이 언약에 대해 "이는 노아의 홍수에 비하리로다 내가 다시는 노아의 홍수로 땅 위에 범람치 않게 하리라 맹세한 것같이 내가 다시는 너를 노하지 아니하며 다시는 너를 책망하지 아니하기로 맹세하였노니"(사 54:9)라고 하였다. 보좌에 녹보석 같은 무지개가 둘러 있는 것은 예수 안에 있는 언약을 통해 인류를 구원하시는 하나님이심을 보여준다. 보이는 것으로 하나님을 섬기려고 하면 우상숭배를 하게 된다. 하나님께서는 그의 계시를 통해 그의 영원하신 신성(神性)과 공의(公義)와 사랑을 나타내셨다(롬 1:20). 그러므로 사람들은 계시를 통해 나타내신 하나님의 신성을 믿어야 한다. 믿을 때에 증거가 나타난다(히 11:1-2).

② 보좌 주위에 있는 24보좌의 24장로, 그들은 구약의 12지파와 신약의 12사도를 통해 구원 얻은 성도들을 상징한다(히 11:40). **24장로의 모습을 통해 천국에 들어가는 성도가 어떠한 사람인가를 알 수 있다.**

a. 흰 옷을 입었다.

하나님 앞에 서는 성도는 흰 옷을 입어야 한다(계 3:4, 7:9, 19:8). 이 흰 옷은 어린 양의 피에 그 옷을 씻어 희게 한 것이라고 했다(계 7:14). 그들은 본래부터 죄 없는 자가 아니라 예수님의 피에 그 옷을 씻어 죄 사함을 받은 자들이다.

b. 금 면류관을 썼다.

면류관은 하늘의 상인데 충성된 자들이 받는 것이다(계 2:10). 그들은 충성된 성도들이다.

c. 보좌에 둘러 있다.

하나님의 보좌에 가장 가까이 모시는 자들이라는 것을 보여준다. 왕과 가장 가까이 지내는 사람은 장관이나 신하가 아니라 친가족이다. 성도는 천군 천사보다 더 가까이 하나님을 모시는 자들이다.

③ 보좌의 위엄

"보좌로부터 번개와 음성과 뇌성이 나고"(계 4:5).

이것은 하나님의 위엄을 보여준다. 하나님께서 시내 산에 강림하실 때 시내 산에는 우레와 번개와 빽빽한 구름이 덮이고 심히 큰 나팔 소리가 나며 연기가 자욱하고 산이 진동하였다고 했고(출 19:16-18). 히브리서의 저자도 "그러므로 우리가 진동치 못할 나라를 받았은즉 은혜를 받자 이로 말미암아 경건함과 두려움으로 하나님을 기쁘시게 섬길지니 우리 하나님은 소멸하는 불이심이니라"(히 12:28-29)고 하였고, 시편 저자는 "여호와를 경외함으로 섬기고 떨며 즐거워할지어다"(시 2:11)라고 하였다. 떨어야 할 이유는 하나님은 엄위하신 분이기 때문이요, 즐거워해야 할 이유는 진동치 못할 나라를 받았기 때문이다. 우리의 예배에는 이 두 가지가 있어야 한다.

④ 보좌 앞 일곱 등불

a. 일곱 등불 – 성령님을 상징한다.

4장은 성부에 대한 설명이요, 5장은 성자에 대한 설명이다. 성령에 대한 설명이 따로 나오지 않는 것은 성령님은 성부와 성자의 하시는 일을 함께 하시기 때문이다. 우리는 여기서 성령의 특성을 볼 수 있다.

일곱이라는 수는 유여(有餘)하심을 의미한다. "여호와는 영이 유여하실지라도 오직 하나를 짓지 아니하셨느냐"(말 2:15). 라고 하였고, "한 주께서 모든 사람의 주가 되사 저를 부르는 모든 사람에게 부요하시도다"(롬 10:12)라고 하였다. 성령님은 강수와 같이 풍성한 성령이시다(요 4:14, 7:38).

성령님은 등불과 같다. 하나님께 나아가는 자들의 마음을 비추어 자신의 죄를 깨닫게 하고 회개하게 하신다(사 6:5; 고전 14:24-25).

성령님은 눈과 같다. 스가랴서에는 "한 돌에 일곱 눈이 있느니라"(슥 3:9), "이 일곱은 온 세상에 두루 행하는 여호와의 눈이라"(슥 4:10)고 하였고, 어린 양에게는 "일곱 뿔과 일곱 눈이 있으니 이 눈은 온 땅에 보내심을 입은 하나님의 일곱 영이더라"(계 5:6)고 했다. 성령님은 모든 것을 아신다. 그러므로 하나님은 알지 못하시는 것이 없다. 하나님께 나아가는 자는 성령의 충만함과 빛에 비췸을 받아야 한다. 풍성한 은혜를 받아야 기쁨으로 봉사할 수 있고 빛의 인도를 받아야 실족하지 않는다.

⑤ 수정 같은 유리 바다

"보좌 앞에 수정과 같은 유리 바다가 있고"(계 4:6).

광야의 회막에는 물두멍이 있었고(출 35:16), 솔로몬의 성전에는 놋 바다가 있었다(왕상 7:23). 그것은 제사장들이 손을 씻고 나가서 봉사하기 위한 것이었다. 하나님의 보좌 앞에는 유리 바다가 있다. 그것은 예수님의 보혈의 상징이다(요 13:8). 하나님께 나아가는 자는 죄 씻음을 받아야 한다. "그러므로 형제들아 우리가 예수의 피를 힘입어 성소에 들어갈 담력을 얻었나니…… 우리가 마음에 뿌림을 받아 양심의 악을 깨닫고 몸을 맑은 물로 씻었으니 참 마음과 온전한 믿음으로 하나님께 나아가자"(히 10:19-22)라고 하였다.

⑥ 네 생물

"보좌 가운데와 보좌 주위에 네 생물이 있는데"(계 4:6).

네 생물은 하나님을 가까이 모시는 천사이다. 성도도 하나님을 가까이 모시는 자들이니 네 생물의 특성을 본받아야 한다.

a. 보좌 가운데와 보좌 주위에 있다.

언제나 하나님을 떠나지 않고 대령(待令)하고 있는 모습이다. 허리에 띠를 띠고 주인을 기다리는 종같이 하라고 하였다(눅 12:35). 선지자 하박국은 하나님의 말씀을 기다렸다(합 2:1).

b. 앞뒤에 눈이 가득함.

일곱 눈이 "온 세상에 두루 행하는 여호와의 눈이라"(슥 4:10)

고 한 말씀을 보아 눈은 하나님의 성령이며, 눈이 앞뒤에 가득하다고 하였으니 네 생물은 성령의 충만한 가운데서 봉사하는 것을 보여준다. 성령으로 봉사(예배)하라고 하였다(빌 3:3).

c. 네 생물의 모양–생물들의 특성을 보여준다.

- 첫째 생물은 사자와 같다–사자는 용기의 상징이다. 하나님께 나아갈 때 예수님의 피를 힘입고 담대히 나아가야 한다(히 4:16). 환난 때에 담대해야 한다(히 10:35).
- 둘째 생물은 송아지 같다–송아지는 희생의 상징이다. 예수님은 자기를 따르는 제자들에게 "아무든지 나를 따라오려거든 자기를 부인하고 자기 십자가를 지고 나를 좇을 것이니라 누구든지 제 목숨을 구원코자 하면 잃을 것이요 누구든지 나를 위하여 제 목숨을 잃으면 찾으리라"(마 16:24-25)고 하시며 희생의 진리를 가르치셨다. 송아지처럼 희생하면 산다. 옛 사람이 죽어야 새 사람으로 태어난다(롬 6:4). 개인인 내가 죽으면 가정도 교회도 산다. 예수님 한 분이 죽으셔서 땅에 떨어진 밀알이 됨으로 인류가 구원 얻게 되었다 .
- 셋째 생물은 사람 같다–사람은 지혜의 상징이다. 사람이 이 세상을 지배하는 것은 힘이 있거나 체구(體軀)가 크거나 재주가 있기 때문이 아니라 지혜가 있기 때문이다. 그러므로 솔로몬은 지혜를 구하여 유명한 왕이 되었다(왕상 3:9). 믿는 사람들은 지혜를 구하여 지혜로운 사람이 되어야 한다. 사도 야고보는 "너희 중에 누구든지 지혜가 부족하거든 모

든 사람에게 후히 주시고 꾸짖지 아니하시는 하나님께 구하라 그리하면 주시리라"(약 1:5)고 하였다. 지혜를 받아 지혜롭게 하나님을 섬겨야 한다.

- 넷째 생물은 독수리와 같다-독수리는 소망의 상징이다. 바다에 풍랑이 일고 육지에 태풍이 불 때 독수리는 하늘 높이 떠오른다. 선지자 이사야는 이스라엘 백성들이 절망에 빠졌을 때 "오직 여호와를 앙망하는 자는 새 힘을 얻으리니 독수리의 날개 치며 올라감 같을 것이요 달음박질하여도 곤비치 아니하겠고 걸어가도 피곤치 아니하리로다"(사 40:31)라고 하였다. 이사야는 독수리의 힘만 설명하지 않고 그 힘을 얻는 방법까지 설명했다. 그 힘은 여호와를 앙망하는 자가 얻는다고 하였다.

네 생물은 각각 여섯 날개가 있다. 이사야는 각기 여섯 날개를 가진 스랍들을 보았는데 "그 둘로는 그 얼굴을 가리었고 그 둘로는 그 발을 가리었고 그 둘로는 날며 서로 창화하여 가로되 거룩하다 거룩하다 거룩하다 만군의 여호와여 그 영광이 온 땅에 충만하도다"(사 6:2-3)라고 하였다고 했다. 네 생물이 두 날개로 얼굴과 발을 가린 것은 겸손의 자세이며, 공중으로 날아감은 신속성을 보여준다. 하나님께 봉사하는 성도는 네 생물처럼 겸손해야 하며, 하나님께 봉사할 때 신속하게 봉사해야 한다. "너의 추수한 것과 너의 짜낸 즙을 드리기에 더디게 말지며"(출 22:29)라고 하였고, "네 하나님께 서원하거든 갚기를 더디 하지 말라"(신

23:31)라고 하였다.

2) 24장로의 경배(4:9-11)

24장로의 경배는 성도의 예배 모범(模範)이다. 교회와 성도들은 24장로의 경배를 배워야 한다.

① 예배의 대상

보좌에 앉아 계신 하나님께 예배한다. 하나님은 창조주이시며 인생의 생사화복의 주관자시다. 벽옥과 홍보석 같은 하나님께 예배한다. 상선벌악(賞善罰惡)하시는 하나님이시다. 녹보석 같은 무지개가 둘린 보좌에 앉으신 하나님께 예배드린다. 하나님은 예수 그리스도를 보내신 사랑의 하나님이시다.

② 예배의 방법

• 하나님께 가까이 나아가 경배해야 한다. 24장로는 보좌 주위에 모여 예배드렸다(계 4:4). 우리도 예배드릴 때 자녀가 부모에게 하듯이 가까이 나아가 예배드려야 한다(롬 8:15).

• 일곱 등불의 비췸을 받으며 경배했다. 성령의 빛에 비췸을 받으며 경배해야 한다.

• 유리 바닷가에서 경배했다(4:6, 15:2). 죄 씻음을 받고 경배해야 한다(요 13:8).

• 흰 옷을 입고 경배한 것과 같이 의의 옷을 입고 예배드려야 한다. 기도할 때 묵은 죄를 다시 들추어내어 냄새가 나게 하지 말

고 믿을 때에 의롭다 함 받은 신선한 기쁨을 가지고 예배드려야 한다.

• 네 생물의 인도를 받으며 예배드려야 한다. 24장로는 네 생물들이 영광과 존귀와 감사를 보좌에 앉으사 세세에 사시는 이에게 돌릴 때에 자기들도 경배를 드렸다. 목자들은 천사들의 찬송을 듣고 위로와 힘을 얻었고 자신들도 찬송하였다(눅 2:13, 20).

• 보좌 앞에 엎드려 경배하였다. 예수님이 탄생하셨을 때 찾아왔던 동방박사는 엎드려 아기께 경배하였다. 엎드림은 최고 겸손과 존귀를 표현하는 행위이다.

• 자기 면류관을 보좌 앞에 던지며 경배했다. 다윗은 "저를 천사보다 조금 못하게 하시고 영화와 존귀로 관을 씌우셨나이다"(시 8:5)라고 하였다. 사람에게는 나면서부터 주신 영화와 존귀의 관이 있다. 그것은 바로 사람 자체이며, 다음으로는 예수를 믿어 하나님의 자녀가 된 것이다. 이 모든 존귀의 관을 하나님께 되돌리며 예배드려야 한다.

• 찬송하며 예배드려야 한다. 장로들은 "우리 주 하나님이여 영광과 존귀와 능력을 받으시는 것이 합당하오니 주께서 만물을 지으신지라 만물이 주의 뜻대로 있었고 또 지으심을 받았나이다"라고 하였다(11절).

2. 성자 예수님(5:1-14)

5장의 내용은 보좌에 앉으신 하나님의 오른손에 있는 인봉한 책을 어린 양 예수님이 나아가 받으시고, 생물들과 24장로와 천사들과 만물이 어린양 예수님에게 찬송과 경배를 드리는 것이다.

1) 보좌에 앉으신 이의 오른손에 있는 책(5:1)

그 책은 안팎으로 썼고 일곱 인으로 봉했다고 했다. 그 책은 말세에 이 세상에 일어날 일을 계획하신 하나님의 계획서이다. 그것은 집을 지을 때 미리 만드는 도면(圖面, blue print)과 같다.

하나님께서 욥에게 "내가 땅의 기초를 놓을 때에 네가 어디 있었느냐 네가 깨달아 알았거든 말할지니라 누가 그 도량을 정하였었는지, 누가 그 준승을 그 위에 띄웠었는지 네가 아느냐 그 주초는 무엇 위에 세웠으며 그 모퉁잇돌은 누가 놓았었느냐"(욥 38:4-6)라고 하셨고, 다윗이 "여호와께서 열방의 도모를 폐하시며 민족들의 사상을 무효케 하시도다 여호와의 도모는 영영히 서고 그 심사는 대대에 이르리로다"(시 33:10-11)라고 한 말씀을 보면 하나님의 우주 창조와 인간 구원의 역사는 계획 없이 하신 일이 아니라 완전하신 계획에서 이루어 가시는 일이라는 것을 잘 보여준다.

그러므로 바울은 "창세 전에 그리스도 안에서 우리를 택하사"(엡 1:4)라고 하여 구원도 하나님의 계획에 의해 이루어지는 것이라고 하였다. 사도 요한이 본 이 책은 말세(예수님의 초림에서부터 재림까지)에 될 일—즉 복음 전파를 통한 구원과 환난과 심판—을 계획하신 계획서이며 안팎으로 쓴 것은 그 계획이 완전하게 세워졌음을 의미하며, 일곱 인으로 봉한 것은 각 시대에 대한 하나님의 계획을 사람이 알 수 없게 숨겨 두셨음을 의미한다. 이제 그 하나님의 말세에 대한 계획을 실현시킬 자격자가 나타나야만 했다.

2) 어린 양이 책을 받으심(5:2-7)

① 힘 있는 천사의 외침(2-4절)

힘 있는 천사는 큰 음성으로 "누가 책을 펴며 그 인을 떼기에 합당하냐"라고 했다. 책을 펴며 인을 떼는 것은 하나님께서 세우신 말세에 대한 계획을 실현시키는 위대한 일이다. 그 일은 하나님의 계획을 일호(一毫)도 차질없이 수행할 수 있는 자라야 한다. 사도 요한이 본즉 하늘 위(천사들이나 앞서 간 성도)에나 땅 위(생존한 자들)에나 땅 아래(죽은 자들) 어디에도 그 책을 펴거나 보거나 할 자가 없는 것을 보고 크게 울었다. 그 이유는 하나님의 그 계획 가운데는 사람들을 구원하시는 놀라운 계획이 있을 것인데, 그 일을 성취시킬 인물이 없기 때문이었다.

② 승리자 예수(5-7절)

a. 유대 지파의 사자

사도 요한이 울고 있을 때 장로 중 한 사람은 "울지 말라 유대 지파의 사자 다윗의 뿌리가 이기었으니 이 책과 그 일곱 인을 떼시리라"고 하였다. 구약의 예언에 유대 지파는 사자 지파라고 하였고(창 49:9), 메시아는 다윗의 뿌리에서 날 것이라고 하였다(사 11:1). 장로의 설명은 예수님은 구약성경에서 예언한 메시아이며, 그분이 하나님의 인봉한 책을 떼시는 분이라는 것을 설명한 것이다.

b. 사도 요한이 본 어린 양

맨 처음 세례 요한이 자기 제자들에게 "보라 하나님의 어린 양이로다"(요 1:36)라고 하였다고 기록한 복음서의 저자는 사도 요한이었다. 그러나 사도 요한이 지금 보는 어린 양은 보다 큰 영광과 능력을 가진 어린 양이었다.

보좌와 네 생물과 장로들 사이에 어린 양이 섰는데 보좌는 하나님이 계신 곳이요, 네 생물은 천사 중에서 하나님께 가장 가까이 모시는 천사들이며, 24장로는 구속받은 성도의 대표로서 하나님을 가장 가까이 모시는 자들이다. 어린 양은 그 가운데 서 계셨다.

- 일찍 죽임을 당한 것 같은 어린 양

  사도 요한은 십자가에 못 박히신 예수님을 보았다(요 19:26). 부활하신 후 못 박히신 상흔(傷痕)을 가지고 나타나신 예수님을 보았다(요 20:27). 보좌와 네 생물과 장로들 사이에 서 계신 어린 양은 바로 그분이었다.

- 일곱 뿔과 일곱 눈이 있는 분

  일곱 뿔-뿔은 권능의 상징이다(시 18:2, 92:10). 일곱은 완전수인데 능력이 한없으심을 의미한다. 예수님은 부활하신 후 "하늘과 땅의 모든 권세를 내게 주셨으니"(마 28:18)라고 하셨고, 사도 바울은 "이러므로 하나님이 그를 지극히 높여 모든 이름 위에 뛰어난 이름을 주사 하늘에 있는 자들과 땅에 있는 자들과 땅 아래 있는 자들로 모든 무릎을 예수의 이름에 꿇게 하시고 모든 입으로 예수 그리스도를 주라 시인하여 하나님 아버지께 영광을 돌리게 하셨느니라"(빌 2:9-11) 고 하였다.

• 일곱 눈을 가지심 – "온 땅에 보내심을 입은 하나님의 일곱 영"이라고 했다. 이 말씀은 성령님의 존재와 사역이 어떠함을 한층 더 깨닫게 한다. 성령은 예수님과 일체이신 신이시다.

"만군의 여호와가 말하노라 내가 너 여호수아 앞에 세운 돌을 보라 한 돌에 일곱 눈이 있느니라"(슥 3:9).

성령은 예수님의 눈과 같은 분이시다.

"작은 일의 날이라고 멸시하는 자가 누구냐 이 일곱은 온 세상에 두루 행하는 여호와의 눈이라"(슥 4:10).

그 성령님은 말세에 온 세상에서 역사하시는 분이시며 예수님은 성령을 보내신 분이시다(행 2:33).

c. 어린 양이 나아가서 책을 취하심.

어린 양이 나아가서 책을 취하심은 예수님께서 고난을 통해 하나님께서 계획하신 구속사업(救贖事業)을 완수하신 후 하나님께서 그에게 주신 대권(大權)을 받으신 것을 의미한다. 그 권세에 대해 성경 말씀은 다음과 같이 가르친다.

"아버지께서 아들을 사랑하사 만물을 다 그 손에 주셨으니" (요 3:35).

"아버지께서 모든 것을 자기 손에 맡기신 것과" (요 13:3).

"하늘과 땅의 모든 권세를 내게 주셨으니" (마 28:18).

"그런즉 이스라엘 온 집이 정녕 알지니 너희가 십자가에 못 박은 이 예수를 하나님이 주와 그리스도가 되게 하셨느니라 하니라" (행 2:36).

"저가 모든 원수를 그 발 아래 둘 때까지 불가불 왕 노릇 하시리니" (고전 15:25).

"그 옷과 그 다리에 이름 쓴 것이 있으니 만왕의 왕이요 만주의 주라 하였더라" (계 19:16)

예수님이 부활하신 후에 받으신 권세는 하나님의 권세 그 자체이다. 그러므로 바울은 말하기를 "이러므로 하나님이 그를 지극히 높여 모든 이름 위에 뛰어난 이름을 주사 하늘에 있는 자들과 땅에 있는 자들과 땅 아래 있는 자들로 모든 무릎을 예수의 이름에 꿇게 하시고 모든 입으로 예수 그리스도를 주라 시인하여 하나님 아버지께 영광을 돌리게 하셨느니라" (빌 2:9-11)고 하였다.

3) 어린 양 예수님에 대한 경배와 찬양(5:8-14)

책을 받으심은 말세에 대한 하나님의 계획을 실현하기 위함이다. 그러므로 네 생물과 24장로와 천군 천사와 만물이 어린 양을 찬양하며 경배한다. 부활하신 후에 예수님은 "하늘과 땅의 모든 권세를 내게 주셨으니……"(마 28:18)라고 하셨다. 말세에 나타날 복음 전파, 전쟁, 기근, 질병, 국가의 흥망성쇠는 모두 예수님이 받으신 책에 들어 있고 예수님은 그 인을 떼시는 분이시니 하늘과 땅의 모든 권세를 받으신 것이다. 그러므로 하나님에게 영광을 돌림과 같이 예수님에게 영광 돌림이 마땅하다.

① 네 생물과 24장로의 경배

24장로는 구약 시대와 신약 시대의 구원받은 성도를 대표하는 자들이다. 우리는 24장로의 예배를 본받아야 한다.

a. 경배의 방법

- 네 생물의 인도를 받아 예배했다. 네 생물은 하나님의 영이 충만한 고급 천사이다(계 4:6). 믿는 사람들은 예배할 때 성령님의 도움을 받아 예배해야 한다.
- 성령 안에서 기도하라고 하였고(엡 6:18) 성령으로 봉사(예배)하라고 하였다(빌 3:3).
- 어린양 앞에 엎드려 경배했다(마 2:11).
- 거문고로 예배했다－신령한 찬송이다.
- 향이 가득한 금 대접을 가지고 예배했다－이는 성도의 기도이다. 믿음의 그릇에 기도의 향을 담아 예배드려야 한다. 그리고 향이 가득하다고 한 것은 많은 기도가 있어야 할 것을 의미한다. 바울은 "모든 기도와 간구로 하되 무시로 성령 안에서 기도하고 이를 위하여 깨어 구하기를 항상 힘쓰며

여러 성도를 위하여 구하고 또 나를 위하여 구할 것은 내게 말씀을 주사 나로 입을 벌려 복음의 비밀을 담대히 알리게 하옵소서 할 것이니"(엡 6:18-19)라고 하였다.

• 새 노래로 예배했다 - 시온 산 14만 4천은 새 노래로 노래를 불렀다고 했다(계 14:3). 새 노래는 구원 얻은 사람이 부르는 노래이다.

b. 찬양의 내용

네 생물과 24장로들은 예수님의 공적(功績)과 자격(資格)을 찬양한다. 그 공적은 두 가지로 설명되었는데, 첫째는 일찍 죽임을 당하사 각 족속과 방언과 백성과 나라 가운데서 사람들을 피로 사서 하나님께 드리신 일이다. 선지자 이사야는 예수님의 희생에 대해 "그가 곤욕을 당하여 괴로울 때에도 그 입을 열지 아니하였음이여 마치 도수장으로 끌려가는 어린 양과 털 깎는 자 앞에 잠잠한 양같이 그 입을 열지 아니하였도다"(사 53:7)라고 하였다.

두 번째로는 저희로 우리 하나님 앞에서 나라와 제사장을 삼으셨으니 저희가 땅에서 왕 노릇 하리로다라고 하였다. 예수님의 이 두 번째 공적은 구속받은 성도들이 하나님 나라의 시민이 되며 제사장이 되게 하시고 땅에서 왕 노릇 하게 하신 것이라고 찬양했다.

예수님의 첫 번째 공적은 죄 가운데 빠진 인생에게 피를 대가로 지불하시고 해방하신 것이요, 두 번째 공적은 그 구원 얻은 사람들에게 높은 영적 지위(靈的 地位)를 주어 세상에 사는 동안 사명을 따라 살게 하신 것이다. 그 첫째는 하나님 나라의 시민이 되어 하나님의 나라의 통치를 받고 사는 것이며(1:6 강해 참조), 그다음은 땅에서 왕 노릇 하며 사는 것이라고 찬양했다.

이 땅에서 왕 노릇 한다는 것은 무엇을 의미하는가? 어떤 이들은 이 말씀이 계시록 20장 4절의 말씀을 뒷받침해 주는 말씀이며 예수님의 재림 후에 있을 천년왕국 때에 왕 노릇 할 것을 가리킨다고 생각하지만, 예수님이 말씀하신 왕이나 왕국 개념은 이 세상적인 것이 아니라 영적인 것이기 때문에 이 왕 노릇을 세상 왕으로 해석할 수는 없다.

예수님은 "네가 유대인의 왕이냐"라고 묻는 빌라도에게 "내 나라는 이 세상에 속한 것이 아니라"(요 18:36)고 하시며 나는 왕이지만 진리에 대해 증거하는 왕이라고 하셨다(요 18:37). 성도가 땅에서 왕 노릇 하는 것은 예수님이 그러했듯이 예수님이 보내신 성령을 받은 성도가 영적 특권을 누리게 될 것을 의미하는 말씀이다.

- 왕에게는 자유가 있다－성도는 성령 안에서 자유를 누린다. "주는 영이시니 주의 영이 계신 곳에는 자유함이 있느니라"(고후 3:17)고 하였다. 이 자유는 성령님에게 온전히 맡길 때 얻게 되는 자유다.
- 왕에게는 영광이 있다－그와 같이 성도에게는 영광이 있다. 예수 안에서 하늘에 앉히셨다고 했다(엡 2:6).
- 왕에게는 권세가 있다－그와 같이 성도에게는 권세가 있다. 성령이 너희에게 임하면 너희가 권능을 받는다고 하셨다(행

1:8). 네 생물과 24장로들은 예수님의 공적을 그와 같이 찬양했다.

② 천군 천사의 찬송

만만이요 천천의 수를 가진 천군 천사들은 큰 음성으로 "죽임을 당하신 어린 양이 능력과 부와 지혜와 힘과 존귀와 영광과 찬송을 받으시기에 합당하도다" 라고 찬양했다.

③ 만물의 찬송

만물이 보좌에 앉으신 이와 어린 양에게 찬송하는 이유는 하나님의 만물 창조의 목적은 사람을 구원하는 일이었고 이제 어린 양이 그 목적을 성취하셨으므로 만물의 목적도 성취되었기 때문이다.

제5장에서 보여주는 것은 하나님의 원대(遠大)하신 구원의 계획과 그 구원의 계획을 실현시키시는 예수님의 위대하신 공적이며, 그 일을 깨달은 네 생물과 24장로와 천군 천사와 만물의 찬송이다. 말세에 처한 성도들은 이 큰 구원을 깨달아 감격함으로 예배드려야 하겠다.

Ⅴ. 제1 본 계시

(첫째 인부터 여섯째 인까지) 6:1-17

'계시록 해석 원리' 에서 설명한 것과 같이 계시록은 구문법상(構文法上) 본 계시와 특별계시가 섞여 있기 때문에 본 계시와 특별계시를 구분하지 않으면 설명할 수 없다.

본 계시는 일곱 인, 일곱 나팔, 일곱 대접으로 연결되는데 하나님의 구원 계획을 위해 순서적으로 나타나는 사건들이며, 6장, 8장, 9장, 15장, 16장이다.

특별계시는 주제별(主題別)로 보여주는 계시인데 7장, 10장, 11장, 12장, 13장, 14장, 17장부터 22장까지의 내용이다.

본 계시는 말세에 나타날 일을 순서적으로 보여주지만 특별계시는 순서적으로가 아니라 주제별(主題別)로 보여주며, 본 계시 사이에 삽입(挿入)되어 있다. 예를 들면, 특별계시 7장은 6장의 여섯째 인과 8장의 일곱째 인 사이에 끼여 있고, 10장과 11장의 특별계시는 여섯째 나팔과 일곱째 나팔 사이에 끼여 있으며, 특별계시 12장부터 14장까지는 일곱째 나팔(11:15)과 일곱 대접 재앙(15장) 사이에 끼여 있다.

특별계시는 특별한 목적으로 보여주는 계시이다. 그러므로 본 계시의 순서에 따라 해석하려고 하지 말아야 한다. 예를 들면, 7장의 특별계시를 6장의 계속으로 생각하고 해석하면 바른 해석을 못하게 된다. 그 이유는 7장 사건이 6장에 나타나는 일 다음에 있을 것이라고 가정하게 되기 때문이다. 그러나 6장의 인을 떼는 일은 말세에 나타날 사건들이요, 7장의 특별계시는 하나님께서 그의 백성들을 어떻게 구원하시는가를 보여주는 계시이다. 그러므로 6장과 7장을 연결해서 해석하지 말아야 한다.

〈일곱 인, 일곱 나팔, 일곱 대접, 도표〉

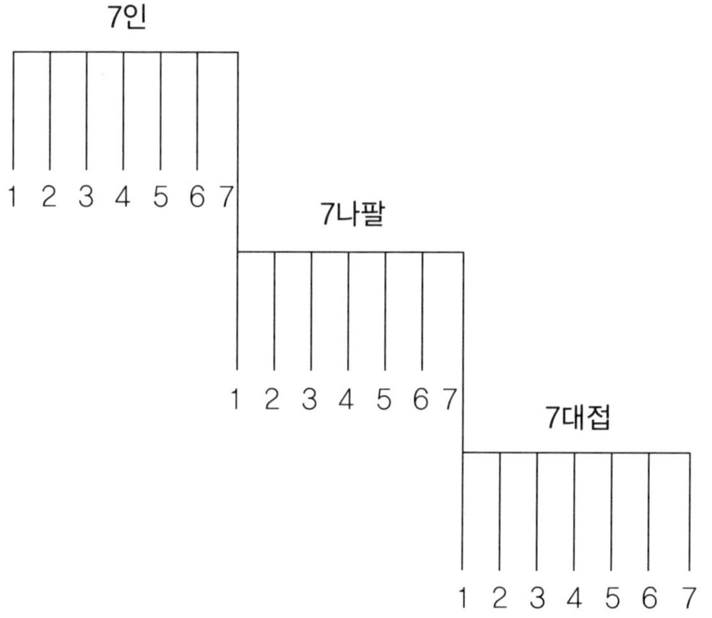

(일곱 나팔과 일곱 대접은 일곱째 인의 내용이다.)

6장의 본 계시는 보좌에 앉으신 이의 오른손에 있던 인봉한 책을 받아 어린 양 예수님이 인을 떼시며 그 인을 뗄 때마다 큰 사건이 나타난다. 그 인의 내용은 예수님이 승천하신 후부터 재림하실 때까지의 기간에 이 세상에 나타날 사건들이다. 그것은 내용을 알 수 없는 비밀 상자와 같다. 예수님은 그 비밀 상자를 하나씩 여신다.

네 생물은 고급 천사이다(겔 1:5; 계 4:6). 첫째 인부터 넷째 인을 뗄 때까지 네 생물이 각각 "오라"고 하는데, 그것은 하나님의 숨겨 두신 비밀이 속히 성취되기를 요청하는 말이다. 네 생물은 그와 같이 하나님의 사역을 촉진(促進)하는 일을 한다.

또한 네 말이 나타난다. 첫째 인을 떼실 때에는 흰 말, 둘째 인을 떼실 때에는 붉은 말, 셋째 인을 떼실 때에는 검은 말, 넷째 인을 떼실 때에는 청황색 말이 나온다.

이 말들은 무엇을 의미하는가?

스가랴 6장 2-3절을 보면 네 병거가 두 산 사이에서 나오는데, "첫째 병거는 홍마들이, 둘째 병거는 흑마들이, 셋째 병거는 백마들이, 넷째 병거는 어룽지고 건장한 말들이 메었는지라" 고 하였고, "북방으로 나간 자들이 북방에서 내 마음을 시원케 하였느니라"(슥 6:8)고 하였다. 북방으로 나간 자들이 북방에서 내 마음을 시원케 하였다고 하신 말씀을 보면 이 말들은 하나님께서 그의 구원 사역을 위해 사용하시는 섭리적 도구(攝理的 道具)라는 것을 알 수 있다. 그 섭리적 도구는 복음을 능력 있게 전파하는 것과 전쟁이나 기근이나 질병이나 자연 재해도 될 수 있고, 심지어 마귀의 역사도 될 수 있다(대상 21:1; 욥 1:12). 이 말들은 하나님께서 사람들을 구원하기 위해 사용하시는 섭리적 도구들이다.

1. 첫째 인 - 흰 말(6:1-2)

"내가 이에 보니 흰 말이 있는데 그 탄 자가 활을 가졌고 면류관을 받고 나가서 이기고 또 이기려고 하더라"(계 6:2).

흰 말 탄 자는 무엇을 의미하는가? 흰 말 탄 자를 적그리스도로 생각하는 이들이 있으나 흰 말은 그리스도께서 중심이 된 복음의 역사라고 보는 것이 성경적인 것 같다. 계시록 19장 11절에 예수님은 백마 탄 자로 나타나셨기 때문이다. 흰색은 승리의 색이요, 말을 탄 자가 활을 가진 것은 예수님이 십자가에서 이미 승리하신 것을 나타내는 것이며(골 2:15), 이기고 또 이기려고 함은 지속적으로 승리하실 것을 의미하는 것이다.

첫째 인은 복음 전파의 비밀 상자이다.

1) 성경의 예언을 보면 예수 그리스도의 복음이 온 세상에 전파되리라고 하였다

> "이는 물이 바다를 덮음같이 여호와를 아는 지식이 세상에 충만할 것임이니라"(사 11:9; 합 2:14).
>
> "이 천국 복음이 모든 민족에게 증거되기 위하여 온 세상에 전파되리니 그제야 끝이 오리라"(마 24:14).
>
> "오직 성령이 너희에게 임하시면 너희가 권능을 받고 예루살렘과 온 유대와 사마리아와 땅 끝까지 이르러 내 증인이 되리라 하시니라"(행 1:8).

그리고 예수님은 복음이 온 세상에 전파될 것을 겨자씨 비유와 누룩 비유로 말씀하셨다(마 13:31-33).

2) 지난 2천 년간 복음은 파죽지세(破竹之勢)로 온 세상에 전파되었다

복음은 1세기도 되기 전에 예루살렘과 유대와 사마리아를 거쳐 소아시아를 점령했고, 지중해를 넘어 당시 대제국이었던 로마로 들어갔다. 수백 년간 로마제국으로부터 많은 핍박을 받았으나 복음은 충성된 전도자들을 통해 계속 전파되어 드디어 콘스탄틴(Constantine) 황제가 복음을 믿게 되고, 주후 313년에는 기독교의 자유를 선포하였다. 그것을 밀라노 칙령이라고 한다.

그 후 복음은 유럽과 영국을 거쳐 서진(西進)하여 미국과 아시아 국가들에까지 들어와서 전 세계에 복음을 듣지 못한 나라가 없게 되었다. 이는 범죄로 인하여 마귀의 종 노릇 하는 인생들을 구원하시려는 하나님의 계획(비밀상자)이 성취되고 있다는 증거이다. 사도 바울은 복음이 온 세상에 전파될 것을 예언하며 "그러나 내가 말하노니 저희가 듣지 아니하였느뇨 그렇지 아니하다 그 소리가 온 땅에 퍼졌고 그 말씀이 땅 끝까지 이르렀도다 하였느니라"(롬 10:18)고 하였다.

2. 둘째 인 - 붉은 말(6:3 - 4)

"둘째 인을 떼실 때에 내가 들으니 둘째 생물이 말하되 오라 하더니 이에 붉은 다른 말이 나오더라 그 탄 자가 허락을 받아 땅에서 화평을 제하여 버리며 서로 죽이게 하고 또 큰 칼을 받았더라"(계 6:3-4).

1) 말의 색이 피의 색인 것은 말세에는 많은 피 흘리는 전쟁이 있을 것을 예고한다. 그리고 붉은 말 탄 자가 허락을 받아 화평을 제하여 버리며 서로 죽이게 하는 것과 큰 칼을 받았다고 한 것은 말세에 많은 전쟁과 큰 전쟁이 있을 것을 예고하는 것이다

전쟁은 역사를 주관하시는 하나님께서 섭리적(攝理的)으로 사용하시는 도구(道具)이다. 인류 역사를 보면 전쟁없이 지난 때가 거의 없다. 그러나 말세의 전쟁은 그 규모가 더욱 커진다. 2차 세계대전의 희생자는 2천만 명이 넘고, 6·25전쟁은 국지적(局地的) 전쟁이었지만 300만 명의 희생자를 냈다고 한다. 3차 세계대전이 일어난다면 얼마나 많은 사람들이 희생될 것인가? 상상하기 어렵다. 계시록에서는 유브라데 강 전쟁이 일어날 것인데 "네 천사가 놓였으니 그들은 그 년 월 일 시에 이르러 사람 삼분의 일을 죽이기로 예비한 자들이더라"(계 9:15)고 하였으니 그 말씀대로 될 것이다.

2) 하나님께서 왜 전쟁을 예비하셨을까? 전쟁은 하나님의 섭리적 도구이다

① 범죄한 왕들과 나라에 대한 심판

바벨론 나라가 우상숭배하며 교만할 때 메대 바사를 일으켜 멸망시키셨다(단 5:30). 엘리 제사장 때 제사장의 가정이 범죄할 때 전쟁이 일어났다(삼상 4:1-2). 여선지 드보라는 "무리가 새 신들을 택하였으므로 그때에 전쟁이 성문에 미쳤으나 이스라엘 사만 명 중에 방패와 창이 보였던고"(삿 5:8)라고 했다. 하나님은 2차 대전을 통해 교만한 일본 제국과 독일 나치주의를 무너뜨

리셨다. 지금도 하나님께서는 나라들과 백성들을 전쟁으로 심판하신다.

② 택하신 하나님의 백성들이 하나님께 돌아오게 하신다.

• 전쟁으로 복음이 전파되게 하신다. 임진왜란 때 일본 장군 고니시 유기나가(小西行長)가 이끄는 군대는 천주교 신자들로 구성된 군대였다고 하며 그들이 포로로 잡아간 상당수의 한국인이 천주교를 믿었다고 한다(김영재, 《한국교회사》, p. 47).

• 전쟁으로 하나님을 바라보게 하신다. 6·25전쟁으로 한국 민족은 하나님께 많이 돌아왔다. 언제 죽을지 알 수 없는 환경에서 하나님을 찾았다. 군인들은 포탄이 작렬하는 전선에서 하나님께 돌아와 회개하고 세례를 받았다. 전쟁은 도리어 한국 교회의 부흥을 가져왔다.

3. 셋째 인 - 검은 말(6:5-6)

"검은 말이 나오는데 그 탄 자가 손에 저울을 가졌더라"(5절)고 했고, 네 생물 가운데서 나오는 소리는 "한 데나리온에 밀 한 되요 한 데나리온에 보리 석 되로다"(6절)라고 했다.

검은 말 탄 자는 말세에 나타날 기근을 가리킨다. 검은 말의 검은 색은 기근의 색이다. 예레미야는 기근에 대해 노래하며 "전에는 존귀한 자의 몸이 눈보다 깨끗하고 젖보다 희며 산호보다 붉어 그 윤택함이 마광한 청옥 같더니 이제는 그 얼굴이 숯보다 검고 그 가죽이 뼈에 붙어 막대기같이 말랐으니 거리에서 알 사람이 없도다"(애 4:7-8) 라고 했다.

말 탄 자가 손에 저울을 잡은 것은 저울이 물자의 품귀함을 나타내는 것이므로 역시 기근을 의미한다. 그리고 네 생물 가운데서 나오는 소리는 "한 데나리온에 밀 한 되요 한 데나리온에 보리 석 되"라고 하였는데, 한 데나리온은 장정 한 사람의 하루 품삯이요 밀 한 되와 보리 석 되는 말이 하루 먹는 사료가 될 뿐이므로 역시 기근을 의미하는 것이다.

말세에 대한 하나님의 세 번째 비밀상자는 기근이다. 예수님은 말세에 될 일을 예언하시며 "민족이 민족을, 나라가 나라를 대적하여 일어나겠고 처처에 기근과 지진이 있으리니 이 모든 것이 재난의 시작이니라"(마 24:7-8)고 하셨고, 선지자 아모스는 영적 기근을 예언하며 "주 여호와께서 가라사대 보라 날이 이를지라 내가 기근을 땅에 보내리니 양식이 없어 주림이 아니며 물이 없어 갈함이 아니요 여호와의 말씀을 듣지 못한 기갈이라"(암 8:11)고 하였다. 말세에는 육신적 기근이 있을 뿐 아니라 영적 기근도 있을 것을 예언한 것이다.

1) 기근을 보내시는 이유

① 육신적 기근이 오는 이유

여호와의 말씀에 순종하지 않을 때 기근이 온다고 하였다(신 28:45-48). 순종하지 않던 아합 왕에게 흉년을 선포했다(왕상 17:1). 사마리아 성에서는 어머니들이 아이를 먹은 일이 있었고, 지금도 기근이 든 나라에는 그런 일이 있다고 한다. 지금 이 세상은 식량 생산이 인구 증가율을 따라가지 못하므로 지구 한모퉁이에서는 기근이 계속되고 있다.

② 영적 기근이 오는 이유

아모스는 "여호와의 말씀을 듣지 못한 기갈이라"(암 8:11)고 했다. 말세에는 복음이 온 세상에 전파되어 "여호와를 아는 지식이 세상에 충만할 것임이니라"(사 11:9)고 하였다. 그럼에도 불구하고 말씀의 기근을 당하게 되는 이유는 무엇인가? 하나님의 말씀을 혼잡하게 하는 마귀의 역사 때문이다. 말세에는 횃불같이 타는 큰 별이 하늘에서 떨어져 강물 삼분의 일과 여러 물샘에 떨어져 그 물들의 쓰게 됨을 인하여 많은 사람이 죽더라고 하였다(계 8:10-11). 교역자들의 타락은 영적 기근을 가져온다.

2) 기근 시에 보호하심

"감람유와 포도주는 해치 말라"(6절)고 하셨다. 감람유와 포도주는 기근의 때를 위해 남겨두는 음식이다. 사르밧 과부에게 기름 한 병이 있었고(왕상 17:12), 선지생도의 미망인에게도 기름 한 병이 있었다(왕하 4:2). 기름과 포도주를 해하지 말라는 것은 하나님의 자녀들에 대해 특별한 보호가 있을 것을 보여준다.

성도는 기근 시에도 보호하신다고 하셨다. "기근 때에 죽음에서, 전쟁 때에 칼 권세에서 너를 구속하실 터인즉"(욥 5:20)이라고 하였고, "네가 멸망과 기근을 비웃으며 들짐승을 두려워 아니할 것은 밭에 돌이 너와 언약을 맺겠고 들짐승이 너와 화친할 것임이라"(욥

5:22-23)고 하였고, "저희 영혼을 사망에서 건지시며 저희를 기근 시에 살게 하시는도다"(시 33:19, 37:19, 34:10)라고 하였다.

엘리야는 기근 시에 까마귀를 통해 떡과 고기로 먹이셨고(왕상 17:6), 선지생도 100명은 궁내대신 오바댜를 통해 먹이셨으며(왕상 18:4), 사르밧 과부는 엘리야를 대접하다가 먹고 살았고(왕상 19:12), 선지생도의 아내는 엘리사를 통해 먹고 살게 되었고(왕하 4:1-7), 사마리아 성 사람들은 하나님께서 아람 군대를 물리쳐 주심으로 전리품으로 먹고살 수 있었다(왕하 7:15). 하나님께서는 기근의 때에도 성도들을 도와주신다.

4. 넷째 인 - 청황색 말(6:7 - 8)

> "내가 보매 청황색 말이 나오는데 그 탄 자의 이름은 사망이니 음부가 그 뒤를 따르더라 저희가 땅 사분 일의 권세를 얻어 검과 흉년과 사망과 땅의 짐승으로써 죽이더라"(계 6:8).

'사망'(다아나토스)은 70인역(LXX)에서 '온역'이라는 의미로 사용된 경우가 많으므로 온역이라는 의미로도 볼 수 있다. 그렇게 볼 경우 예수님께서 말세에 될 일을 예언하시며 말세에 "큰 지진과 기근과 온역이 있겠고"(눅 21:11)라고 하신 말씀과 일치한다. 넷째 인은 말세에 '사분 일'로 표현된 많은 사람이 죽을 것을 예고한다.

1) 검 - 전쟁으로 죽음

A.D. 70년 예루살렘이 멸망할 때 110만의 유대인이 죽었다고 한다(Schaff, History of Christian Church Vol, p. 400). 2차 세계대전 때엔 2천만 명이 죽었다고 하며, 지금은 지구를 수십 번 불태울 수 있는 많은 핵무기가 저장되어 있다고 한다. 그럼에도 각 나라는 그 무서운 무기의 개발을 위해 경쟁하고 있다.

2) 흉년으로 죽음

사람들은 식량 문제를 해결하기 위해 농업 기술을 개발하고 있으나 농산물 증가가 인구 증가율을 따라가지 못하고, 기후 변화와 자연 재해로 식량생산이 점점 어렵게 되어 굶주리는 사람들은 더 많아져 해마다 수백만 명이 주려 죽고 있다.

3) 온역(다아나토스)으로 죽음

온역(전염병)은 무서운 전염병이다. 우리는 흑사병(black death)의 역사를 알고 있다. 흑사병은 A.D. 1327-1351년 사이에 있었던 괴질(怪疾)인데, 중국에서 시작되어 지중해를 통해 유럽 전역에 퍼져 당시 유럽 인구의 3분의 1을 죽게 했고 정치, 경제, “사회에 많은 영향을 미쳤다고 한다. 예를 들면, 이탈리아의 시에나(Siena)라는 도시는 흑사병으로 사람들이 많이 죽어 지도자가 없어서 플로렌스(Florence)가 통치하게 되었다고 한다(Encyclopedia, Britannica 14, Ⅱ. p. 58). 최근에는 조류독감, 돼지독감, 구제역으로 인해 수백만 마리의 소와 돼지와 닭을 살처분하는 것을 볼 수 있다. 성경말씀은 앞날에 무서운 괴질이 있을 것이라고 했다.

4) 짐승으로 인한 해

인도에서는 코끼리가 떼를 지어 인가를 습격하여 여러 사람을 죽였고 늑대가 수십 명의 아이들을 물어 갔다는 뉴스가 있었다. 뱀에게 물려 죽는 사람은 매년 수만 명에 달한다고 한다. 어떤 이들은 이 짐승을 계시록 13장 1절에 나오는 적그리스도로 보기도 한다. 적그리스도는 하나님을 대적하는 나라이다. 마지막 적그리스도는 후 3년 반에 나타나지만 작은 적그리스도는 벌써 많이 나타났고 수없이 많은 사람을 죽였다.

기독교를 적대시한 지난날의 일본은 많은 성도를 죽였고, 2차 대전 당시 독일의 히틀러는 유대인 6백만 명을 살해했고, 소련의 스탈린은 혁명 당시 인구의 10분의 1인 2천만 명을 살해했다고 한다. 말세에 사람들은 전쟁과 기근과 온역과 짐승으로 인해 많은 사람이 죽을 것을 보여준다. 이때에 성도는 하나님을 의지해야 한다.

다윗은 "내가 사망의 음침한 골짜기로 다닐지라도 해를 두려워하지 않을 것은 주께서 나와 함께하심이라 주의 지팡이와 막대기가 나를 안위하시나이다"(시 23:4)라고 하였다.

5. 다섯째 인-순교 성도의 기도(6:9-11)

다섯째 인을 떼실 때에는 하나님의 말씀과 그 증거를 인하여 죽임을 당한 영혼들이 제단 아래에서 큰 소리로 "거룩하고 참되신 대주재여 땅에 거하는 자들을 심판하여 우리 피를 신원하여 주지 아니하시기를 어느 때까지 하시려나이까"(10절)라고 하였고, 그때 대주재께서는 각각 저희에게 흰 두루마기를 주시며 "아직 잠시 동안 쉬되 저희 동무 종들과 형제들도 자기처럼 죽임을 받아 그 수가 차기까지 하라" 고 하셨다.

1) 이 계시는 신약 시대에 많은 순교자가 생길 것을 보여준다

교회 역사를 보면 하나님의 말씀과 그 증거를 위해 죽은 자가 많다.

① 예루살렘에서 순교한 성도들은 세례 요한, 스데반, 야고보이다.
② 12사도 중 순교하지 않은 사람은 사도 요한뿐이라고 한다.
③ 로마제국으로 인한 핍박과 순교

로마제국은 신약 시대 최초의 적그리스도 국가로서 교회가 시작될 때부터 A.D. 313년까지 박해가 계속되었는데, 그 박해로 인한 순교의 역사는 대략 다음과 같다.

- 네로(Nero) 황제의 핍박(A.D. 58-68)으로 인한 순교－A.D. 64년 7월 18－19일 사이에 로마시에 일어난 화재는 1주간 계속됐고 로마시 14구 중 4구만 남고 전소되었다고 한다. 평소에 기독교를 미워하던 네로는 그 화재의 책임을 기독교인에게 돌려 핍박했다. 이로 인해 기독교인의 많은 무리가 죽임을 당했다고 한다. 어떤 사람은 십자가에 못 박고, 어떤 사람은 짐승의 가죽을 입혀 맹수에게나 개에게 던지고, 그리스도인 남녀를 길가 소나무에 못 박고 기름을 발라 횃불을 만들어 성난 군중을 즐겁게 했다고 한다. 사도 베드로와

바울도 네로 황제 때에 순교했다고 한다(Schaff, History of Christian Church, vol. 1, pp. 381-382).

- 도미시안(Domitian) 황제로 인한 순교(A.D. 81-96) – 그는 자신을 주와 하나님(Lord and God)이라고 하며 많은 믿는 사람들을 처형했다고 한다. 그는 심지어 자기 사촌이며 집행관이었던 클레멘스(Flavius Clemens)를 그리스도를 믿는다고 하여 유배시켰다고 한다(Ibid., v.11, pp. 44-45).
- 트라얀(Trajan) 황제 때의 순교(A.D. 98-117) – 기독교를 미신이라고 하며 미신이 퍼지는 것을 막아야 한다고 하며 기독교인을 처형했다고 한다. 그때에 예루살렘의 감독 시므온을 십자가에 못 박았고(A.D. 107), 안디옥의 감독 이그나티우스(Ignatius)를 트라얀 황제가 명하여 사자에게 먹히게 했다고 한다(Ibid., pp. 45-48).
- 안토니오 파이어스(Antonio Pius) 황제 때의 순교(A.D. 137-161) – 그때에 서머나의 감독 폴리캅(Polycarp)이 순교했다.
- 셉티미어스 세베루스(Septimius Severus) 때의 순교(A.D. 193-211) – 알렉산드리아의 클레멘트는 "많은 순교자들이 우리 눈앞에서 날마다 화형을 당하고 갇히고 목베임을 당한다"라고 말했다(Ibid., p. 54).
- 맥시미너스(Maximinus) 황제(A.D. 235-238) – 그도 큰 박해자였다고 한다.
- 데시우스 트라얀(Decius Trajan) 황제(A.D. 249-251) 때의 순교 – 그는 가장 조직적으로 전 로마제국에 명령을 내려 핍박

했다. 그는 기독교인들에게 재산 몰수, 추방, 고문 등 각종 위협으로 위협하라는 명령을 내렸다.

- 발레리안(Valerian) 황제(A.D. 253-260) 때의 순교-카르타고(Carthage)의 감독 키프리안(Cyprian)이 이때에 순교했다. 사형선고가 내렸을 때 키프리안은 "하나님, 감사합니다"(Deo Gratias)라고 했다고 한다.
- 디오클레시안(Didcletian) 황제(A.D. 303-311) 때의 순교-그는 기독교는 없어야 한다, 모든 성경은 불태워야 한다, 모든 기독교인은 공직과 시민권을 가질 수 없다, 로마의 신에게 제사하지 않는 자는 예외 없이 죽음을 당해야 한다는 칙령을 내렸다(Ibid., p. 66).

역사가 깁본(Gibbon)은 순교자의 수가 2천 명을 넘지는 않을 거라고 했으나 그것은 정확한 계산이 아니라고 쉐프(Schaff)는 말하고 있다.

④ 로마 시대 이후의 순교자들

복음이 새로 전파되는 나라에서도 순교자가 생기지 않은 나라가 없다. 일본, 한국, 중국, 러시아, 독일 등 모든 나라에서 순교자들이 생겼다.

2) 순교자들의 기도

주의 말씀과 그 증거를 위하여 죽임을 당한 영혼들이 제단 아래 있어 큰 소리로 "거룩하고 참되신 대주재여 땅에 거하는 자들을 심판하여 우리 피를 신원하여 주지 아니하시기를 어느 때까지 하시려나이까"(10절)라고 하였다.

믿는 사람이 죽은 후 예수님이 재림하시기까지 머무는 곳은 어디며, 어떤 상태에 있게 되는가 하는 것으로 고민하는 이들이 있다. 가톨릭에서는 사람이 죽으면 연옥(煉獄)에 간다고 한다. 안식교에서는 사람이 죽으면 잠자는 상태로 지나다가 예수님이 재림하실 때에 부활한다고 한다. 기타 개신교 신자들은 사람이 죽는 즉시 믿는 사람은 천국으로, 안 믿는 사람은 지옥으로 간다고 믿는다.

본문의 말씀은 그 문제에 대해 어느 정도 해답을 준다고 생각된다. 그것은 성도가 죽으면 즉시 천국에 들어가는 것이 아니라는 것이다. 순교자들의 영혼들은 제단(십자가 제단) 아래 있다고 했고, 그들은 우리 피를 신원하여 달라고 호소하고 있다고 한다. 신원은 심판을 의미하는데, 천국의 영광은 심판을 통과해야 받기 때문에 그렇게 기도하는 것이다. 죽은 후에 가는 곳에 대해 예수님도 죽으면 직접 천국에 들어간다고는 말씀하지 않으셨다.

나사로는 아브라함의 품에 안겼다고 하셨고(눅 16:22), 회개한 강도에게는 "오늘 네가 나와 함께 낙원에 있으리라"(눅 23:43)고 하셨고, 사도 바울도 낙원으로 이끌려 갔었다고 했다(고후 12:4). 아브라함의 품, 낙원, 제단 밑이 구원 얻은 성도가 대심판 전에 머무는 곳인 것처럼 보인다. 그러나 그곳이 연옥과 같은 곳은 아니다. 그곳은 천국과 방불한 낙원일 것이다.

3) 기도의 응답

> "각각 저희에게 흰 두루마기를 주시며 가라사대 아직 잠시 동안 쉬되 저희 동무 종들과 형제들도 자기처럼 죽임을 받아 그 수가 차기까지 하라 하시더라"(계 6:11).

① 저희에게 흰 두루마기를 주셨다고 했다.

흰 두루마기는 하나님께서 믿는 자들에게 거저 주신 의로, 어린양의 피에 씻어 희게 한 흰 옷이다(계 7:14). 이 두루마기를 주셨다는 것은 상징적 표현이며 예수를 믿을 때 그 두루마기를 받았으나 또다시 의롭다고 하심을 의미하는 것이다. 이 두루마기는 천국 혼인 잔치에 어린 양의 아내로서 입고 나갈 예복이다(계 19:8). 웨딩드레스는 신부에게 결혼 날의 즐거움을 앞당겨 주듯이 어린 양 예수님의 피로 얻은 의는 그날의 기쁨을 앞당겨 줄 것이다.

② 잠시 쉬되 저희 동무 종들과 형제들도 자기처럼 죽임을 받아 그 수가 차기까지 하라고 하셨다.

성도가 죽임을 당하는 것과, 세상에 죄가 관영해지는 것과 불의가 득세하는 것과 약자가 눌림을 당하는 것 같은 모순된 일들을 보면 하나님의 심판이 더딘 것 같다. 그러나 하나님의 심판이 속히 임하지 않는 것은 하나님의 예정이 있기 때문이다. 그 예정은 하나님이 정하신 수에 나타난다. 이방인의 구원의 수가 있다고 했다(롬

11:25). 순교자의 수가 있다고 했다(계 6:11). 구원 얻은 총 수는 14만 4천(상징적)이라고 했다(계 7:4, 14:1). 성도는 하나님께서 예정하신 그 구원의 수가 찰 때까지 기다려야 한다는 것이다.

6. 여섯째 인 - 재림(6:12-17)

하나님의 여섯째 비밀 상자는 예수님의 재림이다.

1) 재림 시에 나타날 일들

① 예수님의 예언

"그날 환난 후에 즉시 해가 어두워지며 달이 빛을 내지 아니하며 별들이 하늘에서 떨어지며 하늘의 권능들이 흔들리리라 그때에 인자의 징조가 하늘에서 보이겠고 그때에 땅의 모든 족속들이 통곡하며 그들이 인자가 구름을 타고 능력과 큰 영광으로 오는 것을 보리라"(마 24:29-30).

② 계시록 본문

"내가 보니 여섯째 인을 떼실 때에 큰 지진이 나며 해가 총담같이 검어지고 온 달이 피같이 되며 하늘의 별들이 무화과나무가 대풍에 흔들려 선 과실이 떨어지는 것같이 땅에 떨어지며 하늘은 종이 축이 말리는 것같이 떠나가고 각 산과 섬이 제자리에서 옮기우매 땅의 임금들과 왕족들과 장군들과 부자들과 강한 자들과 각 종과 자주자가 굴과 산 바위틈에 숨어 산과 바위에게 이르되 우리 위에 떨어져 보좌에 앉으신 이의 낯에서와 어린 양의 진노에서 우리를 가리우라 그들의 진노의 큰 날이 이르렀으니 누가 능히 서리요 하더라"(계 6:12-17).

③ 사도 베드로

"그러나 주의 날이 도적같이 오리니 그날에는 하늘이 큰 소리로 떠나가고 체질이 뜨거운 불에 풀어지고 땅과 그중에 있는 모든 일이 드러나리로다 이 모든 것이 이렇게 풀어지리니 너희가 어떠한 사람이 되어야 마땅하뇨 거룩한 행실과 경건함으로 하나님의 날이 임하기를 바라보고 간절히 사모하라 그날에 하늘이 불에 타서 풀어지고 체질이 뜨거운 불에 녹아지려니와" (벧후 3:10-12).

이 세 곳의 예언들을 통해 예수님의 재림 시 될 일을 상상할 수 있다.

2) 재림 시에 나타날 일은 어떤 것인가?

① 이 우주가 없어진다.

예수님이 "즉시 해가 어두워지며 달이 빛을 내지 아니하며 별들이 하늘에서 떨어지며 하늘의 권능들이 흔들리리라"고 하신 말씀과, 계시록에서 "해가 총담같이 검어지고 온 달이 피같이 되며 하늘의 별들이 무화과나무가 대풍에 흔들려 선 과실이 떨어지는 것같이 땅에 떨어지며"라고 하신 말씀과, 사도 베드로가 "하늘이 큰 소리로 떠나가고 체질이 뜨거운 불에 풀어진다"라고 한 말씀은 예수님이 오시는 날 이 세상이 파괴되어 없어질 것을 보여주는 말씀이다.

② 예수님을 맞을 준비를 하지 못한 사람들은 통곡하게 된다.

예수님은 "그때에 땅의 모든 족속들이 통곡하며 그들이 인자가 구름을 타고 능력과 큰 영광으로 오는 것을 보리라"고 하셨고, 계시록에서는 "땅의 임금들과 왕족들과 장군들과 부자들과 강한 자들과 각 종과 자주자가 굴과 산 바위틈에 숨어 산과 바위에게 이르되 우리 위에 떨어져 보좌에 앉으신 이의 낯에서와 어린 양의 진노에서 우리를 가리우라 그들의 진노의 큰 날이 이르렀으니 누가 능히 서리요 하더라"고 하였다.

③ 성도는 변화한다.

"보라 내가 너희에게 비밀을 말하노니 우리가 다 잠잘 것이 아니요 마지막 나팔에 순식간에 홀연히 다 변화하리니"(고전 15:15)라고 했다.

④ 새 하늘과 새 땅이 나타난다.

"우리는 그의 약속대로 새 하늘과 새 땅을 바라보도다"(벧후 3:13)라고 하였다.

그러므로 사도 베드로는 “이 모든 것이 이렇게 풀어지리니 너희가 어떠한 사람이 되어야 마땅하뇨 거룩한 행실과 경건함으로 하나님의 날이 임하기를 바라보고 간절히 사모하라”(벧후 3:11-12)고 했다.

Ⅵ. 제1 특별계시

7:1-17

'Ⅰ. 계시록 해석 원리' 에서 설명한 것과 같이 계시록의 본 계시(本 啓示)는 인, 나팔, 대접의 순서로 나타나지만 특별계시(特別啓示)는 주제별(主題別)로 보여주는 독립된 계시이다. 그리고 특별계시는 본 계시 사이에 삽입(揷入)되어 있다. 7장은 특별계시이며, 6장에서 보여준 본 계시는 8장에서 계속된다. 그러므로 특별계시를 본 계시에 계속된 것으로 보고 해석하면 이해할 수 없게 된다.

7장은 책의 순서로는 본 계시인 6장의 여섯째인 다음에 나타나지만 그 내용은 여섯째 인 다음에 나타날 일이 아니다. 7장의 특별계시는 예수님이 승천하신 후부터 후 3년 반이 오기 전까지의 긴 기간에 걸쳐 복음을 전파하여 믿는 사람들에게 성령으로 인을 쳐 구원하는 것을 보여주는 계시이다.

하나님께서는 예수님이 부활 승천하신 후 지금까지 구원하는 역사를 계속하고 계신다. 본 장은 하나님께서 사람을 구원하시는 기간과 방법과 그 수와 구원받은 사람들의 행복에 대해 보여준다.

1. 구원하시는 방법(7:1-8)

1) 땅 사방의 바람을 억제하고 구원하심

"이 일 후에 내가 네 천사가 땅 네 모퉁이에 선 것을 보니 땅의 사방의 바람을 붙잡아 바람으로 하여금 땅에나 바다에나 각종 나무에 불지 못하게 하더라"(계 7:1).

바람은 전쟁이다(렘 49:36). 땅 사방에 부는 바람은 세계대전이며, 후 3년 반으로 들어가는 유브라데 강 전쟁이다(계 9:14). 유브라데 강 전쟁 후에는 적그리스도가 일어나 세계를 통치하게 되므로 복음을 증거할 수 없게 된다(계 11:7).

그러므로 하나님께서는 땅 사방에 부는 바람 즉 유브라데 강 전쟁이 일어나지 못하게 억제하고 복음을 전파하여 사람들을 구원하신다. 사도 바울은 이 억제하심에 대해 "저로 하여금 저의 때에 나타나게 하려 하여 막는 것을 지금도 너희가 아나니 불법의 비밀이 이미 활동하였으나 지금 막는 자가 있어 그중에서 옮길 때까지 하리라"(살후 2:6-7)고 하였다. 하나님께서는 지금까지 복음을 전파하여 택하신 백성들을 구원하시기 위해 불법의 세력을 억제하고 계신다.

지금의 세태(世態)는 국가들 간의 긴장으로 일촉즉발(一觸卽發)의 위기감을 느끼게 한다. 그러나 아직 유브라데 강 전쟁은 일어나지 않고 있다. 그 이유는 하나님께서 택하신 백성들을 구원하시기 위해 그 전쟁을 억제하시기 때문이다. 그것은 여섯째 천사가 나팔을 불 때에 나타날 일이다. "여섯째 천사가 나팔을 불매 내가 들으니 하나님 앞 금단 네 뿔에서 한 음성이 나서 나팔 가진 여섯째 천사에게 말하기를 큰 강 유브라데에 결박한 네 천사를 놓아 주라 하매"(계 9:13-14)라고 하였다. 구원의 수가 찬 후에는 억제하시던 것을 푸실 것이다.

2) 인을 침으로 구원하심

"또 보매 다른 천사가 살아 계신 하나님의 인을 가지고 해 돋는 데로부터 올라와서……우리가 우리 하나님의 종들의 이마에 인 치기까지 땅이나 바다나 나무나 해하지 말라 하더라"(2-3절)고 하였다.

① 인은 성령이시다.

인은 성령이며, 이마에 인을 친다고 함은 성령 받는 것을 가리키는데 성령을 받으면 사람의 몸에 표를 받는다고 하는 것이 아니라 인격의 변화를 받게 됨을 의미한다.

사도 바울은 "그 안에서 너희도 진리의 말씀 곧 너희의 구원의 복음을 듣고 그 안에서 또한 믿어 약속의 성령으로 인치심을 받았으니"(엡 1:13)라고 하였고, "오직 성령의 열매는 사랑과 희락과 화평과 오래 참음과 자비와 양선과 충성과 온유와 절제니 이 같은 것을 금지할 법이 없느니라"(갈 5:22-23)고 하였다.

② 해 돋는 곳에서부터 올라온 천사

"여호와 하나님은 해요 방패시라"(시 84:11)고 하였다. 해는 하나님의 유일성과 변화시키는 능력을 상징한다. 해 돋는 곳으로부터 올라오는 천사는 예수님의 모형천사(貌型天使)이다. 예수님은 때때로 천사의 모형으로 나타나신다(계 10:1, 14:14). 해 돋는 데서 올라옴은 예수님은 빛 되신 하나님께로부터 오신 분이시며, 그 자신이 빛이시라는 것을 보여준다.

이사야는 "흑암에 행하던 백성이 큰 빛을 보고 사망의 그늘진 땅에 거하던 자에게 빛이 비취도다"(사 9:2)라고 하였고, 사도 요한은 "참빛 곧 세상에 와서 각 사람에게 비취는 빛이 있었나니"(요 1:9)라고 하였고, 예수님은 "나는 세상의 빛이니 나를 따르는 자는 어두움에 다니지 아니하고 생명의 빛을 얻으리라"(요 8:12)고 하셨고, 사도 바울은 "그러므로 이르시기를 잠자는 자여 깨어서 죽은 자들 가운데서 일어나라 그리스도께서 네게 비취시리라 하셨느니라"(엡 5:14)고 하였다.

알래스카(Alaska)나 노르웨이(Norway)는 밤이 6개월간 계속된다. 그러나 그 기간이 지나면 햇빛은 그 긴 밤을 물리치고 광명한 낮을 만든다. 예수님은 사람의 마음을 밝게 하는 빛이시며, 세상을 밝게 하는 빛이시다(요 8:12). 예수님은 말세에 그의 종들을 통해 빛과 같은 복음을 전파하시고, 성령을 보내어 인을 치사 그의 백성을 삼으신다.

③ 어떻게 인치심을 받는가?

사도 바울은 사람이 구원 얻는 것은 성부 하나님의 택하심과 성자 예수님의 구속하심과 성령님의 인치심으로 된다고 했다(엡 1:4, 7, 13). 사도 베드로는 "형제들아 우리가 어찌할고" 라고 하는 무리들에게 "너희가 회개하여 각각 예수 그리스도의 이름으로 세례를 받고 죄 사함을 얻으라 그리하면 성령을 선물로 받으리니 이 약속은 너희와 너희 자녀와 모든 먼 데 사람 곧 주 우리 하나님이 얼마든지 부르시는 자들에게 하신 것이라"(행 2:38-39)고 하였다.

성령으로 인침을 받는다 함은 사람이 성령으로 거듭나는 것인데, 신랑과 신부가 결혼서약을 하는 것과 같다. 먼저 하나님께 대한 회개와 예수 그리스도에 대한 믿음이 있어야 한다(행

20:21). 그것은 하나님의 증거를 받는 행위이며, 하나님을 참되시다 하여 인을 치는 것이다(요 3:33). "그의 증거를 받는 이는 하나님을 참되시다 하여 인을 쳤느니라"(요 3:33)고 하였다.

그때에 하나님께서는 그 증거를 받는 사람에게 하나님의 소유가 되었다는 증표로 성령을 보내어 인을 치신다. 성령의 인치심의 증거는 사람의 인격의 중심인 양심의 변화를 받는 것이다. 사도 베드로는 "물은 예수 그리스도의 부활하심으로 말미암아 이제 너희를 구원하는 표니 곧 세례라 육체의 더러운 것을 제하여 버림이 아니요 오직 선한 양심이 하나님을 향하여 찾아가는 것이라"(벧전 3:21)고 하였고, 사도 바울은 "믿음과 착한 양심을 가지라 어떤 이들이 이 양심을 버렸고 그 믿음에 관하여는 파선하였느니라"(딤전 1:19)고 하였다. 믿는 사람들은 회개하고 성령을 받아 바른 양심을 가짐으로 인격이 변화되어야 한다.

3) 재선택(再選擇)을 통해 구원하신다

신약 시대의 구원은 그리스도 안에서 재선택에 의한 구원이다. 구 · 신약 성경은 다 같이 하나님께서 그의 백성을 다시 선택하신다고 가르치고 있다.

이사야는 이방인을 선택하실 것을 예언하며 "잉태치 못하며 생산치 못한 너는 노래할지어다 구로치 못한 너는 외쳐 노래할지어다 홀로 된 여인(이방나라)의 자식이 남편 있는 자(유대인)의 자식보다 많음이니라 여호와의 말이니라"(사 54:1)고 하였고, 스가랴는 "여호와께서 장차 유다를 취하여 거룩한 땅에서 자기 소유를 삼으시고 다시 예루살렘을 택하시리니”(슥 2:12)라고 하였다.

호세아는 “그러나 이스라엘 자손의 수가 바닷가의 모래같이 되어서 측량할 수도 없고 셀 수도 없을 것이며 전에 저희에게 이르기를 너희는 내 백성이 아니라 한 그곳에서 저희에게 이르기를 너희는 사신 하나님의 자녀라 할 것이라”(호 1:10)고 하였고, 사도 바울은 “찬송하리로다 하나님 곧 우리 주 예수 그리스도의 아버지께서 그리스도 안에서 하늘에 속한 모든 신령한 복으로 우리에게 복 주시되 곧 창세 전에 그리스도 안에서 우리를 택하사 우리로 사랑 안에서 그 앞에 거룩하고 흠이 없게 하시려고 그 기쁘신 뜻대로 우리를 예정하사 예수 그리스도로 말미암아 자기의 아들들이 되게 하셨으니”(엡 1:3-5)라고 하였다.

인 맞은 자 14만 4천은 상징적 수이며, 유대인의 수가 아니라 재선택에 의한 구원의 수이다. 하나님께서는 아브라함과 그 후손을 그의 백성으로 택하셨으나 그들은 육신적으로 선택된 민족이요, 영원한 구원의 선택은 아니었다.

① 인 맞은 자의 수-14만 4천에 대해

a. 문자주의적 해석(文字主義的 解釋)

14만 4천을 문자적으로 해석하는 이들은 14만 4천은 유대인 구원의 수요, “셀 수 없는 큰 무리”(9절)는 이방인 구원의 수라고 한다. 그렇게 해석하면 천국에서도 유대인과 이방인이 갈라져 있다는 뜻이 된다. 그러나 성경말씀은 믿음 안에서는 유대인과 이방인이 구별이 없다고 가르치고 있다. “이제는 율법 외에 하나님의 한 의가 나타났으니 율법과 선지자들에게 증거를 받은 것이라 곧 예수 그리스도를 믿음으로 말미암아 모든 믿는 자에게 미치는 하나님의 의니 차별이 없느니라"(롬 3:21-22)고 하였으니 문자주의적 해석은 잘못된 것이다.

b. 상징주의적 해석(象徵主義的 解釋)

4절에서는 "내가 인 맞은 자의 수를 들으니 이스라엘 자손의 각 지파 중에서 인 맞은 자들이 십사만 사천이니"라고 하였고, 9절에서는 "이 일 후에 내가 보니 각 나라와 족속과 백성과 방언에서 아무라도 능히 셀 수 없는 큰 무리"라고 하였으니, 귀로 들을 때는 상징적 수를 말한 것을 들은 것이므로 14만 4천이었으나 그 수를 눈으로 볼 때는 셀 수 없는 큰 무리였으니 14만 4천과 셀 수 없는 무리는 같은 무리라고 본다.

크레이다너스(Greijdanus)는 14만 4천에 대해 다음과 같이 설명했다. 14만 4천의 기본수인 12,000은 선택 수 12에 땅의 만수인 10을 3회(하나님의 속수) 곱한 것이다. 그 수를 선택 수인 12로 곱하면 14만 4천이 된다. 이 수는 "하나님께서 할 수 있는 대로 많이 구원하시는 대(大) 긍휼에 의한 상징적 충만의 수이다"라고 했다(박윤선, 《계시록》, p. 174).

② 12**지파에 대해**

문자주의 해석을 취하는 이들은 이 12지파는 유대인의 지파이며, 14만 4천은 구원 얻은 유대인의 수라고 한다. 그러나 그 지파들을 상징적으로 보아야 할 이유는 본장에 기록된 지파들이 본래 있었던 이스라엘 나라의 지파들이 아니라 신령한 뜻을 담은 재편(再編)된 지파들이기 때문이다. 본문에 나타난 지파에는 단 지파와 에브라임 지파가 빠져 있고, 그 대신 이스라엘 지파에 들지 않았던 요셉 지파와 레위 지파가 보충되었다. 그것은 본문의 12지파가 구약의 12지파가 아니라 구원 얻은 모든 성도를 다 포함하는 신령한 지파라는 것을 보여주는 것이다.

a. 본래의 지파에서 빠진 지파 – 단 지파와 에브라임 지파

- 단 지파 – 단 지파의 조상인 단은 라헬의 여종 빌하의 아들로서 라헬이 아들을 낳지 못하여 언니를 질투하다가 자기 여종을 남편 야곱에게 주어 얻은 아들이다. 라헬의 질투하는 성품의 영향을 받아서인지 성경에서 단 지파는 사람들을 해하는 지파로 부각된다. 야곱은 "단은 길의 뱀이요 첩경의 독사리로다 말굽을 물어서 그 탄 자로 뒤로 떨어지게 하리로다 여호와여 나는 주의 구원을 기다리나이다"(창 49:17-18)라고 불길(不吉)한 예언을 했다. 단 지파는 기업의 땅을 취할 때도 한가하고 평안한 백성을 만나 칼로 그들을 치며 불로 그 성읍을 살랐다고 했다(삿 18:27).
- 에브라임 지파 – 투기(妬忌)하는 지파이다. 사사 기드온이 미디안 왕들과 싸워 이겼을 때 투기하였고(삿 8:1), 사사 입다가 암몬 사람들과 싸워 이겼을 때도 질투하였다(삿 12:1). 에브라임 지파는 나중에 한 국가가 되었으나 하나님을 떠나

우상숭배하며 언약을 배반했다(호 4:17, 9:10; 시 78:9-10).

이런 지파들이 본장의 12지파에서 제외(除外)되었다. 이는 악한 자들은 신령한 지파로 재편되는 하나님 나라에서 제외된다는 것을 보여준다. 그날에는 에브라임의 투기는 없어진다고 하였다(사 11:13).

b. 대신 들어선 지파 – 요셉 지파와 레위 지파

- 요셉 지파 – 야곱의 열한 번째 아들인 요셉은 꿈을 이야기하다가 형들에게 미움을 받아 애굽으로 팔려갔고 억울하게 옥살이를 했다. 결국 형제들이 그에게 무릎을 꿇게 되었으나 요셉은 보복하려 하지 않고 자기를 애굽으로 보낸 분은 형님들이 아니라 하나님께서 우리 식구를 기근에서 구원하시려고 자기를 먼저 애굽으로 오게 하신 것이라고 했다. 이런 선행으로 요셉은 야곱으로부터 더 많은 축복을 받았다(창 49:22-26).
- 레위 지파 – 레위 지파는 하나님께 드리는 제사를 관장(管掌)하는 지파로서 하나님의 마음을 상쾌하게 하는 일을 했다. 모세가 산에 올라가 있는 동안 이스라엘 백성은 금 신상을 만들어 절하고 있었다. 모세가 누구든지 여호와의 편에 있는 자는 내게로 나오라고 하였을 때 레위 자손이 다 모여 왔고, 허리에 칼을 차고 진 이 문에서 저 문까지 왕래하며 형제와 친구와 이웃을 도륙하라고 할 때 그들은 그대로 하여 3천 명 가량을 죽였다(출 32:25-28).

이스라엘이 모압 여자들과 음행할 때 제사장 아론의 손자 엘르아살의 아들 비느하스는 이스라엘 남자와 모압 여인이 막사로 들어가는 것을 보고 그 남녀를 칼로 찔러 죽였다(민 25:6-9). 모세는 레위 지파의 그런 거룩한 분노를 칭찬하며 "그는 부모에게 대하여 이르기를 내가 그들을 보지 못하였다 하며 형제들을 인정치 아니하며 그 자녀를 알지 아니한 것은 주의 말씀을 준행하고 주의 언약을 지킴을 인함이로다"(신 33:9)라고 하였다.

재선택된 신약 교회에서는 단 지파와 같이 악한 자와 에브라임 지파와 같이 투기하는 자는 제외되며, 요셉과 같은 용서와 사랑의 사람과 레위 지파와 같이 죄를 미워하는 사람들이 들어서게 된다는 것을 보여준다. 죄와 싸우기를 피 흘리기까지 하라고 하였다(히 12:4).

4) 어린 양의 피로 구원하심(7:13-14)

장로 중 하나가 "이 흰 옷 입은 자들이 누구며 또 어디서 왔느뇨"라고 질문했고, 사도 요한은 "주여 당신이 알리이다"라고 대답했다. 그러자 장로는 그들이 누구인지 설명해 주었다. 그렇게 한 이유는 흰 옷 입은 자들이 어떤 자들인가를 사람들에게 명심(銘心)하게 하려 함이었다. 그리스도인들은 흰 옷을 입은 14만 4천이 어떤 사람들인지를 깨달아 알고 자신들도 흰 옷을 입어야 한다.

① 큰 환난 중에서 나오는 자들이다.

사도 바울은 루스드라에서 전도하다가 유대인들의 돌에 맞아 죽었으나 다시 살아난 후 믿는 성도들에게 "우리가 하나님 나라에 들어가려면 많은 환난을 겪어야 할 것이라"(행 14:22)고 권면했다. 반즈(Barnes)는 이 "큰 환난"을 반드시 후 3년 반에 있을 환난이라고 볼 필요는 없다고 했다.

기독교는 환난을 수반(隨伴)하는 종교이다. 예수님은 "나를 인하여 너희를 욕하고 핍박하고 거짓으로 너희를 거스려 모든 악한 말을 할 때에는 너희에게 복이 있나니"(마 5:11)라고 하셨고, "아무든지 나를 따라오려거든 자기를 부인하고 자기 십자가를 지고 나를 좇을 것이니라"(마 16:24)고 하셨다. 히브리서의 저자는 "또 어떤 이들은 희롱과 채찍질뿐 아니라 결박과 옥에 갇히는 시험도 받았으며 돌로 치는 것과 톱으로 켜는 것과 시험과 칼에 죽는 것을 당하고 양과 염소의 가죽을 입고 유리하여 궁핍과 환난과 학대를 받았으니"(히 11:36-37)라고 하였다.

흰 옷을 입고 손에 종려나무 가지를 들고 구원의 노래를 부르는 성도들은 모두 다 예수님의 이름으로 환난을 당한 자들이다. 혹은 가정에서 남편에게 혹은 아내에게 혹은 부모에게 혹은 자녀나 형제에게, 이웃이나 직장인들에게서 비난과 불이익을 당하기도 하고 불신 국가에서 환난과 핍박을 받기도 했다. 믿는 사람들은 예수님의 이름으로 환난과 핍박을 당할 때 참고 견뎌야 한다.

② 어린 양의 피에 그 옷을 씻어 희게 한 자들이다.

장로가 말한 그리스도인들이 명심해야 할 두 번째 중요한 것은 흰 옷 입은 큰 무리가 어린 양의 피에 그 옷을 씻어 희게 한 자들이라는 것이다 .

이 말씀이 가르치는 것은 먼저 흰 옷 입은 무리는 모두가 다 죄인이었다는 것과 어린 양의 피로 씻어 정결케 된 자들이라는 것이다.

사도 바울은 의인은 한 사람도 없다고 했다(롬 3:10). 그 이유는 한 사람으로 인하여 죄가 세상에 들어왔고 모든 사람이 죄를 지었으므로 사망이 모든 사람에게 이르렀기 때문이다(롬 5:12). 그러므로 이 세상 사람 중 죄 없는 사람은 한 사람도 없고, 모두가 죄 씻음을 받아야 할 사람들이다. 이 흰 옷을 입고 보좌 앞과 어린 양 앞에서 찬양하는 무리들도 죄 없는 사람들이 아니다. 각양 죄에 빠졌던 사람들이다. 그러나 어린 양 예수의 피로 씻음을 받아 정결하게 된 사람들이다.

a. 어린 양 예수의 피는 위대한 세척제(洗滌劑)다.

죄는 "피 흘림이 없은즉 사함이 없느니라"(히 9:22)고 했다. 아담은 범죄 후 무화과나무 잎으로 자기의 부끄러움을 가리려 하였으나 실패했고, 하나님께서 짐승을 희생시켜 그 가죽으로 옷을 입혀 주셨다(창 3:21). 그 후 죄 사함을 받기 위해 소나 양의 피를 흘려 제사하게 하셨다(레 1:1). 그러나 황소나 염소의 피가 능히 죄를 없이하지 못하므로 어린 양 예수를 준비하셨다고 하였다(히 10:4-5).

어린 양 예수의 피는 하나님의 피라고 하였고(행 20:28), "영원하신 성령으로 말미암아 흠 없는 자기를 하나님께 드린 그리스도의 피가 어찌 너희 양심으로 죽은 행실에서 깨끗하게 하고 살아계신 하나님을 섬기게 못하겠느뇨"(히 9:14)라고 하였다. 그리스도의 피는 어떤 흉악한 죄라도 씻지 못할 죄가 없다. 성자의 칭호를 남긴 어거스틴은 젊었을 때 탕아였고, 자선사업으로 유명한 조지 뮬러는 도적질하던 사람이었다고 한다.

c. 어린 양의 피에 옷을 씻는 방법

그들은 어떻게 죄 씻음을 받았을까?

- 먼저 자기가 죄인임을 깨닫고 자복하는 것이다-"너희가 회개하여 각각 예수 그리스도의 이름으로 세례를 받고 죄 사함을 얻으라 그리하면 성령을 선물로 받으리니"(행 2:38)라고 하였고, "만일 우리가 우리 죄를 자백하면 저는 미쁘시고 의로우사 우리 죄를 사하시며 모든 불의에서 우리를 깨끗케 하실 것이요"(요일 1:9)라고 하였다.
- 다음은 예수님의 의를 믿는 것이다-예수님은 "모세가 광야에서 뱀을 든 것같이 인자도 들려야 하리니 이는 저를 믿는 자마다 영생을 얻게 하려 하심이니라"(요 3:14-15)고 하셨다. 불뱀에게 물린 자들이 구리뱀을 바라보면 낫는다는 말을 듣고 바라볼 때 나음을 얻었다. 그와 같이 우리의 죄가 예수님을 바라볼 때 사함을 받는다. 그 이유는 예수님은 우리의 죄를 위해 속전(贖錢)을 지불하셨기 때문이다.

• 성령의 도우심으로 양심이 새로워진다－사도 베드로는 회개하고 예수 그리스도의 이름으로 세례를 받으면 성령을 선물로 받으리라고 하였다. 회개하고 믿을 때 성령님은 그에게 와서 역사하시고 양심을 깨끗하게 하신다. 그리고 그렇게 된 성도를 의롭다 하시며, 의롭게 된 성도가 흰 옷을 입은 성도이다.

2. 인침을 받은 자(구원 얻은 자)의 행복(7:9－17)

이 부분은 구원 얻은 성도들이 누리는 행복이 어떤 것인가를 보여주는 계시이다. 이 부분이 구원 얻은 성도들이 누리는 행복이라고 하면 내세에서 받는 행복인가, 아니면 현세에서 받는 행복인가? 예수님께서 가르치신 말씀을 보면 구원의 행복은 믿는 사람들이 사후에 받는 것이라고 하지 않고 현세에서 믿는 그때부터 받는 것이라고 가르치신다.

"내가 진실로 진실로 너희에게 이르노니 내 말을 듣고 또 나 보내신 이를 믿는 자는 영생을 얻었고 심판에 이르지 아니하나니 사망에서 생명으로 옮겼느니라"(요 5:24)고 하셨고, "이 물을 먹는 자마다 다시 목마르려니와 내가 주는 물을 먹는 자는 영원히 목마르지 아니하리니 나의 주는 물은 그 속에서 영생하도록 솟아나는 샘물이 되리라"(요 4:13-14)고 하셨고, "나는 부활이요 생명이니 나를 믿는 자는 죽어도 살겠고 무릇 살아서 나를 믿는 자는 영원히 죽지 아니하리니 이것을 네가 믿느냐"(요 11:25-26)라고 하셨다. 바리새인들이 "하나님의 나라가 어느 때에 임하나이까?" 라고 질문하였을 때 예수님은 "하나님의 나라는 볼 수 있게 임하는 것이 아니요 또 여기 있다 저기 있다고도 못하리니 하나님의 나라는 너희 안에 있느니라"(눅 17:20-21)고 대답하셨다.

그리고 사도들도 구원의 행복은 먼 미래에 가서 누리는 것이 아니라 믿는 그 시간부터 누린다고 가르치고 있다. 사도 바울은 "허물로 죽은 우리를 그리스도와 함께 살리셨고(너희가 은혜로 구원을 얻은 것이라) 또 함께 일으키사 그리스도 예수 안에서 함께 하늘에 앉히시니"(엡 2:5-6)라고 하였고, "그러므로 이제부터 너희가 외인도 아니요 손도 아니요 오직 성도들과 동일한 시민이요 하나님의 권속이라"(엡 2:19)고 하였다.

사도 베드로는"오직 너희는 택하신 족속이요 왕 같은 제사장들이요 거룩한 나라요 그의 소유 된 백성이니"(벧전 2:9)라고 하였고, 히브리서의 저자는 믿는 사람들에 대해 "이미 믿는 우리들은 저 안식에 들어가는도다"(히 4:3) 또는 "이미 그의 안식에 들어간 자는 하나님이 자기 일을 쉬심과 같이 자기 일을 쉬느니라"(히 4:10)고 하여 믿는 사람은 안식에 들어간 것이라고 했다. 그리고 믿는 사람들이 이르게 된 곳에 대해 "그러나 너희가 이른 곳은 시온 산과 살아 계신 하나님의 도성인 하늘의 예루살렘과 천만 천사와 하늘에 기록한 장자들의 총회와 교회와 만민의 심판자이신 하나님과 및 온전케 된 의인의 영들과 새 언약의 중보이신 예수와 및 아벨의 피보다 더 낫게 말하는 뿌린 피니라"(히 12:22-24)고 하였다.

이런 말씀들이 보여주는 것은 믿는 사람들의 구원의 축복은 내세에 가서 비로소 누리는 것이 아니라 현세에서부터 누리는 축복이라는 것이다. 그것은 미국시민권을 가진 사람이 외국에 나가 있어도 미국시민의 대우를 받는 것과 같다. "우리의 시민권은 하늘에 있는지라"(빌 3:20)고 하였으니, 하나님께서 그의 시민들에게 이 세상에서도 복을 주시지 않겠는가?

그렇다면 구원 얻은 자의 행복은 어떤 것인가?

1) 구원의 반열(班列)에 참여하는 행복

> "이 일 후에 내가 보니 각 나라와 족속과 백성과 방언에서 아무라도 능히 셀 수 없는 큰 무리가 흰 옷을 입고 손에 종려가지를 들고 보좌 앞과 어린 양 앞에 서서"(계 7:9).

이 사람들은 성령의 인침을 받은 사람들이다. 인침을 받은 자는 14만 4천이라고 하였으나 그것은 상징적 수이며, 실제로 보았을 때 셀 수 없이 많은 수였다. 믿는 사람들은 그 많은 구원 얻은 자들의 반열에 참여하는 행복을 누리며 살게 된다.

존 웨슬리는 천국에 가면 세 가지 놀랄 일이 있을 것이라고 했다. 먼저는 천국에 왔을 거라고 생각했던 사람이 없는 것에 놀라고, 다음으로는 천국과는 거리가 멀다고 생각했던 사람이 먼저 와 있는 것에 놀라고, 자기처럼 부족한 사람이 천국에 들어가게 된 데 대해 또 한 번 놀라게 될 거라는 것이다.

구원 얻은 성도는 천국에 들어갈 때 감격할 것이겠지만 이 세상에서도 구원의 감격 가운데서 산다. 그 이유는 성령님이 구원의 확신을 주시기 때문이다. 바울은 "소망이 부끄럽게 아니함은 우리에게 주신 성령으로 말미암아 하나님의 사랑이 우리 마음에 부은 바 됨이니 우리가 아직 연약할 때에 기약대로 그리스도께서 경건치 않은 자를 위하여 죽으셨도다"(롬 5:5-6)라고 하였다. 그러므로 성령 받은 성도는 그 수많은 구원 얻는 성도의 수에 자신도 참여했다는 행복감을 가진다.

2) 흰 옷을 입는 행복

옷이 날개라는 말이 있다. 과거 봉건 시대의 사람의 신분은 그 사람이 입은 옷에 나타나게 되어 있었다. 옷이 날개라는 말은 그런 이유에서 나온 말일 것이다. 성경은 사람의 영적 신분이 옷에 나타난다고 가르치고 있다. 포로귀환 시의 대제사장 여호수아는 더러운 옷을 입고 섰고 사단은 그를 대적하고 있었다고 했다(슥 3:1-3). 예수님의 임금의 혼인잔치 비유를 보면 예복을 입지 않고 혼인잔치에 참여했던 한 사람은 바깥 어두움에 내어던짐을 받았다고 하였다(마 22:11-13). 사데 교회에 옷을 더럽히지 않은 몇 명은 흰 옷을 입고 주님과 함께 다닐 것이라고 하였다(계 3:4-5).

어린 양의 아내는 "그에게 허락하사 빛나고 깨끗한 세마포를 입게 하셨은즉 이 세마포는 성도들의 옳은 행실이로다"(계 19:8)라고 하였다. 구원 얻은 셀 수 없는 큰 무리가 입은 옷은 흰 옷이다. 이 흰 옷은 성도의 무죄성과 성결성과 천국시민의 자격을 보여주는 천국의 제복이다. 이 흰 옷은 나의 노력의 대가로 받은 것이 아니라 "어린 양의 피에 그 옷을 씻어 희게 함"으로 받게 된 선물이다.

그러므로 구원 얻은 성도는 그 구원의 은혜에 감격한 삶을 살게 된다. 한국전쟁 직후 서울에서 살던 손○○ 권사는 삼각산에 올라가 기도하다가 그 보혈의 은혜가 감사하여 "나의 죄를 씻기는 예수의 피밖에 없네"라는 찬송을 하루 반 동안 불렀다고 한다.

3) 개선가(凱旋歌)를 부르는 행복(7:9-12)

구원 얻은 무리들은 손에 종려가지를 들고 보좌 앞과 어린 양 앞에 서서 큰 소리로 "구원하심이 보좌에 앉으신 우리 하나님과 어린 양에게 있도다"(10절)라고 했다. 종려가지를 손에 든 것은 승리를 의미한다. 그들은 종려가지를 손에 들고 구원의 은혜를 찬양했다.

한국의 신학자 고 박형룡 박사는 기독교는 한국에 노래를 가져왔다고 하였다. 그 말은 기독교가 한국에 들어오기 전에는 노래가 없었다는 말이 아니라 구원의 감격으로 부르는 참 노래는 없었다는 의미라고 생각된다. 진정한 승리의 노래는 구원을 얻은 결과로 부르는 노래이다.

셀 수 없는 큰 무리의 노래를 보면 :

① 흰 옷을 입고 찬양했고

② 종려가지를 손에 들고 찬양했고

③ 큰 소리로 찬양했고

④ 구원의 은혜를 찬양했고

⑤ 천사보다 먼저 선도적(先導的)으로 찬양했다.

구원 얻은 성도에게는 개선의 노래가 있다.

"할렐루야! 할렐루야! 할렐루야! 싸움은 모두 끝나고 생명의 승리 얻었네. 개선의 노래 부르세, 할렐루야!"

4) 성전에서 밤낮 하나님을 섬기는 행복(7:15-17)

이 성전은 계시록 11장 1절에 "성전과 제단과 그 안에서 경배하는 자"라고 할 때 말씀한 성전이다. 솔로몬은 7년 동안 황금보석으로 성전을 지었다. 그 성전에서 섬기는 자는 제사장과 레위 지파였다. 일반 국민들이 바라볼 때 그들은 복 있는 자들로 보였을 것이다. 그러나 솔로몬이 지은 성전은 범죄로 인해 무너졌다. 오랜 세월 후 예수님이 오셔서 "너희가 이 성전을 헐라 내가 사흘 동안에 일으키리라"(요 2:19)고 하셨다. 그것은 예수님 자신이 십자가에 죽으셨다가 3일 만에 부활하여 모든 성도들의 성전이 되실 것을 예언하신 말씀이었다. 예수 안에 있는 사람은 성전에서 섬기는 사람이다. 예수님 안에서 하나님을 만나고 하나님을 섬길 수 있기 때문이다.

성전(예수님)에서 하나님을 섬기는 자에게는 다음과 같은 축복이 있다.

① 하나님께서 그들 위에 장막을 치심-하나님의 보호하심을 의미한다.

사도 바울은 데살로니가 교회에 보내는 편지에서 "평강의 하나님이 친히 너희로 온전히 거룩하게 하시고 또 너희 온 영과 혼과 몸이 우리 주 예수 그리스도 강림하실 때에 흠 없게 보전

되기를 원하노라"(살전 5:23)고 축원했다. 사람은 영과 혼(생명)과 육신 세 부분으로 구성되어 있다. 이 세 부분은 다 하나님의 보전하심과 보호하심이 필요하다.

- 영혼이 강건함–영은 신령한 은혜로만 강건해질 수 있다.
- 혼(생명)이 강건함–어린아이들은 지위나 재물이 없어도 마냥 즐겁다. 생명력이 있기 때문이다. 생명력이 왕성함도 하나님의 은혜로 된다.
- 몸이 강건함–질병이 많은 세상에서 앓지 않고 사는 것도 하나님의 보호의 결과이다(시 103:5).

이 세 가지가 주님 만나는 그날까지 강건하려면 장막을 치고 보호하시는 하나님의 보호가 있어야 한다.

나는 이 대목에서 ○○○ 권사의 친정어머니 권사님이 별세한 이야기를 생각하게 된다. 사회적으로 성공한 자녀들을 둔 그 권사님은 자녀들이 서로 모시겠다고 했으나 자녀들의 요청을 거절하고 교회 옆에 집을 하나 장만해 달라고 하여 거기 기거하며 교회를 섬겼다고 한다. 세상을 떠나는 날은 수요일 밤이었는데, 교회에 나가 예배드린 후 돌아와서 목욕하고 새 옷을 달라고 하여 갈아입고 누운 후 잠자듯이 세상을 떠났다는 것이다. 영과 혼과 몸이 다 건강하다가 돌아가신 예이다.

② 어린 양이 목자가 되어 생명수 샘으로 인도하심(16-17절).

다윗은 "여호와는 나의 목자시니 내가 부족함이 없으리로다 그가 나를 푸른 초장에 누이시며 쉴 만한 물가으로 인도하시는

도다"(시 23:1-2)라고 했다. 이것은 예수님이 채워 주시는 축복이다. 양 떼에게 필요한 것은 푸른 꼴과 마실 물이다. 그러나 양들이 꼴과 물을 등에 지고 다니는 것은 아니다. 목자가 인도하는 대로 따라가기만 하면 푸른 초장도 있고 냇물도 기다리고 있다.

광야 40년간 하나님께서는 이스라엘 백성들에게는 만나를 주어 먹게 하셨다. 하나님께서는 그들에게 많은 곡식을 수확할 수 있는 농장을 주시거나 1년 먹을 양식을 한번에 주시지 않았다. 날마다 먹을 일용할 양식을 주셨다. 하나님께서는 믿는 사람들에게 채워 주실 때 그런 방식으로 날마다 채워 주신다.

나의 일생을 회고해 보면 양과 같이 주님이 인도하시는 대로 따라간 것뿐이었다. 그러나 먹지 못하여 굶거나 입지 못하여 벗은 적이 없이 지내왔음을 하나님께 감사한다.

③ 하나님께서 저희 눈에서 모든 눈물을 씻어 주심.

이것은 위로의 축복이다. 시인은 "저희는 눈물 골짜기로 통행할 때에 그곳으로 많은 샘의 곳이 되게 하며 이른 비도 은택을 입히나이다"(시 84:6)라고 하며 이 세상을 '눈물의 골짜기'로 표현했다.

나는 《엄마 나는 왜 검어요》라는 책을 통해 주인공인 미군과 한국 여인 사이에 태어난 한 소녀의 아픔을 읽은 기억이 있다. 철없이 동네 아이들과 함께 자라던 소녀는 어느 날 개울에서 놀다가 자기 다리의 피부가 동네 아이들과 다르다는 것을 발견하고 몸을 잘 씻지 않아서일 거라고 생각하여 피가 나올 정도로 모래와 물로 계속 씻었으나 피부의 검은색은 없어지지 않았다. 책 제목인 《엄마 나는 왜 검어요》는 한맺힌 혼혈아의 부르짖음이었다.

이 세상에 눈물이 얼마나 많기에 이 세상을 눈물의 골짜기라고 하였겠는가? 과부와 고아의 눈물, 가난으로 인한 눈물, 병으로 인한 눈물, 학대자로 인한 눈물, 배신으로 인한 눈물, 외로워서 흘리는 눈물, 죽음으로 인한 눈물. 그러나 예수님 안에 있을 때 하나님은 그 눈물을 다 씻어 주신다.

하나님은 위로의 하나님이시다.

"너희 하나님이 가라사대 너희는 위로하라 내 백성을 위로하라 너희는 정다이 예루살렘에 말하며 그것에게 외쳐 고하라 그 복역의 때가 끝났고 그 죄악의 사함을 입었느니라 그 모든 죄를 인하여 여호와의 손에서 배나 받았느니라 할지니라 "(사 40:1-2).

"어미가 자식을 위로함같이 내가 너희를 위로할 것인즉 너희가 예루살렘에서 위로를 받으리니"(사 66:13).

"찬송하리로다 그는 우리 주 예수 그리스도의 하나님이시요 자비의 아버지시요 모든 위로의 하나님이시며 우리의 모든 환난 중에서 우리를 위로하사 우리로 하여금 하나님께 받는 위로로써 모든 환난 중에 있는 자들을 능히 위로하게 하시는 이시로다"(고후 1:3-4).

구원 얻은 성도와 예수님 안에 있는 성도의 행복은 말로 다 표현하기 어렵다. 그러나 이 세상의 생활이 끝나고 새 예루살렘에 들어갈 때, 보다 큰 위로를 받으며 살 것이다.

Ⅶ. 제2 본 계시

(일곱째 인과 여섯 나팔) 8:1-9:21

계시록의 본 계시(本 啓示)는 일곱 인, 일곱 나팔, 일곱 대접이다. 6장에서는 본 계시인 일곱 인 중 여섯 인을 떼었다. 순서대로라면 7장에서는 일곱째 인을 떼어야 하지만 14만 4천에게 인을 치는 특별계시가 삽입(揷入)되었다. 그리고 본 계시는 8장에서 계속되는데, 일곱째 인은 일곱 나팔과 일곱째 나팔의 내용인 일곱 대접으로 계속되며 8장과 9장과 16장에 나타난다.

1. 일곱째 인의 특성(特性)

일곱째 인의 내용은 6장에서 나온 여섯 인과는 아주 다른 특성을 가지고 있다.

1) 일곱째 인은 일곱 나팔과 일곱 대접을 다 포함(包含)하고 있다

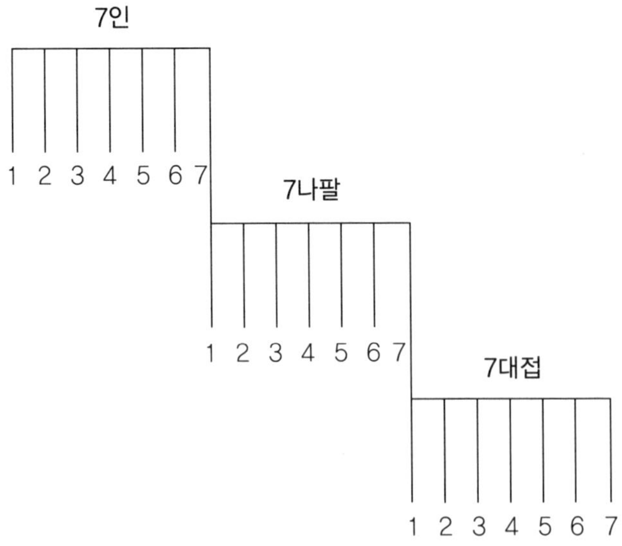

일곱째 인을 뗄 때에 나타나는 사건은 전 3년 반(은혜 시대)이 끝나갈 무렵부터 후 3년 반 끝까지의 기간에 나타날 일이다. 그렇게 보는 이유는 유브라데 강 전쟁 후에 적그리스도가 나타나 후 3년 반이 시작되는데 여섯째 천사가 나팔 불 때 유브라데 강 전쟁이 일어나기 때문이다(9:13).

2) 여섯 인은 말세에 나타날 일을 보여주는 것이었지만 일곱째 인의 내용으로는 일곱 나팔이 나온다. 나팔은 전쟁이 일어날 때에 부는 경보(警報)다

예레미야는 바벨론으로 인한 임박한 전쟁을 보며 "슬프고 아프다 내 마음속이 아프고 내 마음이 답답하여 잠잠할 수 없으니 이는 나의 심령 네가 나팔 소리와 전쟁의 경보를 들음이로다"(렘 4:19)라고 했다. 나팔을 부는 것은 말세에 있을 큰 전쟁과 재난의 경보이다. 믿지 않는 자들에게는 회개하라는 경보요, 믿는 자들에게는 경성하라는 경보이다.

3) 엄중(嚴重)한 재앙이다

"일곱째 인을 떼실 때에 하늘이 반 시 동안쯤 고요하더니"(1절)라고 하였다. 태풍이 오기 전 고요함이 있다. 그 고요함은 무서운 태풍이 온다는 것을 예고하는 것이다. 이 고요함도 일곱째 인의 내용(일곱 나팔 재앙)의 엄중함을 보여준다. 인을 뗄 때에는 땅 사분의 일이 해(害)를 받는다고 하였으나(계 6:8), 나팔 재앙 때에는 삼분의 일이 해(害)를 받는다고 했다(계 8:7). 그리고 마지막 나팔 불 때에는 일곱 대접 재앙이 나타난다.

4) 성도의 기도 후에 나타나는 재앙이다

성경의 역사를 보면 심판 전에 성도의 중보기도가 있었다. 소돔 성이 심판받기 전 아브라함의 기도가 있었고(창 18:32-33), 이스라엘을 벌하시기 전 모세의 기도가 있었고(출 32:31-32), 예루살렘이 멸망받기 전 예수님의 기도가 있었고(눅 23:34), 자기를 돌로 치는 무리를 위한 스데반의 기도가 있었다(행 7:60).

하나님께서는 아브라함에게 소돔 성을 멸하시려는 뜻을 미리 알게 하셨다. 그 이유는 그의 중보기도를 원하셨기 때문이다. 아브라함의 기도가 다 이루어진 것은 아니다. 그러나 하나님께서는 그의 기도를 기뻐하셨고 참작(參酌)하셨다. 그리고 중보기도 후에 내리는 재앙은 변할 수 없는 확고한 재앙이다. 그것은 변호사가 죄인을 변호하지만 판사가 판결하는 것과 같다.

〈중보기도에 대한 몇 가지 교훈〉

① **기도는 하나님께서 기뻐하신다. 기도를 향이라고 하셨다**(계 5:8, 8:3).

② **기도는 하나님의 조명을 받아야 할 수 있다.**

아브라함은 맹목적으로 기도한 것이 아니고 하나님께서 소돔 성을 멸하시겠다고 하시는 말씀을 들었으므로 간절히 기도할 수 있었다.

③ 기도는 예수님의 의를 의지하고 해야 한다.

"금향로를 가지고 많은 향을 받았으니 이는 모든 성도의 기도들과 합하여 보좌 앞 금단에 드리고자 함이라"(3절)고 하였다. 기도도 향이지만 (계 5:8) 하나님께 향기로운 제물이 되신 예수님의 의와 화합(和合)하여 바쳐야 상달된다. "내 이름으로 무엇이든지 내게 구하면 내가 시행하리라"(요 14:14)고 하셨다. 예수님의 의는 기도의 운반체(運搬體)이다.

④ 기도를 많이 해야 한다.

"많은 향을 받았으니"라는 말씀은 성도들이 기도를 많이 해야 한다는 것을 묵시적으로 가르치고 있다.

⑤ 사랑으로 기도해야 한다.

아브라함은 소돔 성을 용서해 달라고 하였고(창 18:32), 모세도 패역한 이스라엘을 용서해 달라고 하였고(출 32:31), 예수님은 자기를 십자가에 못 박는 원수들을 용서해 달라고 하셨고(눅 23:34), 스데반은 자기를 돌로 치는 무리들을 위해 "주여 이 죄를 저들에게 돌리지 마옵소서"(행 7:60)라고 했다.

⑥ 겸손하게 기도해야 한다.

아브라함은 소돔 성을 위해 기도할 때 "티끌과 같은 나"라고 하며 기도했다(창 18:27). 하나님의 심판이 가까워오는 이때에 우리는 중보기도를 해야 한다.

5) 인을 뗄 때에는 땅 사분의 일을 다스리는 재앙이지만 나팔 재앙은 삼분의 일을 해한다(계 6:8, 8:7). 나팔 재앙 때에는 더 많은 사람이 죽을 것을 가리킨다

6) 나팔 재앙에는 세 가지 화가 나온다

① 첫째 화는 다섯째 천사의 나팔인데 사람들의 정신적 타락을 가져오는 재앙이요(9:1-12)
② 둘째 화는 여섯째 천사의 나팔인데 유브라데 강 전쟁의 재앙이요(9:13-21)
③ 셋째 화는 일곱째 천사의 나팔인데 온 인류가 멸망하는 재앙이다(11:15).

이 세 가지 재앙은 전 3년 반 후기(後期)와 후 3년 반에 나타날 재앙들이다.

7) 사람들의 마음이 더욱 강퍅해진다(9:20-21)

이러한 여러 가지 정황(情況)을 볼 때 나팔 재앙은 전 3년 반 후기부터 후 3년 반에 나타날 재앙으로 보인다. 이 예언에 비추어볼 때 지금 이 시대가 나팔 재앙이 나타나는 시대임을 깨달을 수 있다.

2. 여섯 천사들의 나팔(8:6-9:21)

이제 일곱 천사의 나팔 중 여섯 천사의 나팔(일곱째 천사의 나팔의 내용은 일곱 대접 재앙임) 을 하나씩 풀어 보기로 하자.

1) 첫째 천사의 나팔(8:7)

> "첫째 천사가 나팔을 부니 피 섞인 우박과 불이 나서 땅에 쏟아지매"(계 8:7).

구약성경을 보면 이스라엘 백성이 출애굽할 때 애굽에 불 섞인 우박이 내렸다고 했고(출 9:23), 여호수아가 기브온에서 가나안 사람과 싸울 때 큰 덩이 우박을 내려 칼에 죽은 자보다 우박에 죽은 자들이 더 많았다고 했다(수 10:11). 피 섞인 우박은 많은 사람을 죽이는 폭탄과 포탄을 의미하는 것 같다. 2차 대전에 사용한 원자 폭탄은 한 개가 떨어짐으로 20만 명이 죽었다고 한다. 그러나 지금은 그 성능이 개량되어 수백 배에 달하는 위력이 있다고 한다.

"땅의 삼분의 일이 타서 사위고 수목의 삼분의 일도 타서 사위고 각종 푸른 풀도 타서 사위더라고 했다." 땅은 이 세상이요, 수목은 지도자들이며, 푸른 풀은 평민이라고 한다. 말세에는 무서운 전쟁으로 사람들이 죽을 것을 보여준다.

2) 둘째 천사의 나팔(8:8-9)

> "둘째 천사가 나팔을 부니 불붙는 큰 산과 같은 것이 바다에 던지우매 바다의 삼분의 일이 피가 되고 바다 가운데 생명 가진

피조물들의 삼분의 일이 죽고 배들의 삼분의 일이 깨어지더라" (계 7:8-9).

최후의 적그리스도국은 머리 하나가 상하여 죽게 된 것 같다가 나은 나라라고 하였는데(계 13:3), 본문의 큰 불붙는 산은 바로 마지막 적그리스도의 전신(前身)이라고 한다. 그렇다면 이 나라는 어떤 나라일까? 어떤 이들은 이 나라를 로마라고 보는 이도 있다. 마지막 적그리스도국은 재생(再生) 로마제국이 될 것이라고 한다. 그러나 마지막 적그리스도국은 여덟째 왕이라고 하였으니(계 17:11) 로마 이후에 마지막 적그리스도국의 전신(前身)이 이미 나타났다고 보아야 한다.

로마제국 이후에도 적그리스도국은 여러 나라가 있었다. 과거 일본, 독일 등의 나라는 적그리스도국으로서 2차 대전 때에 멸망했다. 그리고 그 전쟁으로 태평양과 대서양은 독일 잠수함 U2의 저격을 받아 배들의 무덤이 되고 피로 물들었다. 그러나 어떤 나라가 재생 적그리스도국이 될지 알 수 없다.

3) 셋째 천사의 나팔(8:10-11)

"셋째 천사가 나팔을 부니 횃불같이 타는 큰 별이 하늘에서 떨어져 강들의 삼분의 일과 여러 물샘에 떨어지니 이 별 이름은 쑥이라 물들의 삼분의 일이 쑥이 되매 그 물들이 쓰게 됨을 인하여 많은 사람이 죽더라" (계 8:10-11).

별은 마귀이거나(사 14:12) 하나님의 종들이다(계 1:20). 그리고 쑥은 이단 사상이며(신 29:18), 쑥이라는 별이 물샘에 떨어져 그 물이 쓰게 되어 사람들이 죽는 것은 말세에 교역자들이 타락하여 이단 사상을 가르침으로 영혼들이 죽게 될 것을 의미한다.

4) 넷째 천사의 나팔(8:12)

> "넷째 천사가 나팔을 부니 해 삼분의 일과 달 삼분의 일과 별들의 삼분의 일이 침을 받아 그 삼분의 일이 어두워지니 낮 삼분의 일은 비침이 없고 밤도 그러하더라"(계 8:12).

이스라엘 백성이 애굽에서 나올 때 "모세가 하늘을 향하여 손을 들매 캄캄한 흑암이 삼 일 동안 애굽 온 땅에 있어서 그동안은 사람 사람이 서로 볼 수 없으며 자기 처소에서 일어나는 자가 없으되"(출 10:22-23)라고 하여 어두움이 있었다고 했다. 해와 달과 별이 빛을 잃는 일은 실제로 나타날 수 있는 일이다. 그러나 이 예언은 상징적으로 보여주는 계시일 수도 있다.

이사야는 바벨론 멸망을 예언하며 "하늘의 별들과 별 떨기가 그 빛을 내지 아니하며 해가 돋아도 어두우며 달이 그 빛을 비취지 아니할 것이로다"(사 13:10)라고 하였다. 리델보스(J. Ridderbos)는 이것은 하나님의 자비의 표현은 없어지고 오직 진노만 쏟아지는 것을 나타낸 것이라고 했고, 박윤선은 이 재앙은 하나님의 은총이 떠난 것을 의미하며 세계와 국가의 질서가 없어져 혼란해질 것을 의미하는 것이라고 했다(박윤선, 《이사야 주석》, pp. 142-143).

지금 이 세상 사람들은 자연계의 큰 변화를 보며 두려워한다. 지구 온난화로 북극과 남극의 빙하가 감소하고 그로 인해 해면이 높아져 도시의 침몰을 염려하게 되며, 기상의 변화로 허리케인과 폭설과 폭우를 염려하게 되고, 지진 횟수가 점점 늘어나는 것을 염려하고 있다.

그리고 열강(列强)들은 패권주의(覇權主義)와 무기 경쟁으로 양분되어 있어 세계의 미래를 어둡게 하고 있다.

〈독수리의 선언〉

> "내가 또 보고 들으니 공중에 날아가는 독수리가 큰 소리로 이르되 땅에 거하는 자들에게 화, 화, 화가 있으리로다 이외에도 세 천사의 불 나팔 소리를 인함이로다 하더라"(계 8:13).

넷째 나팔 후에 공중에 날아가는 독수리가 "화, 화, 화"라고 외친다. 독수리는 심판의 상징이다(마 24:28). 남은 세 나팔 재앙이 큰 재앙과 심판이 될 것을 보여준다.

① **첫째 화는 다섯째 천사의 나팔 – 황충 재앙이요**(9:1-11),
② **둘째 화는 여섯째 천사의 나팔 – 유브라데 강 전쟁이요**(9:13-21),
③ **셋째 화는 일곱째 천사의 나팔 – 일곱 대접 재앙이다**(11:15, 16:1-21).

"땅에 거하는 자들에게" 화가 있겠다고 하였다. 땅에 거하는 자는 물과 성령으로 거듭나지 못하고 육으로만 사는 사람들이요(계 12:12), 이 세상에 사는 모든 사람을 가리키는 것이 아니다. 이 세 나팔이 큰 화가 되는 이유는 말세에 복음을 믿어 구원 얻지 못한 사람들에게 영적 또는 육적으로 큰 재앙이 되기 때문이다.

5) 다섯째 천사의 나팔(9:1-12)

이것은 첫째 화이며 황충 재앙이다.

① 황충 재앙은 무엇인가?

황충 재앙은 하늘에서 떨어진 별 하나가 무저갱 구멍을 열어서 그 구멍에서 연기가 올라와 해와 공기가 어두워지며 황충이 연기 가운데로부터 땅에 올라온다고 하였다. 그리고 황충은 땅의 풀이나 푸른 것이나 각종 수목은 해하지 말고 오직 이마에 하나님의 인 맞지 않은 사람만 해하라는 명령을 받았고, 그 황충은 다섯 달 동안 사람을 괴롭게 하는데 그 괴롭게 함은 전갈이 사람을 쏠 때에 괴롭게 함과 같더라고 하였다(1-5절).

황충 재앙을 보면 하늘에서 떨어진 별 하나가 무저갱 구멍을 여는 것으로 시작된다.

하늘에서 떨어진 별은 마귀이다(사 14:12). 마귀는 예수님의 십자가의 권세로 무저갱에 갇혔다가(벧후 2:4; 유 1:6; 계 20:2-3) 은혜 시대가 끝난 후 잠깐 놓인다고 하였다(계 20:3, 7). 그러므로 이 일은 은혜 시대가 끝나가고 후 3년 반 환난 시대가 시작되는 때에 나타나는 일이다.

마귀는 1천 년 동안 옥에 갇혔다가 그 후에 잠깐 동안 놓인다고 하였다(계 20:3). 마귀가 무저갱 구멍을 열어 그 구멍에서 연기가 올라와 해와 공기를 어둡게 한다고 하였다. 해와 공기는 생명의 근원인 복음진리(福音眞理)인데 말세에는 마귀의 역사로 죄가 관영해져서 삶의 근원이 되는 복음 진리를 가려 어둡게 할 것을 가리킨다.

그리고 황충이 연기 가운데서 올라와서 전갈의 권세와 같은 권세를 가지고 다섯 달 동안 사람을 괴롭게 한다고 하였다. 다섯 달은 고통의 기간이다. 사마리아 여인의 남편은 다섯이라고 하였고(요 4:18), 베데스다 못에는 행각 다섯이 있다고 하였다(요 5:2). 황충이 활동하는 다섯 달 동안은 사람들에게 큰 고통의 기간이 될 것을 보여준다.

그러나 이 황충은 몇 가지 제한을 받았으니 "땅의 풀이나 푸른 것이나 각종 수목은 해하지 말고 오직 이마에 하나님의 인 맞지 아니한 사람들만 해하라"(4절)고 한 것이다. 이 말씀을 보면 황충이 무엇인가를 알 수 있다. 황충 재앙은 농작물을 해하는 해충의 재앙은 아니다. 그리고 사람을 상징하는 풀이나 나무를 해하지 말라고 하였으니 사람을 죽이는 전쟁이나 질병도 아니다. 이마에 하나님의 인 맞지 않은 자만 해하라고 하였으니 성도는 해하지 못하고 성령의 인 맞지 않은 사람만 해하는 재앙이다.

이 재앙은 후 3년 반이 임박할 때 마귀가 무저갱에서 나와 사람들의 마음을 어둡게 하고, 어두워진 사람들에게 각종 악한 사상(思想)을 유포하여 신앙과 윤리(倫理)의 기준(基準)이 되는 하나님의 말씀을 부인하게 함으로 사람들이 신앙과 윤리를 떠나 육신의 관능대로 살아서 결국 정신적, 육체적 고통을 받게 될 것을 보여준다.

인류 역사를 보면 사람들이 육신적 멸망의 심판을 받기 전 먼저 영적 또는 정신적 타락이 있었다. 노아 시대는 홍수 심판을 받기 전 사람들이 "패괴" 하였다고 하였고(창 6:11), 소돔과 고모라는 불 심판을 받기 전에 그들의 죄악이 심히 중하였다고 하였다(창 18:20). 황충의 재앙은 유브라데 강 전쟁이 일어나기 전에 이 세상이 극도로 타락할 것과 그 타락으로 인해 극심한 고통을 당할 것을 보여준다.

예수님은 말세에 "불법이 성하므로 많은 사람의 사랑이 식어지리라"(마 24:12)고 말씀하셨다. 마귀의 전략(戰略)은 사람들의 마음을 어둡게 하여 선악을 분별하지 못하도록 연막(煙幕)을 치고, 그다음에는 악 사상을 넣어 주어 고통을 당하게 하는 것이다.

지금 마귀는 그 전략대로 현대인의 마음을 어둡게 만들고, 무신론(無神論)과 진화론(進化論)과 실용주의(實用主義)와 합리주의(合理主義)와 인권주의(人權主義) 사상을 교육을 통해 심어 줌으로 사람들의 신앙과 윤리의 기준이 되는 진리는 외면을 당하고 있다. 그 결과 이 세상은 부모를 죽이는 자식과 유아를 버리는 부모가 나타나고, 동성결혼이 유행병처럼 번지며, 동성결혼을 인정하는 교회까지 생기게 되었다. 이런 영적 또는 정신적 타락은 육신적 심판인 유브라데 강 전쟁이 임박하였음을 보여준다.

그러나 황충 재앙이 모든 사람을 해하는 것은 아니다. 황충은 이마에 하나님의 인 맞지 않은 사람만 해하라는 명령을 받았기 때문이다.

이마에 하나님의 인 맞은 자는 성령을 받아 물과 성령으로 거듭난 자들이다(계 7:3-4; 엡1:13). 성령으로 인침을 받은 성도가 되어 황충의 재앙을 이겨야 한다.

② **황충의 모양**(7 – 10절)

황충의 모양은 악한 사상의 특징을 보여 준다.

- 전쟁을 위하여 예비한 말과 같다 – 큰 힘을 가진 것을 의미한다.
- 면류관 비슷한 것을 쓴 것 같다 – 승리자같이 보이는 것이다.
- 얼굴이 사람의 얼굴 같다 – 지혜 있게 보이는 것이다.
- 여자의 머리털 같은 머리털이 있다 – 순리를 따르는 것같이 보이는 것이다.
- 이는 사자의 이 같다 – 영혼을 삼키는 힘이다.
- 철흉갑이 있다 – 굴복시킬 수 없는 방어력을 가졌다.
- 날개들의 소리 – 신속성과 정복력이 있음을 보여준다.
- 전갈 같은 꼬리가 있다 – 거짓으로 속인다.
- 다섯 달 동안 고통을 준다 – 고통의 기간이다.
- 황충의 임금은 무저갱의 사자 – 마귀이다. 그 이름은 히브리어로 '아바돈' 으로 멸망시키는 자요, 헬라어로 '아볼르온' 으로 멸망시키는 자다.

황충(악 사상)의 임금은 마귀이다. 마귀를 이 세상 임금이라고 했다(요 14:30). 말세에 마귀는 사람들에게 악한 사상을 심어 주어 더욱 타락하게 하며 회개할 수 없게 만든다. 이 황충의 세력을 이기는 길은 이마에 하나님의 인(印), 즉 성령의 인침을 받아야 한다.

예방주사를 맞으면 감기에 걸리지 않는 것같이 성령 받은 성도는 죄와 악 사상의 해를 받지 않는다. "그러하나 진리의 성령이 오시면 그가 너희를 모든 진리 가운데로 인도하시리니 그가 자의로 말하지 않고 오직 듣는 것을 말하시며 장래 일을 너희에게 알리시리라"(요 16:13)고 하셨다. 성령의 예방주사를 맞아야 한다.

6) 여섯째 천사의 나팔(9:13-21)

> "여섯째 천사가 나팔을 불매 내가 들으니 하나님 앞 금단 네 뿔에서 한 음성이 나서 나팔 가진 여섯째 천사에게 말하기를 큰 강 유브라데에 결박한 네 천사를 놓아 주라 하매"(계 9:13-14).

이것은 말세에 나타나는 둘째 화이다.

① 유브라데 강 전쟁은 어떤 전쟁인가?

a. 세계대전이다.

7장 1절에서는 네 천사에게 "땅의 사방의 바람을 붙잡아 바람으로 하여금 땅에나 바다에나 각종 나무에 불지 못하게 하더라"고 했다. 그러나 본문에서는 유브라데 강에 결박한 네 천사를 놓아 전쟁하게 하라고 한다.

b. 하나님의 긍휼이 끝났음을 보여주는 전쟁이다.

금단 뿔은 용서의 뿔인데(왕상 1:50), 금단 뿔에서 전쟁을 억제하는 네 천사를 놓으라고 하는 것은 하나님께서 이 세상에 대해 더 이상 은혜를 베풀지 않으신다는 것을 의미한다.

c. 성민과 비(非)성민 사이의 전쟁이다.

유브라데 강은 중동 이라크에 있는 강인데, 그 강은 고대 이스라엘의 이상적(理想的) 경계였다(삼하 8:3-8; 왕상 4:24). 유브라데 강을 문자적으로 해석하여 이 전쟁이 중동에서 일어날 것이라고 보는 이들이 있으나 이 경계(境界)가 기독교 영향권에 있는 나라들과 무신론 국가들 사이의 경계(境界)가 될 수도 있다. 유브라데 강을 상징적으로 본다면 그 전쟁은 어디서도 일어날 수 있다.

d. 최후의 적그리스도가 나타나는 전쟁이다.

여러 예언서는 다 같이 환난의 기간이 전반부(전 3년 반)와 후반부(후 3년 반) 두 기간으로 되어 있다고 말하고 있다. 다니엘은 "그 이레의 절반에 제사와 예물을 금지할 것이며"(단 9:27)라고 했고, 예수님은 "그러므로 너희가 선지자 다니엘의 말한 바 멸망의 가증한 것이 거룩한 곳에 선 것을 보거든(읽는 자는 깨달을진저)"

(마 24:15)라고 하셨고, 사도 바울은 "불법의 비밀이 이미 활동하였으나 지금 막는 자가 있어 그중에서 옮길 때까지 하리라"(살후 2:7)고 하였다. 그리고 그 환난의 후반부(후 3년 반)에는 적그리스도가 각 족속과 백성과 방언과 나라를 다스리게 된다고 하였다(계 13:7). 유브라데 강 전쟁의 승자는 적그리스도가 될 것이다.

e. 유브라데 강 전쟁과 재림

사람들 가운데는 유브라데 강 전쟁이 일어나면 이 세상은 끝나고 예수님이 재림하실 것이라고 생각하는 이들이 있다. 그러나 유브라데 강 전쟁이 일어난다고 하여 그때에 예수님이 재림하시는 것은 아니다. 유브라데 강 전쟁은 후 3년 반이 시작된다는 신호(信號)일 뿐이다.

예수님의 재림은 3일 반으로 표현되는 짧고 혹심(酷甚)한 후 3년 반 적그리스도의 환난이 지나간 후에 있다. 예수님은 "그러므로 너희가 선지자 다니엘의 말한 바 멸망의 가증한 것이 거룩한 곳에 선 것을 보거든(읽는 자는 깨달을진저) 그때에 유대에 있는 자들은 산으로 도망할지어다 지붕 위에 있는 자는 집안에 있는 물건을 가지러 내려가지 말며 밭에 있는 자는 겉옷을 가지러 뒤로 돌이키지 말지어다"(마 24:15-18)라고 하셨다.

때가 말세이므로 자칭 예언자들이 많이 일어나 예수님의 재림일자를 발표하는 일들이 많다. 무엇에 근거하여 재림일자를 산출하는지 알 수 없으나 성경이 확실히 가르치는 것은 재림 이전에 멸망의 미운 물건 적그리스도가 나타난다는 것이며(단 9:27; 마

24:15), 그 이전에 유브라데 강 전쟁이 있다는 것이다.

우리는 유브라데 강 전쟁을 통해 예수님의 재림이 얼마나 가까웠는가를 추측할 수 있다. 예수님은 그때에 "일어나 머리를 들라"(눅 21:28)고 하셨다.

② 유브라데 강 전쟁의 전모(全貌)(15-19절)

- 그 연, 월, 일, 시는 알 수 없다(계 9:15). 하나님께서는 중요한 날짜를 숨기신다. 재림의 날짜를 숨기셨다(마 24:36). 우리 개인의 죽는 날도 숨기셨다. 그것은 다 유익하게 하려 하심이다.
- 2만 만(2억)의 군대가 모여 전쟁한다. 3차 대전이 일어난다면 2억의 군대를 동원하는 일은 가능할 것이다.
- 인명 3분의 1이 전쟁으로 죽는다. 2차 대전으로 죽은 수는 2천만 명, 한국전쟁으로 죽은 수는 3백만 명인데 현재 인구의 3분의 1이라면 얼마나 많은 수인가?
- 고성능의 무기로 전쟁한다. "불빛과 자줏빛과 유황빛 흉갑이 있고 또 말들의 머리는 사자 머리 같고 그 입에서는 불과 연기와 유황이 나오더라"(17절)고 했다. 이것은 전쟁의 방어력과 공격력을 가진 무기들이다. 사도 요한은 말세에 사용될 무기들을 그 당시의 표현 방법으로 표현했다. 오늘날 표현 방법으로 표현했다면 핵무기와 대륙간 유도탄과 핵 잠수함 등을 말했을 것이다.
- 말들의 힘은 입과 꼬리에 있다고 한다. 입에서 불이 나온다

는 것은 폭격(爆擊)과 포격(砲擊)과 뇌격(雷擊)과 사격(射擊)의 전술을 의미한다. 꼬리는 거짓을 상징한다(사 9:15). 마귀는 그 꼬리로 하늘별 3분의 1을 끌어다가 땅에 던진다고 했다(계 12:4). 적그리스도는 각종 거짓말로 전쟁에 승리하게 되며(단 9:27), 유브라데 강 전쟁에서 승리하여 각 족속과 백성과 나라를 다스리는 권세를 얻게 되고 교회를 핍박하게 된다(계 11:7, 13:7). 그때가 후 3년 반이다.

그러나 "오직 자기의 하나님을 아는 백성은 강하여 용맹을 발하리라"(단 11:32)고 하였고, "저희가 어린 양으로 더불어 싸우려니와 어린 양은 만주의 주시요 만왕의 왕이시므로 저희를 이기실 터이요 또 그와 함께 있는 자들 곧 부르심을 입고 빼내심을 얻고 진실한 자들은 이기리로다"(계 17:14)라고 하였다. 이 후 3년 반 때 하나님께서는 이 세상에 일곱 대접 재앙을 내리시고, 이 세상은 멸망하며 예수님은 재림하신다.

③ 유브라데 강 전쟁에서 죽지 않고 남은 사람들은 "그 손으로 행하는 일을 회개치 아니하고 오히려 여러 귀신과 또는 보거나 듣거나 다니거나 하지 못하는 금, 은, 동과 목석의 우상에게 절하고 또 그 살인과 복술과 음행과 도적질을 회개치 아니하더라"(20-21절)**고 하였다.**

이것은 유브라데 강 전쟁이 끝난 후 후 3년 반의 세태(世態)이다. 사람들이 죄를 더 많이 지으며 회개하지 아니하는 이유는 은혜 시대가 이미 지나갔기 때문이다.

계시록 7장 1절을 보면 하나님의 종들의 이마에 인을 치기까지 네 천사가 땅 사방에 부는 바람을 붙잡아 바람으로 하여금 땅에나 바다에나 각종 나무에 불지 못하게 하라고 하였다. 그러나 9장 14절에서는 유브라데 강에 결박한 네 천사를 놓아 전쟁하게 하라고 한다. 그때는 벌써 성도에게 인을 치는 은혜 시대가 지나갔기 때문이다.

사도 바울은 "가라사대 내가 은혜 베풀 때에 너를 듣고 구원의 날에 너를 도왔다 하셨으니 보라 지금은 은혜 받을 만한 때요 보라 지금은 구원의 날이로다"(고후 6:2)라고 하였다. 그 말씀은 은혜의 시대가 항상 계속되는 것이 아니라는 의미를 함축하고 있다.

열 처녀 비유를 보면 기름 준비를 하지 못했던 다섯 처녀들이 기름을 사러 간 동안 신랑이 오므로 "예비하였던 자들은 함께 혼인 잔치에 들어가고 문은 닫힌지라"(마 25:10)고 하였다. 그 말씀은 은혜 시대가 끝나는 때가 온다는 것을 보여주는 말씀이다.

은혜 시대가 끝나는 첫 번째 징조는 마귀가 무저갱 구멍을 열어 사람들의 마음이 어두워지게 하여 사람들이 회개하지 못하게 되는 것이다. 회개하는 것은 하나님의 은혜의 도움으로 할 수 있는 일이다. 두 번째 증거는 유브라데 강 전쟁이 일어나는 것이다. 유브라데 강 전쟁은 하나님 앞 금단 뿔에서 음성이 나서 일어나게 하는 전쟁으로서, 하나님의 자비와 용서가 더 이상 계속되지 않는다는 의미의 전쟁임을 나타내는 전쟁이다. 그 전쟁으로 적그리스도가 승리하여 전 세계를 통일하며 교회를 핍박하고 성도를 죽인다. 그때에는 복음을 전파하지 못하게 된다. 은혜 시대는 이미 지나갔기 때문이다. 우리는 아직 은혜 시대의 말기에 처해 있다.

Ⅷ. 제2 특별계시

(교회의 증거를 중심으로한 특별계시) 10:1-11:13

이 특별계시는 여섯째 천사의 나팔(계 9:13)과 일곱째 천사의 나팔(계 11:15) 사이에 끼여 있는 특별계시이다. 특별계시는 사건 중심으로 보여주는 계시임을 기억해야 한다.

제7장 특별계시는 예수님이 승천하신 후 복음을 전파하여 그의 백성들에게 성령으로 인을 치는 계시였고, 10장부터 11장까지의 특별계시는 교회가 전 3년 반에 복음 증거를 위해 준비하고 증거하다가 후 3년 반에 적그리스도의 핍박으로 죽임을 당한 후 예수님이 재림하심으로 부활하여 승천할 것을 보여주는 특별계시이다.

그리고 10장과 11장을 구분하면 10장은 '증거를 위한 교회의 준비' 요, 11장은 '교회의 증거' 이다. 이 두 장에서 교회가 대(大)사명인 복음 증거를 위해 어떻게 준비하며 증거해야 하는가를 가르쳐 준다.

1. 증거를 위한 교회의 준비(10:1-11)

교회의 사명은 복음을 증거하는 일이다(행 1:8). '증거자' (말 투레)는 순교자라는 말이다. 증거와 순교를 같은 말로 표현한 이유는 참된 증인은 죽음 앞에서도 자기의 보고 들은 바를 증거하기 때문이다. 이러한 증인이 되려면 복음에 대한 확신이 있어야 하며 영적 준비가 있어야 한다. 10장에서는 복음 증거를 위해 교회가 준비할 것이 무엇인가를 보여준다. 믿는 사람들은 본 장의 계시를 통해 증인으로서 갖추어야 할 준비를 해야 한다.

1) 예수님에 대한 바른 신앙(10:1-7)

본 장에서 펴 놓인 작은 책을 들고 나타난 천사는 예수님의 모습을 나타내는 모형천사(貌型天使)이다. 예수님은 때때로 천사처럼 나타나셨다. 아브라함에게 천사처럼 나타나셨고(창 18:19), 사드락과 메삭과 아벳느고가 풀무 불 속에 있을 때에는 신들의 아들의 모양으로 나타나셨다(단 3:25).

계시록에서는 해 돋는 곳에서 올라오는 천사로 나타나셨고(7:2), 하늘에서 내려온 천사로 나타나셨고(10:1), 이한 낫을 가진 천사로 나타나셨다(14:14). 이들은 다 천사의 모형으로 나타나신 예수님이시다.

① 예수님은 어떤 분이신가?

a. 힘센 천사-큰 권세를 가지신 예수

힘센 천사는 죽은 가운데서 부활하사 하나님의 우편에 계신 예수님을 보여준다. 부활하신 예수님은 "하늘과 땅의 모든 권세를 내게 주셨으니 그러므로 너희는 가서 모든 족속으로 제자를 삼아 아버지와 아들과 성령의 이름으로 세례를 주고 내가 너희에게 분부한 모든 것을 가르쳐 지키게 하라 볼지어다 내가 세상 끝 날까지 너희와 항상 함께 있으리라"(마 28:18-20)고 하셨다. 예수님은 죽은 가운데서 다시 사시고 하늘과 땅의 모든 권세를 다 가지신 예수님이시다.

b. 구름을 타고 재림하시는 예수님

구름을 입은 것은 구름을 타고 재림하시는 예수님의 모습이다. 예수님은 승천하실 때 구름을 타고 승천하셨고, 흰 옷 입은 두 사람은 "갈릴리 사람들아 어찌하여 서서 하늘을 쳐다보느냐 너희 가운데서 하늘로 올리우신 이 예수는 하늘로 가심을 본 그대로 오시리라"(행 1:11)고 하며 재림하실 때에도 구름을 타고 오시리라고 하였다. 말세에는 기롱하는 자들이 일어나 "주의 강림하신다는 약속이 어디 있느뇨 조상들이 잔 후로부터 만물이 처음 창조할 때와 같이 그냥 있다"(벧후 3:4)고 하는 무리들이 있을 것이라고 했다.

c. 머리에 무지개가 있다.

무지개는 언약의 표이다. 하나님께서는 홍수 후에 노아에게 다시는 홍수를 보내지 않겠다는 언약을 주시며 무지개를 그 표로 삼으셨다(창 9:11-17). 하나님의 보좌에는 녹 보석 같은 무지개가 둘려 있었다(계 4:3). 모형천사의 머리에 무지개가 있는 것은 새 언약의 중보이신 예수님의 모습이다(히 8:6). 이 무지개는 예수 그리스도를 믿는 자는 영원히 멸망하지 않는다는 새 언약이다.

d. 얼굴은 해 같다.

다윗은 "여호와 하나님은 해요 방패시라"(시 84:11)고 하였다. 얼굴이 해 같다는 것은 예수님이 사람과 모든 생물의 생명의 근원이심을 보여준다. "그 안에 생명이 있었으니 이 생명은 사람들의 빛이라"(요 1:4)고 하였고, "내가 곧 길이요 진리요 생명이니 나로 말미암지 않고는 아버지께로 올 자가 없느니라"(요 14:6)고 하셨다.

e. 손에 펴 놓인 작은 책을 가지심.

이 책은 하나님의 말씀 곧 성경이다. 이 책을 펴 놓은 것은 만인에게 공개되어 누구든지 읽을 수 있게 하였다는 것이요, 작은 책이라고 한 것은 그 분량이 많지 않으므로 쉽게 읽을 수 있다는 것이다. 성경은 불교의 팔만대장경에 비하면 적은 분량의 책이어서 쉽게 읽을 수 있다.

f. 천사는 오른발은 바다를 밟고 왼발은 땅을 밟고 섰다.

바다와 땅은 지구를 가리킨다. 이는 예수님이 온 세상을 정복하는 것을 보여준다. 복음은 온 세상에 전파되는 복음이다. "저가 바다에서부터 바다까지와 강에서부터 땅 끝까지 다스리리니"(시 72:8)라고 하였고, "나의 거룩한 산 모든 곳에서 해 됨도 없고 상함도 없을 것이니 이는 물이 바다를 덮음같이 여호와를 아는 지식이 세상에 충만할 것임이니라"(사 11:9)고 하였고, "오직 성령이 너희에게 임하시면 너희가 권능을 받고 예루살렘과 온 유대와 사마리아와 땅 끝까지 이르러 내 증인이 되리라"(행 1:8)고 하셨다.

g. 일곱 우레의 말이 들렸다.

일곱 우레의 말은 사도 요한만 아는 비밀이다. 성도에게는 각자가 성령으로 말미암아 받은 믿음의 비밀이 있다. 집사들은 "깨끗한 양심에 믿음의 비밀을 가진 자라야 할지니"(딤전 3:9)라고 하였고, "이기는 그에게는 내가 감추었던 만나를 주고 또 흰 돌을 줄 터인데 그 돌 위에 새 이름을 기록한 것이 있나니 받는 자 밖에는 그 이름을 알 사람이 없느니라"(계 2:17)고 하였다. 사사 삼손은 들릴라에게 힘의 비밀을 토설하여 블레셋 사람에게 사로 잡혔고(삿 16:17), 히스기야 왕은 바벨론 나라의 사절들에게 국가 비밀을 다 보여주었다가 나라가 망하게 되었다(왕하 20:13). 믿음의 비밀을 잘 보전해야 한다.

h. 오른손을 들고 맹세함.

"일곱째 천사가 소리 내는 날 그 나팔을 불게 될 때에 하나님의 비밀이 그 종 선지자들에게 전하신 복음과 같이 이루리라"(7절)고 하였다. 하나님의 비밀은 택하신 백성을 구원하는 일이며(고전 2:7) 일곱째 천사의 나팔의 내용은 일곱 대접인데 일곱 대접은 마지막 재앙이다(계 16:1-21). 그때에 하나님의 구원의 비밀이 성취되어 성도들이 구원을 얻게 되고 영원한 천국이 온다.

② 증거 교회가 가져야 할 신앙

예수님의 증인이 되려면 자신이 먼저 모형천사를 통해 보여준 예수님에 대한 바른 신앙을 가져야 한다. 하늘에서 내려온 천사는 우리가 예수님을 어떤 분으로 믿어야 하는가를 잘 보여준다.

- 부활 승천하여 하나님의 우편 보좌에 앉으신 권능 있는 예수님을 믿어야 한다.
- 구름 타고 재림하실 예수님을 믿어야 한다.

- 십자가의 새 언약을 믿어야 한다. 옛 언약과 새 언약을 구분하지 못하고 전하는 사람들도 많다.
- 나의 생명 되신 해 같으신 예수님이심을 믿어야 한다.
- 복음은 세상 모든 사람에게 생명을 주는 책임을 믿어야 한다.
- 온 세상을 통치하시는 능력의 예수님이심을 믿어야 한다.
- 믿음의 비밀을 가진 자라야 한다. 야곱과 요셉은 꿈을 통해 자기만 아는 믿음의 비밀을 가졌고, 그 비밀로 힘을 얻어 승리했다. 그러나 비밀을 포기한 삼손과 히스기야 왕은 패배의 쓴잔을 마셨다.
- 복음은 온 세상에 주신 복음이라는 것을 믿어야 한다. 심판 후 영원한 천국이 온다는 것을 믿어야 한다. 교회는 예수님에 대한 바른 신앙을 가져야 증거할 수 있다. 그리고 바른 신앙을 가지려면 성령의 비추임이 있어야 한다. "이 지혜는 이 세대의 관원이 하나도 알지 못하였나니……오직 하나님이 성령으로 이것을 우리에게 보이셨으니 성령은 모든 것 곧 하나님의 깊은 것이라도 통달하시느니라"(고전 2:8-10)고 했다.

2) 말씀에 대한 준비(10:8-11)

하늘에서 들리던 음성이 사도 요한에게 다시 말하기를 "네가 가서 바다와 땅을 밟고 섰는 천사의 손에 펴 놓인 책을 가지라"고 하므로 사도 요한이 천사에게 나아가 작은 책을 달라고 했다. 그때 그 천사는 "갖다먹어 버리라 네 배에는 쓰나 입에는 꿀같이 달리라"고 했다. 요한이 천사의 손에서 작은 책을 갖다 먹으니 입에는 다나 먹은 후에는 쓰더라고 했다. 증거 교회의 두 번째 준비는 말씀의 준비이다.

① 말씀을 받아먹어야 한다.

'먹는다'(카타파게)는 '삼켜 버린다, 게걸스럽게 먹는다'는 뜻이다. 마치 음식을 며칠 동안 먹지 못한 사람이 음식을 만났을 때 먹는 것같이 게걸스럽게 먹는다는 말이다.

a. 성경을 다독(多讀)해야 한다.

농촌 출신의 청년 김양순은 예수 믿은 후 성경을 읽을 시간이 없어 밤에 등잔불 밑에서 성경을 읽으려 했으나 아버님을 불편하게 할까 하여 등잔불을 가지고 외양간에 나가 밤을 새우며 읽었다고 한다. 그는 능력의 종이 되어 부흥회를 많이 인도하였다.

b. 성경을 성령의 감동으로 읽어야 한다.

계란은 모이를 먹지 못하지만 부화한 후 병아리가 되어서는 모이를 맛있게 먹는다. 그와 같이 거듭나지 못한 사람은 하나님의 말씀을 읽어도 그 의미를 알지 못한다. 그러나 성령으로 거듭난 사람은 하나님의 말씀을 깨닫게 되며 사모하게 된다. 다윗은 "주의 말씀의 맛이 내게 어찌 그리 단지요 내 입에 꿀보다 더하니이다"(시 119:103)라고 하였다. 나사로의 누이 마리아는 언니

마르다가 준비하는 일이 많아 도움의 손이 필요한 것을 알면서도 예수님의 무릎 아래 앉아 하나님의 말씀을 들었다. 마르다는 이를 불평하였으나 예수님은 도리어 칭찬하셨다(눅 10:42).

c. 쓴맛도 경험해야 한다.

주석가 반즈(Barnes)는 "배에서 쓴 것은 하나님의 악인을 향한 오래 참으심이 전도자에게는 자기를 죽음에 내어주는 것같이 고통스러웠기 때문이다"라고 했다(렘 15:16 해석). 말씀을 실천하려고 할 때와 말씀을 증거할 때 고통이 따라온다.

② 말씀을 대언해야 한다.

> "많은 백성과 나라와 방언과 임금에게 다시 예언하여야 하리라 하더라"(계 10:11).

a. 복음은 많은 백성과 나라와 방언과 임금에게 전파되어야 한다.

저자는 한 교회에서 약 40여 년을 목회하고 은퇴했다. 은퇴 후 나는 나의 장기적 목회가 하나님의 뜻과 일치하지 못한 것 같아 죄송하였다. 예수님은 복음이 온 세상 혹은 온 천하에 전파되어야 할 복음이라고 하셨기 때문이다(요 3:16, 4:35; 막 16:15; 행 1:8).

하나님의 일꾼들은 어떤 특별한 지역에 모여 경쟁할 것이 아니라 넓은 세상을 바라보아야 한다. 롯은 비옥한 요단 평원을 택했으나 양보하고 떠난 아브라함에게는 "너는 눈을 들어 너 있는 곳에서 동서남북을 바라보라 보이는 땅을 내가 너와 네 자손에게 주리니 영원히 이르리라"(창 13:14-15)고 하셨다.

b. 대언자가 되어야 한다.

"많은 백성과 나라와 방언과 임금에게 다시 예언하여야 하리라"(11절)고 하였다. '예언'(프로 페테스)은 대언(代言)을 의미하는 말이라고 한다. 구한국 시대의 승지(承旨)는 왕명을 대언하는 직분이었다. 왕명을 대언하는 승지는 왕명을 조금이라도 가감할 수 없고 다만 왕명을 그대로 전해야 했다. 복음 증거의 사명을 가진 교회는 승지의 사명과 같이 하나님의 말씀을 대언하는 사명을 가지고 있다.

누구라도 하나님의 말씀을 가감(加減)할 수 없다. 예수님은 "그러므로 누구든지 이 계명 중에 지극히 작은 것 하나라도 버리고 또 그같이 사람을 가르치는 자는 천국에서 지극히 작다 일컬음을 받을 것이요 누구든지 이를 행하며 가르치는 자는 천국에서 크다 일컬음을 받으리라"(마 5:19)고 하셨다.

대언자는 말씀하시는 자의 말씀을 잘 듣고 대언해야 한다. 길르앗 라못 전쟁 때 400명 선지자는 아합 왕에게 다 같이 이번 전쟁에 승리하리라고 예언했으나 거짓이었고, 오직 미가야 한 사람이 하나님의 말씀을 바로 듣고 대언하였다(왕상 22:1-28). 복음 증거는 에스겔과 같이 하나님의 말씀을 대언하는 것이다. 에스겔은 해골이 살아난다는 것은 믿을 수 없는 일이지만 살아난다고 대언하라고 하시므로 그대로 대언했을 때 해골이 부활하여 큰 군대를 이루었다고 했다(겔 37:7).

교회는 증거의 사명이 있다. 그리고 증거 교회는 예수 그리스도에 대한 바른 신앙이 있어야 하며, 하나님의 복음을 받아먹고 승지가 왕명을 전하는 것같이 하나님의 말씀을 가감(加減)하지 않고 전해야 한다.

c. 성령의 나타나심과 능력으로 증거해야 한다.

사도 바울은 고린도에 거할 때에 자기의 말과 전도가 지혜의 권하는 말로 하지 아니하고 성령의 나타남과 능력으로 하여 그들의 믿음이 사람의 지혜에 있지 아니하고 하나님의 능력에 있게 하려고 하여 약하며 두려워하며 심히 떨었노라고 하였다(고전 2:3-5). 전도자가 말씀을 가감하지 않고 대언한다 하더라도 그 말씀 증거에 성령의 나타나심이 있기 위해 약하며 두려워하며 심히 떨어야 한다.

2. 교회의 증거(11:1-13)

10장은 교회의 증거를 위한 준비요, 11장은 교회가 증거하는 것을 보여주는 특별계시이다. 본 장에서는 교회가 1,260일(전 3년 반) 동안 복음을 증거하다가 3일 반(후 3년 반)에 짐승(적그리스도)이 나타남으로 죽임을 당하고, 3일 반 후에 예수님이 재림하심으로 승천하게 될 것을 보여준다.

1) 성전을 척량(尺量)함(11:1-2)

> "또 내게 지팡이 같은 갈대를 주며 말하기를 일어나서 하나님의 성전과 제단과 그 안에서 경배하는 자들을 척량하되 성전 밖 마당은 척량하지 말고 그냥 두라 이것을 이방인에게 주었은즉 저희가 거룩한 성을 마흔두 달 동안 짓밟으리라"(계 11:1-2).

이 말씀은 구약 교회를 폐하고 신약 교회를 재건하시는 것을 보여주는 계시다.

구약의 예언은 성전을 다시 건축하겠다고 하셨다. 이사야는 "그들은 오래 황폐하였던 곳을 다시 쌓을 것이며 예로부터 무너진 곳을 다시 일으킬 것이며"(사 61:4)라고 하였고, 선지자 아모스는 "그날에 내가 다윗의 무너진 천막을 일으키고 그 틈을 막으며 그 퇴락한 것을 일으켜서 옛적과 같이 세우고"(암 9:11)라고 하였고, 스가랴는 "여호와가 이처럼 말하노라 내가 긍휼히 여기므로 예루살렘에 돌아왔은즉 내 집이 그 가운데 건축되리니 예루살렘 위에 먹줄이 치어지리라"(슥 1:16)고 하였다. 하나님께서는 교회를 통해 복음을 증거하실 때 교회를 재건하는 것으로부터 시작하신다.

① 지팡이 같은 갈대를 줌.

스가랴는 한 사람이 척량 줄을 그 손에 잡은 것을 보고 네가 어디로 가느냐고 물으니 "예루살렘을 척량하여 그 장광을 보고자 하노라"고 하였는데(슥 2:1-2), 사도 요한은 천사가 지팡이 같은 갈대를 주며 "성전과 제단과 그 안에서 경배하는 자들을 척량하되 성전 밖 마당은 척량하지 말고 그냥 두라. 저희가 거룩한 성을 마흔두 달 동안 짓밟으리라"고 하는 명령을 받았다. 지팡이 같은 갈대는 척량 도구인데, 복음을 가리킨다. 구약 교회의 척량 도구는 율법이었으나 신약 교회의 척량 도구는 복음이다.

사도 바울은 "내게 주신 하나님의 은혜를 따라 내가 지혜로운 건축자와 같이 터를 닦아 두매 다른 이가 그 위에 세우나 그러나 각각 어떻게 그 위에 세우기를 조심할지니라"(고전 3:10)고 하였다.

② 척량(尺量)의 목적

a. 성전과 제단과 그 안에서 경배하는 자들을 척량하는 것이다.

성전은 예수님이시다. 예수님은 "너희가 이 성전을 헐라 내가 사흘 동안에 일으키리라"(요 2:19)고 하셨다. 제단은 십자가의 제단이다. "우리에게 제단이 있는데 그 위에 있는 제물은 장막에서 섬기는 자들이 이 제단에서 먹을 권이 없나니"(히 13:10)라고 하였다.

성전과 제단과 그 안에서 경배하는 자는 누구인가? 신령과 진정으로 예배하는 자들이며(요 4:23-24), 예수님 안에서와 성령 안에서 예배하는 자들이다(행 19:2; 빌 3:3).

b. "성전 밖 마당은 척량하지 말고 그냥 두라 이것을 이방인에게 주었은즉 저희가 거룩한 성을 마흔두 달 동안 짓밟으리라"

(2절).

성전 밖 마당은 형식주의(形式主義) 유대 종교이다. 하나님께서는 형식주의 유대교인들에게 "너희가 내 앞에 보이러 오니 그것을 누가 너희에게 요구하였느뇨 내 마당만 밟을 뿐이니라"(사 1:12)고 하셨고, 예수님은 "저희가 칼날에 죽임을 당하며 모든 이방에 사로잡혀 가겠고 예루살렘은 이방인의 때가 차기까지 이방인들에게 밟히리라"(눅 21:24)고 하셨다.

마흔두 달은 1,260일(전 3년 반)과 같은 기간이지만 이 기간이 유대인들에게는 큰 환난의 기간이므로 마흔두 달이라는 환난의 수로 표현했다. 그 말씀대로 예루살렘은 주후 70년 로마에게 점령된 후 지금까지 이방인에게 짓밟히고 있고, 많은 유대인들이 칼날에 죽었다. 성전 밖 마당과 같은 예루살렘은 회복되지 못하고 후 3년 반을 맞게 될 것이다.

복음의 증인 된 교회는 두 가지 명심해야 할 것이 있다.

① 많은 백성과 나라와 방언과 임금에게 복음을 널리 증거할 것과(계 10:11),

② 복음 증거의 목적을 성전 밖 마당(형식주의 교회)**에 두지 말고 신령과 진정의 예배자들을 세우는 데 두는 것이다. 그것은 종교개혁자들이 말한 무형 교회이다. 농부가 바라는 것은 많은 양의 쭉정이가 아니라 소량의 알곡인 것과 같이 하나님이 원하시는 것**

은 큰 교회당이나 많은 사람이 아니라 성전과 제단 안에서 예배하는 자들이다.

2) 두 증인을 세우심(11:3-6)

"내가 나의 두 증인에게 권세를 주리니 저희가 굵은 베옷을 입고 일천이백육십 일을 예언하리라"(계 11:3).

① 두 증인은 누구인가?

두 증인은 신약 교회를 가리킨다. 그렇게 보는 이유는 둘은 증거수이기 때문이다. 구약 율법에 증인을 세울 때 두 증인이나 세 증인을 세워야 한다고 하였고(신 19:15), 예수님은 70인을 전도자로 보내실 때 증거자로 보내셨으므로 둘씩 보내셨다(눅 10:1).

교회는 예수님의 부활의 증인이다(눅 24:48; 행 1:8). 그러므로 교회를 두 증인이라고 하였다. 이들은 어떠한 교회인가? 성전 밖 마당이 아니라 오순절에 강림하신 성령의 충만함을 받아 예수님의 증인이 된 자들이며(행 1:8), 성전과 제단과 그 안에서 경배하는 자들이다.

② 두 증인의 사역

a. 두 증인에게 권세를 줌.

복음을 바로 받아 믿는 사람들은 다 권세를 받는다고 하였다

(막 16:16-18; 행 1:8; 고전 12:7-11).

b. 베옷을 입고 1,260일간 예언한다.

베옷은 슬픔의 상징이다. 구약 시대의 니느웨 성은 40일 후에 망한다고 하는 요나의 외침을 듣고 임금으로부터 백성까지 베옷을 입고 회개하여 구원을 받았다(욘 3:5-6). 1,260일은 신약 시대의 후 3년 반이 오기 전까지의 전 기간인데, 그 기간에 증거 교회가 불신 영혼들을 위해 슬퍼하며 증거할 것을 보여준다.

예수님은 십자가를 지고 골고다로 나가실 때 울며 따라오는 여인들에게 "예루살렘의 딸들아 나를 위하여 울지 말고 너희와 너희 자녀를 위하여 울라"(눅 23:28)고 하셨다.

참 교회는 예루살렘과 같이 될 이 세상을 위해 울며 증거한다.

c. 두 감람나무와 두 촛대의 일을 한다.

두 증인은 "이 땅에 주 앞에 섰는 두 감람나무와 두 촛대니"(4절)라고 했다. 촛대는 교회이며, 감람나무는 촛대에 기름을 공급하는 나무다. 두 증인(참 교회)이 감람나무도 되고 촛대도 된다는 것은 그들이 교회이며 교회에 기름을 공급하는 일도 한다는 것이다.

스가랴 선지자가 천사에게 "금 기름을 흘려 내는 두 금관 옆에 있는 이 감람나무 두 가지는 무슨 뜻이니이까"라고 물었을 때 그 천사는 "이는 기름 발리운 자 둘이니 온 세상의 주 앞에 모셔 섰는 자니라"고 하였다(슥 4:12, 14). 두 감람나무는 신령과 진정으로 예배하는 성도들이다. 이 둘은 촛대와 같이 세상에 빛을 비추는 일을 할 뿐만 아니라 지상 교회에 성령의 기름을 공급하는 일을 한다.

사도들과 교부들과 종교개혁자들과 시대마다 교회에 불을 일으킨 하나님의 일꾼들은 그들 자체가 교회이며 교회에 기름을 공급하는 감람나무였다. 믿는 사람들은 촛대의 역할도 해야 하지만 기름을 공급하는 감람나무의 역할도 해야 한다.

d. 입에서 불이 나와 원수를 소멸한다.

불은 하나님의 말씀이다. "그러므로 만군의 여호와가 이같이 말하노라 그들이 이 말을 하였은즉 볼지어다 내가 네 입에 있는 나의 말로 불이 되게 하고 이 백성으로 나무가 되게 하리니 그 불이 그들을 사르리라"(렘 5:14)고 하였고, "나 여호와가 말하노라 내 말이 불같지 아니하냐 반석을 쳐서 부스러뜨리는 방망이같지 아니하냐"(렘 23:29)라고 하였다.

이것은 증거 교회가 가지는 말씀의 권세이다. 하나님의 말씀은 권세가 있다. 예수님의 입에서는 좌우에 날선 검이 나온다고 하였고(계 1:16), 히브리서에는 "하나님의 말씀은 살았고 운동력이 있어 좌우에 날선 어떤 검보다도 예리하여 혼과 영과 및 관절과 골수를 찔러 쪼개기까지 하며 또 마음의 생각과 뜻을 감찰하나니"(히 4:12)라고 하였다.

증거 교회는 1,260일(전 3년 반)간 말씀을 통해 사람들의 마음을 변화시키며 나라들을 정복한다.

e. 하늘을 닫아 비가 오지 못하게 하고 물이 피가 되게 한다.

하늘을 닫아 비가 오지 않게도 하고 다시 비가 오게도 하는 이적은 선지자 엘리야가 하나님을 떠나 바알 신을 숭배하던 이스라엘 백성이 회개하고 돌아오게 하기 위해 행한 이적이요(왕상 17:1, 18:1), 물이 피가 되게 하는 이적은 모세가 이스라엘 백성을 애굽에서 인도하여 낼 때에 행한 이적이다.

이는 신약 시대의 증거 교회가 1,260일(전 3년 반) 기간에 하나님의 권세를 받아 이스라엘 백성과 같이 타락한 백성을 부흥하게 하기도 하며, 애굽 같은 세상에서 영혼들을 구원하는 역사를 하게 될 것을 가리킨다.

지난 2천 년은 교회가 권세를 받아 일하는 시대였다. 교회는 복음의 권세로 로마를 정복했고, 유럽과 미국을 정복했으며, 아시아와 아프리카와 남미에 복음을 전파하였다. 이러한 은혜의 기간이 얼마나 남았는지 알지 못하나 이 은혜의 기간에 더욱 힘써 복음을 전파해야 하겠다.

3) 적그리스도의 출현과 두 증인의 죽음(11:7-13)

두 증인의 죽음은 유형 교회가 땅 위에서 없어지는 것을 가르친다.

① 두 증인이 죽는 때

"저희가 그 증거를 마칠 때에 무저갱으로부터 올라오는 짐승이 저희로 더불어 전쟁을 일으켜 저희를 이기고 저희를 죽일 터인즉"(계 11:7).

두 증인이 죽는 일은 두 증인이 그 증거를 마칠 때에 일어난다. 증거를 마칠 때는 1,260일이라고도 하고 전 3년 반이라고도 하는 은혜 시대가 끝나는 때이며, 유브라데 강에 결박한 네 천사가 놓여 전쟁을 하게 되고 적그리스도가 승리하는 때이다.

"권세를 받아 성도들과 싸워 이기게 되고 각 족속과 백성과 방언과 나라를 다스리는 권세를 받으니"(계 13:7)라고 하였다. 그리고 거짓 선지자를 통해 우상숭배를 강요하며 많은 성도를 죽인다고 했다(계 13:15). 그때에 유형 교회(有形敎會)는 지상에서 없어지게 되는데, 그것이 두 증인이 죽는 것이다.

② 죽음의 장소

"그 성은 영적으로 하면 소돔이라고도 하고 애굽이라고도 하니 곧 저희 주께서 십자가에 못 박히신 곳이니라"(계 11:8)고 했다. 이 표현은 후 3년 반 적그리스도가 이 세상을 지배할 때 이 세상의 영적 상태가 어떠함을 보여준다.

- 소돔이라고도 함—아브라함 시대의 소돔 성은 음란한 도성으로서 불 심판을 받았고(창 19:24), 'Sodomy' 라고 하는 음행의 대명사를 남겼다. 말세에 이 세상은 소돔 성같이 음란한 세상이 될 것을 보여준다.
- 애굽이라고도 함—애굽은 하나님의 선민을 핍박한 나라였다. 하나님을 모르는 왕이 일어나 이스라엘 백성에게 중역

(重役)을 시키고 남아를 학살하는 정책을 폈다. 후 3년 반 적그리스도의 시대가 되면 이 세상이 애굽과 같이 되어 성도들을 핍박할 것을 보여준다.

• 저희 주께서 십자가에 못 박히신 곳이니라–예수님이 십자가에 못 박히신 곳은 예루살렘이라고도 할 수 있고 갈보리 산이라고도 할 수 있다. 예루살렘에서는 유대인의 무리와 본디오 빌라도가 강도 바라바를 놓아 주고 예수를 죽이기로 결의했다. 갈보리에서는 무지한 군인들이 예수를 십자가에 못 박았다. '낮을 때에 공변된 판단을 받지 못하는 시대' 였다(행 8:33). 후 3년 반이 되면 이 세상 사람들이 예루살렘과 갈보리 산의 무리들이 예수를 미워하듯이 그리스도인들을 미워하게 될 것을 보여준다.

③ 땅에 거하는 자들의 반응

a. 사흘 반 동안을 목도함.

3일 반은 후 3년 반을 가리킨다. 전 3년 반은 날로 풀어 1,260일이라고 하였고(계 11:3), 후 3년 반은 3년 반을 축소(縮小)하여 3일 반이라고 하였다. 그 이유는 전 3년 반은 긴 기간이지만 후 3년 반은 짧은 기간이기 때문이다. 예수님은 "그 날들을 감하지 아니할 것이면 모든 육체가 구원을 얻지 못할 것이나 그러나 택하신 자들을 위하여 그 날들을 감하시리라"(마 24:22)고 하셨다.

b. 땅에 거하는 자들은 저희의 죽음을 즐거워하여 서로 예물을

보냄.

“땅에 거하는 자들”은 거듭나지 못한 사람들이다(계 12:12 참조). 거듭나지 못한 사람들은 교회가 이 세상에 대해 축복의 기관이 아니라 해를 끼치는 기관이라고 생각한다. 그러다가 교회 없는 세상이 올 때 사람들은 기뻐하며 서로 예물을 보낸다. 그러나 그런 기간은 잠시일 뿐이다. 예수님의 재림이 아주 임박했기 때문이다.

④ 재림과 증인 승천

a. 3일 반 후에 승천

“삼일 반 후에 하나님께로부터 생기가 저희 속에 들어가매 저희가 발로 일어서니 구경하는 자들이 크게 두려워하더라”(계 11:11)고 했다. 3일 반은 후 3년 반인데 짧은 기간이 될 것을 의미한다. 후 3년 반 기간을 짧게 정하신 것은 하나님의 자비하심 때문이다. “그 날들을 감하지 아니할 것이면 모든 육체가 구원을 얻지 못할 것이나 그러나 택하신 자들을 위하여 그 날들을 감하시리라”(마 24:22)고 하신 말씀을 보면 그런 환난 중에서도 육신이 살아서 주님을 맞을 사람들도 있는 것 같다.

“이를 기이히 여기지 말라 무덤 속에 있는 자가 다 그의 음성을 들을 때가 오나니 선한 일을 행한 자는 생명의 부활로, 악한 일을 행한 자는 심판의 부활로 나오리라”(요 5:28-29)고 하였다. 교회는 3일 반(후 3년 반) 후에 부활하여 승천한다.

b. 구름을 타고 승천함.

예수님이 승천하실 때 흰 옷 입은 두 사람이 "갈릴리 사람들아 어찌하여 서서 하늘을 쳐다보느냐 너희 가운데서 하늘로 올리우신 이 예수는 하늘로 가심을 본 그대로 오시리라"(행 1:11)고 했다. 예수님은 약속하신 대로 구름을 타고 오심으로 그들은 구름을 타고 승천한다. 그때에 원수들도 구경하게 되며 땅의 모든 족속이 애곡하게 된다(계 1:7).

c. 승천과 그 결과

"그 시에 큰 지진이 나서 성 십분의 일이 무너지고 지진에 죽은 사람이 칠천이라"(계 11:13).

10분의 1은 남은 수요(사 6:13), 7천도 남은 수다(롬 11:4). 이것들은 16장의 일곱 대접 재앙에서 무너지고 남은 성과 사람들이다. 예수님이 오실 때는 모든 것이 없어진다고 했다(벧후 3:10).

d. 남은 자들이 하나님께 영광을 돌림.

주석가 반즈는 "이 남은 자들이 구원 얻은 자라고 말할 필요는 없다" 라고 했다(Barnes의 계시록 주석). 그러나 주석가 박윤선은 마지막으로 구원 얻는 자들인 것 같다고 했다(박윤선, 《계시록 주석》). 교계에는 때때로 예수님의 재림이 임박하였다고 하기도 하고 재림 일자를 정하여 발표하기도 하여 신자들을 동요하게 하는 것을 보게 된다. 저자는 성도들이 진리 안에서 안정(安靜)된 신앙을 가지기 위해 사도 바울의 권면을 소개한다.

> "형제들아 우리가 너희에게 구하는 것은 우리 주 예수 그리스도의 강림하심과 우리가 그 앞에 모임에 관하여 혹 영으로나 혹 말로나 혹 우리에게서 받았다 하는 편지로나 주의 날이 이르렀다고 쉬 동심하거나 두려워하거나 하지 아니할 그것이라 누가 아무렇게 하여도 너희가 미혹하지 말라 먼저 배도하는 일이 있고 저 불법의 사람 곧 멸망의 아들이 나타나기 전에는 이르지 아니하리니 저는 대적하는 자라 범사에 일컫는 하나님이나 숭배함을 받는 자 위에 뛰어나 자존하여 하나님 성전에 앉아 자기를 보여 하나님이라 하느니라"(살후 2:1-4).

예수님의 재림은 유브라데 강 전쟁이 있은 후 적그리스도가 이 세상을 지배한 후에 있을 일이다. 그 적그리스도 시대에 예수님이 강림하신다.

그리스도인들에게는 안정된 믿음이 필요하다. 유브라데 강 전쟁이 일어나고 적그리스도국이 나타나서 세상을 통일하고 지배하기 전에는 예수님은 오시지 않는다. 그러나 그때가 그리 먼 것은 아니다.

〈일곱째 천사의 나팔〉(11:15-19)

15절에서는 일곱째 천사가 나팔을 분다. 일곱째 천사의 나팔의 내용은 일곱 대접 재앙이며 마지막 재앙이다. 그러나 15절에서는 일곱째 천사가 나팔을 부는 것뿐 일곱 대접 재앙은 아직 나타나지 않다가 15장에서 시작하여 16장에서 끝난다. 그러므로 이 부분은 제3 본계시에서 설명하게 된다.

Ⅸ. 제3 특별계시

(교회의 환난을 중심으로 한 특별계시) 12:1-13:18

10장과 11장은 교회의 증거를 중심으로 한 특별계시이며, 12장과 13장은 교회의 환난을 중심으로 한 특별계시이다. 그러므로 교회의 증거를 보여주는 11장에서는 교회가 두 증인으로 나타났고, 교회의 환난을 보여주는 12장에서는 해산의 고통을 하는 여자로 나타났다. 예수님은 환난을 여자의 해산의 고통에 비교하시며 "여자가 해산하게 되면 그 때가 이르렀으므로 근심하나 아이를 낳으면 세상에 사람 난 기쁨을 인하여 그 고통을 다시 기억지 아니하느니라"(요 16:21)고 하셨다.

그리고 12장과 13장을 구분하면 12장은 교회가 전 3년 반(1,260일 혹 한 때 두 때 반 때)에 당하는 환난이요, 13장은 교회가 후 3년 반(마흔두 달 혹 3일 반)에 당하는 환난이다.

전 3년 반은 다니엘 9장 27절에서 보여주는 것같이 기름 부음을 받은 왕(예수님)이 끊어진 후 남은 1주의 전반기(前半期)를 의미한다. 계시록에서는 그 전반기 기간이 긴 기간임을 보여주기 위해 1,260일로 표현했고, 연단의 기간임을 나타내기 위해 한 때 두 때 반 때로 표현했다(단 4:32).

그러나 환난의 후반기는 짧은 기간이므로 3일 반이라고 하였고(계 11:9), 그 기간이 극심한 환난의 기간이므로 환난의 수인 40을 사용하여 마흔두 달이라고 하였다(계 13:5).

1. 교회가 전 3년 반에 당하는 환난(12:1-17)

1) 하늘의 두 큰 이적(표적)(12:1-6)

① 첫째 이적(1－2절)

"하늘에 큰 이적이 보이니 해를 입은 한 여자가 있는데 그 발 아래는 달이 있고 그 머리에는 열두 별의 면류관을 썼더라 이 여자가 아이를 배어 해산하게 되매 아파서 애써 부르짖더라" (계 12:1-2).

a. 해를 입은 여자는 누구인가?

이 여자를 마리아로 보는 이들이 있으나 그렇게 볼 수 없는 이유는 마리아는 예수님을 낳았으나 예수님이 승천하신 후 100년 이내에 죽었을 것이기 때문이다. 그러나 본문의 여자는 1,260일간(전 3년 반)을 생존한다. 여자는 구약 교회와 신약 교회를 하나로 본 교회를 가리킨다. 하나님께서는 구약 시대의 이스라엘 백성을 여자에 비교하셨고(호 1:2, 2:20), 신약 교회를 신부에 비교하셨다(마 25:1; 엡 5:25). 예수님은 교회를 통해 오셨고, 교회는 예수님으로 인해 환난을 당한다.

b. 여자의 모습

- 해를 입었다－변화하여 빛의 자녀가 된 교회이다(엡 5:8).
- 달이 그 발 아래에 있다－달은 이 세상을 상징한다. 달은 태양빛을 반사하는 반사체이다. 그와 같이 이 세상은 천국의 반사체이다(요일 2:17). 달을 밟고 있음은 세상을 이기는 것이요 정복하는 것이다. "대저 하나님께로서 난 자마다 세상을 이

기느니라 세상을 이긴 이김은 이것이니 우리의 믿음이니라" (요일 5:4)고 하였고, "이런 사람은 세상이 감당치 못하도다" (히 11:38)라고 하였다.

- 열두 별로 만든 면류관을 썼다－12는 선택수이다. 선택된 백성을 구원하는 기관이라는 것을 의미한다(단 12:3).
- 아파서 애써 부르짖는다－ 교회가 환난을 당하는 것을 의미한다(요 16:21). 이 여자는 구 · 신약 교회를 하나로 본 교회다. 구약 교회는 오실 메시아를 증거하다가 환난을 당했고(히 11:36), 신약 교회는 오신 메시아를 증거하다가 환난을 당한다(살전 2:14). 그러나 여인이 해산할 때 고통스러우나 사람 난 기쁨으로 기뻐하는 것같이 교회는 환난을 통해 연단을 받고 능력과 소망을 얻게 된다. "다만 이뿐 아니라 우리가 환난 중에도 즐거워하나니 이는 환난은 인내를, 인내는 연단을, 연단은 소망을 이루는 줄 앎이로다"(롬 5:3-4)라고 했다.

② 또 다른 이적(3－6절)

a. 한 큰 붉은 용이 나타난다.

옛 뱀이요 마귀요 사단이다. 옛 뱀이라고 하는 것은 아담을 타락하게 한 마귀를 의미한다(창 3:1).

b. 머리가 일곱이요 뿔이 열이며 머리에 일곱 면류관을 썼다.

머리가 일곱이요 뿔이 열이라는 것은 마귀가 일곱 적그리스도국과 10분국을 통해 역사하는 것을 가르친다. 일곱 머리에 일곱 면류관을 쓴 것은 마귀가 일곱 적그리스도국을 통해 역사하는 것을 가르친다. 그 적그리스도국은 다섯은 망하고 하나는 지금 있고 하나는 이르지 않은 나라인데(계 17:10), 망한 다섯 나라는 애굽, 앗수르, 바벨론, 메대 바사, 헬라이다. 그리고 지금 있는 나라는 로마요, 아직 이르지 않은 나라는 최후에 나타나는 적그리스도국이다.

c. 꼬리가 하늘 별 3분의 1을 끌어다가 땅에 던진다.

꼬리는 거짓의 상징이다(사 9:15). 뱀은 꼬리를 흔들어 새를 유혹하여 잡아먹는다.

마귀는 거짓말하는 자의 아비라고 했다(요 8:44). 거짓말로 아담과 하와를 타락하게 했고(창 3:4-5), 예수님을 유혹하려고 했다(마 4:3-9). 마귀가 한 말은 모두 거짓말이다. 이 마귀는 그 꼬리로 하늘 별 3분의 1을 끌어다가 땅에 던졌다고 했다. 별은 교회의 지도자들인데(계 1:20), 교회의 많은 지도자들을 거짓말로 유혹하여 타락하게 할 것을 보여준다. 지금도 마귀는 아담과 예수님을 유혹하던 것과 같이 물질, 명예, 영광으로 많은 교역자와 교인을 타락하게 한다. 교회의 성직자들은 사도 바울과 같이 남에게 전파한 후에 자기가 도리어 버림이 될까 두려워해야 한다(고전 9:27).

d. 여자가 낳은 아이

장차 철장으로 만국을 다스리는 남자는 예수 그리스도시다(시

2:7-9). 예수님이 교회를 세우셨는데 교회가 어떻게 예수님을 낳았다고 할 수 있는가? 이 여자는 구 · 신약 교회를 하나로 가정(假定)한 교회이다. 예수님은 구 · 신약 교회를 통해 오셨다.

e. 하나님 앞과 그 보좌 앞으로 올려감.

마귀는 예수를 십자가에 못 박아 없이하려 하였으나 하나님은 그를 죽은 자 가운데서 살리시사 하나님 우편에 앉게 하셨다(막 16:19).

f. 여자가 광야로 도망함.

광야는 이 세상을 의미한다. 광야는 사람이 살지 않는 쓸쓸한 곳이다. 그러나 그곳은 교회의 피난처요 훈련소요 하나님의 도우심을 받는 곳이다. 모세는 미디안 광야에서 40년간 생활한 후 하나님의 부르심을 받았다(출 3:1). 이스라엘 백성은 출애굽한 후 광야에서 40년간 양육을 받았다(행 7:44). 엘리야는 광야에서 하늘의 떡과 물을 먹고 힘을 얻었다(왕상 19:4). 세례 요한은 광야에서 하나님의 말씀을 받았다(눅 3:2). 예수님은 광야에서 시험을 받으시고 승리하셨다(마 4:1-11). 하나님께서는 광야와 같은 이 세상에 피난처를 예비하시고 교회를 연단시키신다. 예수님은 제자들을 이 세상에서 데려가기를 원치 않으시고 악에 빠지지 않게 보전하기를 원하셨다(요 17:5). 교회는 광야 같은 이 세상에서 1,260일(전 3년 반)간 보호를 받고 연단을 받고 능력을 받아 일하게 하신다.

2) 하늘의 전쟁과 그리스도의 승리(12:7-12)

① 붉은 용이 하늘에서 땅으로 쫓겨남.

붉은 용은 천사장 미가엘과 싸우다가 하늘에서 땅으로 쫓겨난다. 예수님의 십자가의 죽으심과 부활은 마귀와의 싸움에서 승리하신 것이다. 바울은 "정사와 권세를 벗어 버려 밝히 드러내시고 십자가로 승리하셨느니라"(골 2:15)고 하였다.

용이 하늘에서 땅으로 쫓겨났다는 것은 무엇을 의미하는가? 성경은 다음과 같이 가르친다.

- 마귀가 천사의 회에 들어가지 못한다. 예수님의 구속 이전에는 마귀가 천사의 회에 참여했었다(욥 1:6; 왕상 22:22; 슥 3:1).
- 온 천하를 미혹하던 마귀가 온 천하를 미혹하지 못하게 되었다(엡 2:2; 계 12:9).
- 성도들을 참소하지 못하게 되었다(슥 3:1; 계 12:10).
- 성도를 만지지도 못하게 되었다(요일 5:18).
- 성도가 마귀를 이길 수 있게 되었다(계 12:11).

성경 말씀은 마귀가 하늘에서 땅으로 쫓겨난 것을 옥에 가두었다고 가르친다. "하나님이 범죄한 천사들을 용서치 아니하시고 지옥에 던져 어두운 구덩이에 두어 심판 때까지 지키게 하셨으며"(벧후 2:4)라고 하였고, "또 자기 지위를 지키지 아니하고 자기 처소를 떠난 천사들을 큰 날의 심판까지 영원한 결박으로 흑암에 가두셨으며"(유 1:6)라고 하였고, 계시록 20장에서는 용을 잡아 1천 년 동안 무저갱에 던져 잠갔다고 했다(계 20:1-3).

어떤 부호의 아들이 친구와 어울려 술집에 다니며 많은 빚을 졌다. 빚진 죄인이 되어 술집 주인으로부터 욕도 먹고 협박도 받으며 날마다 고통 중에 살아갔다. 드디어 그 사정을 알게 된 아버지는 아들을 데리고 가서 빚을 갚아 주었다. 아버지는 어린 아들에게 술을 팔아 온 파렴치한 술집 주인에게 "당신은 왜 미성년자에게 술을 팔아 빚을 지우고 협박까지 합니까? 한 번만 더 그런 짓을 하면 그냥 안 둘 것이오"라고 했다. 술집 주인은 그 아들을 더 이상 협박하지 못하게 되었고, 아들은 더 이상 술집 주인을 무서워하지 않게 되었다.

이와 같이 마귀는 사람을 속여 범죄하게 하고 범죄한 후에는 고통에 빠지게 한다. 가책을 느끼게도 한다. 하나님께서는 마귀에게 미혹되어 노예생활을 하는 인생들을 위해 예수 그리스도를 속죄 제물로 세상에 보내어 구속하심으로 마귀를 옥에 가두시고 그의 백성에게 자유를 주셨다.

② 붉은 용이 쫓겨난 결과

"그러므로 하늘과 그 가운데 거하는 자들은 즐거워하라 그러나 땅과 바다는 화 있을진저 이는 마귀가 자기의 때가 얼마 못 된 줄을 알므로 크게 분내어 너희에게 내려갔음이라 하더라"(계 12:12).

그리스도의 십자가의 승리는 두 가지 결과를 가져왔다.

a. 하늘과 그 가운데 거하는 자들은 즐거워하게 되었다.

하늘과 그 가운데 거하는 자는 믿어 구원 얻은 자다. 요한복음 3장 3절에 '거듭난다'는 말은 '겐네데 안노덴'이라는 말인데 '위에서부터 난다'는 뜻이다. 바울은 구원에 대해 "또 함께 일으키사 그리스도 예수 안에서 함께 하늘에 앉히시니"(엡 2:6)라고 하였다. 구원 얻은 자들은 하늘에 거하는 자들이다. 그들은 기뻐하고 즐거워해야 한다. 그 이유는 온 세상을 미혹하며 성도를 비방하던 마귀가 쫓겨났기 때문이다. 이것은 마귀가 무저갱에 갇힌 것이다.

b. 땅과 바다는 화가 있음.

땅은 죄악 세상이며, 바다는 이 세상 나라들인데 믿지 않는 세상을 의미한다. 믿지 않는 사람들은 땅에 속한 사람들이다. "위로부터 오시는 이는 만물 위에 계시고 땅에서 난 이는 땅에 속하여 땅에 속한 것을 말하느니라"(요 3:31)고 하였고, "육신을 좇는 자는 육신의 일을, 영을 좇는 자는 영의 일을 생각하나니 육신의 생각은 사망이요 영의 생각은 생명과 평안이니라"(롬 8:5-6)고 하였다. 마귀는 십자가의 권세로 심판을 받았다. "심판에 대하여라 함은 이 세상 임금이 심판을 받았음이니라"(요 16:11)고 하였다.

그러므로 하늘에 속한 자에게는 마귀가 가까이하지 못하며, 땅에 속한 자에게는 더 큰 고통을 준다. 우리는 하늘에 속한 자가 되어 기뻐하고 즐거워해야 한다.

3) 여인에 대한 용의 핍박과 하나님의 보호(12:13-17)

① 여인에 대한 용의 핍박

붉은 용 마귀는 미가엘과 싸우다가 땅으로 쫓겨난 후 남자를 낳은 여자(교회)를 핍박한다. 마귀는 하늘에서 땅으로 쫓겨났고 그 세력이 제한되었으나 교회를 핍박할 것을 가르쳐 준다. 예수님은 교회가 핍박을 받을 것을 다음과 같이 말씀하셨다.

> "또 너희가 내 이름을 인하여 모든 사람에게 미움을 받을 것이나 나중까지 견디는 자는 구원을 얻으리라"(마 10:22).
>
> "제자가 그 선생 같고 종이 그 상전 같으면 족하도다 집 주인을 바알세불이라 하였거든 하물며 그 집 사람들이랴"(마 10:25).
>
> "그때에 사람들이 너희를 환난에 넘겨주겠으며 너희를 죽이리니 너희가 내 이름을 위하여 모든 민족에게 미움을 받으리라"(마 24:9).

신약 교회의 2천 년 역사는 수난(受難)의 역사이다. 그 배후에는 교회를 없이하려는 마귀가 있다. 그러나 후 3년 반이 오기 전에는 마귀가 교회를 없이하지 못한다. 하나님의 보호하심이 함께하시기 때문이다.

② 여인에 대한 하나님의 보호

a. 여자가 큰 독수리의 두 날개를 받음(14절).

독수리는 날개에 힘이 있어 위로 날아 올라간다. 능력의 상징이다. 하나님은 그의 능력으로 이스라엘을 보호하셨다. “나의 애굽 사람에게 어떻게 행하였음과 내가 어떻게 독수리 날개로 너희를 업어 내게로 인도하였음을 너희가 보았느니라”(출 19:4)고 하셨고, “여호와께서 그를 황무지에서, 짐승의 부르짖는 광야에서 만나시고 호위하시며 보호하시며 자기 눈동자같이 지키셨도다 마치 독수리가 그 보금자리를 어지럽게 하며 그 새끼 위에 너풀거리며 그 날개를 펴서 새끼를 받으며 그 날개 위에 그것을 업는 것같이 여호와께서 홀로 그들을 인도하셨고 함께한 다른 신이 없었도다”(신 32:10-12)라고 하였다.

하나님은 교회를 독수리 날개로 보호하신다. 그리고 하나님은 교회에 능력의 날개를 주신다(계 12:14). “오직 여호와를 앙망하는 자는 새 힘을 얻으리니 독수리의 날개치며 올라감 같을 것이요 달음박질하여도 곤비치 아니하겠고 걸어가도 피곤치 아니하리로다”(사 40:31)라고 하였다.

성령의 능력은 독수리 날개다(눅 24:49; 행 1:8). 여호와를 앙망하는 자는 독수리 날개를 받는다. 교회는 하나님의 능력의 도우심으로 광야 같은 세상에서 전 3년 반(한때 두 때 반 때) 기간에 연단을 받고 힘을 얻는다.

b. 땅이 여자를 도움(16절)

하나님의 섭리적 보호(攝理的 保護)이다. 예루살렘이 멸망할 때 “유대에 있는 자는 산으로 도망하라”고 하신 예수님의 말씀을 따라 펠라(Pella)라는 곳에 피난했던 성도들은 학살을 면했다고 하며, 로마의 핍박 때 성도들은 비엣몬 산중에 피하여 목숨을 건졌다고 한다. 한국이 1945년 8월 15일에 해방됨으로 8월 18일에 실행하려던 일본 정부의 한국 기독교요인 암살 계획이 실패했다고 한다. 하나님의 보호가 있으므로 후 3년 반이 오기 전에는 마귀가 교회를 없이하지 못한다. 복음 증거를 위해 교회를 보호하시기 때문이다.

2. 교회가 후 3년 반에 당하는 환난(13:1-18)

> "내가 보니 바다에서 한 짐승이 나오는데 뿔이 열이요 머리가 일곱이라"(계 13:1).

11장 7절을 보면 "저희가 그 증거를 마칠 때에 무저갱으로부터 올라오는 짐승이 저희로 더불어 전쟁을 일으켜 저희를 이기고 저희를 죽일 터인즉"이라고 하였다. 그 짐승이 13장 1절에 나타나는 짐승이며, 후 3년 반에 나타날 적그리스도이다.

1) 전 3년 반과 후 3년 반의 차이점

전 3년 반과 후 3년 반은 여러 면에서 차이가 있다.

① 핍박자의 차이

용은 일곱 머리에 일곱 면류관을 썼고(계 12:3), 짐승은 열 뿔에 열 면류관을 썼다(계 13:1). 그것은 전 3년 반에는 용(마귀)이 일곱 머리(일곱 적그리스도국)를 통해 역사하고, 후 3년 반에는 짐승(적그리스도)이 열 뿔(10분국)을 통해 역사한다는 것을 의미한다.

② 통치의 차이

전 3년 반에는 적그리스도가 전 세계를 통치하지 못하므로 교회를 없이하지 못하지만 후 3년 반에는 적그리스도가 각 족속과 백성과 방언과 나라를 통일하여 다스림으로 교회가 없어진다(계 11:7, 13:7; 단 9:27; 마 24:15; 살후 2:3).

③ 활동 기간의 차이

마귀는 제한적이지만 전 3년 반(1,260일) 신약 시대 전 기간에 지속적으로 활동한다. 그러나 적그리스도는 3일 반(계 11:9) 또는 마흔두 달(계 13:5)로 표현되는 짧은 기간에 극심한 환난을 일으키고, 예수님이 재림하여 심판하심으로 끝난다.

2) 적그리스도의 정체(13:1-10)

① 적그리스도의 출처(出處)

바다에서 한 짐승이 나온다고 하였다(1절). 적그리스도는 짐승으로 표현된다. 적그리스도는 이성(理性)이 없는 짐승과 같기 때문이다. 바다는 이 세상 여러 나라들을 의미하는데, 그 여러 나라 가운데서 아버지와 아들을 부인하는 한 적그리스도국이 일어나서 온 세상을 통일하며 교회를 핍박하게 된다.

② **적그리스도의 모양**

- 뿔이 열이요 머리가 일곱이다—뿔과 머리는 용에게도 있고 짐승에게도 있다. 그 의미는 용(마귀)의 나라가 짐승(적그리스도)의 나라요, 짐승의 나라가 용의 나라라는 것이다.
- 열 뿔에 열 면류관이 있다—용에게는 일곱 머리에 일곱 면류관이 있었고(계 12:3) 짐승에게는 열 뿔에 열 면류관이 있다(계 13:1). 그 뜻은 마귀는 7개 적그리스도국(계 17:10)을 통해 역사하고, 마지막 적그리스도(짐승)는 10분국을 통해 역사한다는 뜻이다(단 2:41; 계 17:12).
- 표범과 비슷함—무섭고 신속함을 보여준다.
- 발은 곰의 발 같음—정복력이 있음을 보여준다.
- 입은 사자의 입 같음—삼키는 입이다.
- 용의 권세를 받음—마귀의 권세이다.
- 머리 하나가 죽게 되었다가 나음—한번 망했다가 일어나는 나라, 둘째 천사의 나팔 때 망한 나라이다(계 8:8).

그러므로 마지막 적그리스도국은 재생(再生) 로마제국일 것이라고 보는 이들도 있다. 그러나 로마제국과 같은 성격을 가진 다른 어떤 무신론 국가일 것이다. 그렇게 보는 이유는 마지막 적그리스도국은 여덟째 왕이라고 하였기 때문이다(계 17:11).

다니엘은 네 짐승을 보았는데 첫째 짐승은 바벨론이요, 둘째 짐승은 메데 바사요, 셋째 짐승은 헬라요, 넷째 짐승은 로마인데, 넷째 짐승은 로마와 최후 적그리스도국을 이중적(二重的)으로 보여주는 짐승이라고 보며, 열 뿔은 적그리스도 시대의 10분국이요 작은 뿔은 적그리스도라고 본다(간하배, 《다니엘서의 메시아 예언》, p. 123).

③ **적그리스도의 활동**(4-10절)

a. 용(마귀)의 권세를 받아 활동한다.

b. 큰 말과 참람된 말을 한다.

큰 말과 참람된 말은 하나님을 모욕하는 말이다. 소련 혁명가 레닌은 돼지 피를 부대에 담아 공중에 띄우고 총으로 쏘아 피가 쏟아지게 하고 이제 하나님은 죽었으니 하나님이 있다고 생각하지 말라고 했다고 한다. 이 얼마나 하나님을 모욕하는 말인가?

c. 마흔두 달 일한다.

마흔두 달은 3년 반을 환난의 수로 풀어낸 수이다. 후 3년 반은 마흔두 달이라고도 했고(계 13:5), 3일 반(계 11:9)이라고도 했다. 마흔두 달은 그 기간이 극심한 환난의 기간이 될 것을 의미하며, 3일 반은 하나님께서 그 환난의 날을 감하여 주심으로 짧은 기간이 될 것을 의미한다. "그 날들을 감하지 아니할 것이면 모든 육체가 구원을 얻지 못할 것이나 그러나 택하신 자들을 위하여 그 날들을 감하시리라"(마 24:22)고 하셨다.

d. 성도들과 싸워 이긴다.

다니엘은 "내가 본즉 이 뿔이 성도들로 더불어 싸워 이기었더니"(단 7:21)라고 하였고, 예수님은 "멸망의 가증한 것이 거룩한 곳에 선 것을 보거든 읽는 자는 깨달을진저"(마 24:15)라고 하셨다. 이 이김은 육체적, 외형적 승리를 의미한다.

e. 각 족속과 백성과 방언과 나라를 다스리는 권세를 받는다.

아버지와 아들을 부인하는 자는 적그리스도라고 하였다(요일 4:3). 그렇다고 하면 많은 적그리스도국이 이 세상에 있었다. 그러나 마지막 적그리스도국의 특징은 각 족속, 백성, 방언, 나라를 다스리는 권세를 받는 것이다(계 13:7).

f. 적그리스도국이 일어나는 때

적그리스도국은 어느 때에 나타나는 것일까? 계시록 9장 13절을 보면 여섯째 천사가 나팔을 불 때 하나님 앞 금단 네 뿔에서 한 음성이 나서 나팔 가진 여섯째 천사에게 큰 강 유브라데에 결박한 네 천사를 놓아주라고 하여 전쟁하게 한다. 그 전쟁에서 적그리스도국이 승리하게 되고, 각 나라를 정복하여 세계 통일 정부를 만들어 열 뿔(10분 국)을 통해 통치하게 된다는 것을 알 수 있다.

④ 후 3년 반의 성도(7－10절)

a. 적그리스도가 성도들과 싸워 이긴다고 했다(7절).

11장 7절에서도 무저갱에서부터 올라오는 짐승이 두 증인을 죽일 것이라고 했다.

적그리스도는 땅의 권세를 가지고 교회를 핍박하며 성도를 죽인다. 그러므로 많은 사람들이 짐승에게 경배하게 된다고 했다.

b. 그러나 창세 이후 어린 양의 생명책에 녹명되지 못하고 땅에 사는 자들이 짐승에게 경배하리라고 하여 어린 양의 생명책에 녹명된 자들은 짐승에게 경배하지 않을 것이라고 했다.

창세 이후 어린 양의 생명책에 기록된 자는 예수 그리스도 안에서 하나님께 택하심을 받은 자요, 성령으로 거듭나서 인치심을 받은 자들이다(엡 1:4, 7, 13).

그러므로 그들은 하나님의 보호하심을 입어 "사로잡는 자는 사로잡힐 것이요 칼로 죽이는 자는 자기도 마땅히 칼에 죽으리니"라는 말씀과 같이 고난을 당하나 성도의 인내와 믿음을 가지고 승리하게 될 것을 보여준다. 히브리서의 저자는 "또 어떤 이들은 희롱과 채찍질뿐 아니라 결박과 옥에 갇히는 시험도 받았으며 돌로 치는 것과 톱으로 켜는 것과 시험과 칼에 죽는 것을 당하고 양과 염소의 가죽을 입고 유리하여 궁핍과 환난과 학대를 받았으니 (이런 사람은 세상이 감당치 못하도다) 저희가 광야와 산중과 암혈과 토굴에 유리하였느니라"(히 11:36-38)고 하였다.

후 3년 반 환난에 어린 양의 생명책에 이름이 기록된 자들은 순교하는 자들도 있을 것이고 산중, 암혈, 토굴로 유리하다가 예수님의 재림을 맞는 자들도 있을 것이다. 그들은 적그리스도에게 지는 자가 아니라 이기는 자들이다. "지극히 높으신 자의 성도들이 나라를 얻으리니 그 누림이 영원하고 영원하고 영원하리라"(단 7:18)고 했다.

3) 거짓 선지자의 출현(13:11-18)

알버트 반즈(Albert Barnes)는 이 거짓 선지자는 교황주의라고 했고, 또 어떤 이들은 W.C.C.일 것이라 하기도 했다. 그러나 그때가 되어 나타나기 전에는 알 수 없다.

① 거짓 선지자의 신분

땅에서 올라온다고 하는 것은 거듭나지 않은 자라는 것을 의미하는 말이다. 성도는 물과 성령으로 거듭난 자이다(요 3:5). 그러나 거짓 선지자는 땅에 속한 자이다(요 3:31). 예수님이 재림하시기 전 많은 거짓 선지자들이 일어난다고 하셨다(마 24:23-28).

② 거짓 선지자의 모양

양의 새끼같이 두 뿔이 있고 용과 같이 말한다. 예수님은 "거짓 선지자들을 삼가라 양의 옷을 입고 너희에게 나아오나 속에는 노략질하는 이리라"(마 7:15)고 하셨다. 현재에도 거짓 선지자들이 많으나 후 3년 반 적그리스도 시대에는 큰 거짓 선지자가 나타난다.

- 양과 같이 두 뿔이 있음은 믿는 사람 같은 외형을 가지고 나타난다는 것이며,
- 용과 같이 말함은 입으로는 마귀의 사상을 가르친다는 것이다.

거짓 선지자는 적그리스도의 어용기관(御用機關)이다. 교회가 적그리스도에게 어용되는 경우는 교회 역사에서도 많이 볼 수 있다. 로마의 데시우스(Decius)와 발레리안(Valerian) 황제 때에 교회는 황제에게 어용되어 이방 신에게 제사했고, 핍박이 지나간 후 믿음을 지킨 교회에 합류하려 했으나 노바티안(Novatianism)의 반대로 분리되었다고 한다(Baker' s Dic, p. 380).

스탈린 시대의 희랍 정교는 정부에 어용되었고, 침례 교회는 지하 교회가 되어 믿음을 지켰다. 교황 요한 23세는 히틀러가 유대인들을 핍박할 때 가톨릭 교회가 동조(同調)한 것을 사과했다. 한국 교회는 일제(日帝)에 어용되어 신사참배를 결정하고 믿음을 지키려는 자들을 수색하는 데 도움을 주었다.

이런 역사가 보여주는 것은 적그리스도가 일어나면 교회와 교역자들이 적그리스도국에 어용될 수 있다는 것이다. 물과 성령으로 나지 않고 땅에서 난 자들은 믿을 수 없다.

③ 거짓 선지자의 활동

- 먼저 나온 짐승의 권세를 그 앞에서 행하며 짐승에게 경배하게 한다.
- 큰 이적을 행하여 하늘에서 불이 내리게 한다. 마귀도 이적을 행할 수 있다. 애굽의 술객들이 이적을 행했고(출 7:12), 사도 바울은 "악한 자의 임함은 사단의 역사를 따라 모든 능력과 표적과 거짓 기적과 불의의 모든 속임으로 멸망하는 자들에게 임하리니"(살후 2:9-10)라고 하였다.

• 이마에나 손에나 표를 받게 한다.

이마에나 손에 표를 받는다는 것은 무엇을 의미하는가? 교계 일각에서는 UN이 온 세계인들의 ID를 확보하기 위해 이마나 손에 컴퓨터 칩을 심게 하고 그것이 없으면 매매도 할 수 없게 한다고 하며 그것이 성경이 가리키는 표가 아니겠는가 하여 두려워하는 사람들이 있다.

이 말씀을 해석하려고 하면 계시록 7장 3절에 "우리 하나님의 종들의 이마에 인 치기까지 기다리라"고 한 평행구(平行句)를 생각해야 한다. 거기서 하나님의 종들은 구원 얻은 성도들이다. 그리고 이마에 인을 친다는 것은 몸에 인을 친다는 것이 아니라 성령을 주신다는 말씀이요(엡 1:13), 성령 받으면 인격에 변화가 온다는 의미이다. 이마에 인을 친다고 해서 피부에 무엇을 심거나 육안으로 볼 수 있는 표를 주는 것은 아니다.

계시록 7장 3절의 이마에 인을 친다는 말씀을 문자적으로 해석하지 않고 상징적으로 해석해야 한다면 13장 16절의 오른손에나 이마에 표를 받게 한다고 하는 말씀도 상징적으로 해석해야 할 것이다. 주석가 박윤선 박사는 "오른손은 일하는 손이요 교제하는 손이니 거기 표가 필요하게 된 것은 그 국가가 사람의 모든 활동을 적그리스도 이념 아래 통제(統制)한다는 의미이다. 이마는 사람의 신분을 상징한다. 그때에는 적그리스도의 통제법에 부합하는 인격이 아닌 자는 생존권과 인권을 상실한다"라고 했다(박윤선, 《계시록주석》, p. 255).

적그리스도 시대에는 적그리스도의 사상에 부합하는 사람들만 사업도 하고 생존할 수 있게 될 것을 의미한다. 그런 통제는 공산주의 국가들에서 흔히 볼 수 있는 일이다.

④ 666의 수

"이 표는 곧 짐승의 이름이나 그 이름의 수라 지혜가 여기 있으니 총명 있는 자는 그 짐승의 수를 세어 보라 그 수는 사람의 수니 육백육십육이니라"(계 13:17-18)고 했다.

666에 대해서는 많은 해석들이 있다. 때로는 666이라는 글자가 실제로 나타나서 사람들을 놀라게 하기도 한다. 오래전에 있었던 일이지만 담뱃갑에 666이라는 글자가 나와서 믿는 사람들을 놀라게 했다.

주석가 크레이다너스(Greijdanus)는 "6이란 하나님께 속하지 않은 이 세상의 속수인데 666은 이 세상 국가 발전의 극치(極致)를 의미한다"라고 했다(Ibid., p. 256). 역대하 9장 13절에는 "솔로몬의 세입금의 중수가 육백육십육 금 달란트요"라고 하여 솔로몬 왕 시대의 부의 극치를 설명했다. 그 말씀에 대조하여 보면 크레이다너스의 해석은 옳은 것 같다.

적그리스도국은 인본주의의 극치요 일시적으로 부의 극치를 이룰 것을 의미하는 것으로 보인다. 그러나 적그리스도국이 나타나는 것은 유브라데 강 전쟁 이후에 될 일이다.

X. 제4 특별계시

(격려와 경고의 특별계시) 14:1-20

이 부분의 계시는 후 3년 반 환난을 앞두고 있는 성도들에 대한 격려와 인류에 대한 경고의 계시이다.

1. 시온 산에 선 14만 4천(14:1-5)

미국 그렌데일 시에 있는 포레스트론(Forest lawn)에는 "부활"(Resurrection)이라는 제목의 그림이 있다. 그 그림은 천만 성도가 부활하여 예수님의 재림을 맞는 그림인데 인류의 최후의 소망을 잘 표현한 그림이라고 느껴졌다. 14만 4천이 예수님과 함께 시온 산에 선 것은 성도의 최후 소망이 무엇인가를 잘 보여준다.

1) 14만 4천의 영광(14:1-3)

① 그들은 성령의 인침을 받은 자들이며, 큰 환난에서 나오는 자들이며, 어린 양의 피에 그 옷을 씻어 희게 한 자들이다(계 7:14).

② 시온 산에 섰다.

- 시온 산은 구약 시대에 성전이 있던 곳이요, 처음엔 예루살렘의 한 산봉우리의 이름이었다가 나중엔 예루살렘 전체를 그렇게 불렀다고 한다.
- 신약 시대에는 하나님의 교회를 의미한다.
  "말일에 여호와의 전의 산이 모든 산꼭대기에 굳게 설 것이요……만방이 그리로 모여들 것이라"(사 2:2)고 했다.
- 미래적으로는 새 예루살렘을 의미한다(계 21:10).

③ 어린 양과 함께 섰다.

어린 양과 함께 섰다는 것은 그들이 어린 양 예수의 피로 죄 씻음을 받아 어린 양의 신부의 자격을 갖추었다는 것과 그들이 이 세상에서 어린 양 예수를 따라갔다는 것을 보여준다. 그렇게 함으로 어린 양과 함께 시온 산에 서게 되었다.

④ 이마에 하나님의 이름과 어린 양의 이름이 있다.

이마에 있는 이름은 소유주가 있음을 의미한다. 그들은 구속을 받아 하나님과 예수님의 소유가 된 자들이다(고전 6:20).

⑤ 거문고 타는 자의 소리 같은 소리로 새 노래를 부른다.

이것은 성령의 감동으로 부르는 영혼의 노래이다. 마리아는 예수님을 잉태하였을 때 영혼의 노래를 불렀다(눅 1:46). 바울은 성도들에게 영혼의 노래를 부르라고 하였다(고전 14:15). 가장 아름다운 노래는 구원의 감격에서 부르는 영혼의 노래이다. 거문고와 같은 영혼은 누구나 다 가지고 있으나 구원의 감격 가운데서만 거문고의 소리를 낼 수 있다. 그들은 구원을 받아 영혼의 노래를 부르는 자들이다.

2) 14만 4천의 자격(14:4-5)

① 여자로 더불어 더럽히지 않은 자들이다.

여자는 이 세상 유혹이다(계 17:1). 《천로역정》의 기독도는 허화시에 들어갔다가 두 번 유혹을 받았다. 한 번은 허화시의 상인들이 상품을 사라고 유혹했는데, 그 상품에는 돈과 명예와 사람들이 좋아하는 모든 것이 있었다. 그곳을 떠나 나오다가 6천 살 난 노인을 만났는데 그 노인은 자기에게 딸 셋-고명(高名), 탐재(貪財), 미색(美色)-이 있는데 모두 다 잘났으니 결혼하고 같이 살자고 하며 원한다면 딸 셋을 다 줄 수도 있다고 했다. 기독도는 자기는 천성을 향해 가는 중이니 그렇게 할 수 없다고 하며 돌아서며 보니 그 노인의 이마에는 "옛사람과 그 행위를 벗어버리고"라는 말이 붙어 있었다고 한다. 믿는 사람들은 이 세상 유혹에 넘어지지 않아야 한다. 이 세상 유혹은 이름이 높아지려는 명예와 재물에 대한 탐심과 이성에 대한 유혹이다.

② 어린 양의 인도를 따라간 자들이다.

양은 목자의 인도를 따르지 않으면 길을 잃게 된다. 하나님의 자녀들은 목자 되시는 예수님의 말씀을 따라 순종해야 한다. 예수님은 말씀과 성령으로 그의 백성들을 인도하시기 때문이다.

③ 구원을 받아 처음 익은 열매로 하나님께 드린 자들이다.

농부는 땀 흘려 농사짓고 첫 열매를 거둘 때 가장 기뻐한다. 그와 같이 하나님께서는 구원 얻은 성도를 처음 익은 열매와 같이 기뻐하신다. 예수님은 "이와 같이 죄인 하나가 회개하면 하늘에서는 회개할 것 없는 의인 아흔아홉을 인하여 기뻐하는 것보다 더하리라"(눅 15:7)고 하셨다. 그들은 회개하여 구원의 처음 익은 열매가 된 사람들이다.

④ 입에 거짓말이 없는 자들이다.

"하나님의 아들 예수 그리스도는 예 하고 아니라 함이 되지 아니하였으니 저에게는 예만 되었느니라"(고후 1:19)고 하였다. 믿는 사람은 진실해야 한다. "또 그와 함께 있는 자들 곧 부르심을 입고 빼내심을 얻고 진실한 자들은 이기리로다"(계 17:14)라고 하였다. 일구이언(一口二言), 과장(誇張), 숨김, 속임, 거짓 약속 등은 다 거짓말이다.

⑤ 흠 없는 자들이다.

"이는 곧 물로 씻어 말씀으로 깨끗하게 하사 거룩하게 하시고 자기 앞에 영광스러운 교회로 세우사 티나 주름잡힌 것이나 이런 것들이 없이 거룩하고 흠이 없게 하려 하심이니라"(엡 5:26-27)고 하였다. 물로 씻음은 회개요, 말씀은 하나님의 말씀이다. 사람은 다 흠이 있지만 회개하며 말씀을 따라 살면 흠 없는 성도가 될 수 있다는 것을 보여준다. 말세에 처한 성도들은 시온산 14만 4천의 영광을 바라보고 그 반열에 참여하도록 힘써야 겠다.

2. 세 천사의 선포(宣布)(14:6-12)

세 천사의 선포는 말세에 처한 인류에 대한 경고이다.

1) 첫째 천사의 선포(14:6-7)

"또 보니 다른 천사가 공중에 날아가는데 땅에 거하는 자들 곧 여러 나라와 족속과 방언과 백성에게 전할 영원한 복음을 가졌더라"(계 14:6).

① 공중에 날아가며 선포함.

공중에 날아감은 신속성과 세계성을 나타낸다. 복음은 빨리 전파해야 하며 전 세계에 전파해야 한다는 것이다. 하나님의 택하신 백성은 온 세상에 흩어져 있기 때문이다. 지난 2천 년간 복음은 로마와 유럽과 미국과 아시아에 전파되었고, 중동으로 가고 있다. 중국 지하 교회의 지도자 윈 목사는 복음의 서진(西進)을 외치며 이슬람 국가들이 마지막 전도의 대상이라고 부르짖고 있다. 복음은 앞으로도 더욱 신속하게 전파되어야 한다.

② 영원한 복음을 가졌더라고 했다.

a. 영원한 복음에 대한 그릇된 해석

세대주의(世代主義) 학자 스코필드(Scofield)는 복음에는 네 가지가 있다고 했다.

첫째는 왕국의 복음(The gospel of the kingdom)인데 세례 요한과 예수님이 "회개하라 천국이 가까웠느니라"(마 3:2)고 한 천국이며, 그 천국은 구약에서 예언한 천년왕국이요, 다음은 하나님의 은혜의 복음(The gospel of the grace of God)인데 그것은 구원의 복음, 즉 예수님이 부활하신 후에 전파된 복음이며, 그다음은 영원한 복음(The everlasting gospel)인데 그것은 천년왕국이 시작되기 전 유대인에게 전파되는 복음이며, 그다음은 바울이 말한 '나의 복음' (my gospel－롬 2:16; 딤후 2:8)인데 더 자유롭게 전한 복음이라고 했다. 스코필드는 '영원한 복음' 을 천년왕국에 들어가기 전 유대인들에게 주는 복음으로 보았다(William E, Cox Exemination of Dispensationalism, p. 20).

그러나 주경신학자 박윤선 박사는 로마서 1장 2절의 말씀을 인용하면서 영원한 복음이라고 한 것은 복음의 진리가 영원하기 때문이라고 했다(박윤선, 《계시록 주석》). 복음은 영원한 것이다. 베드로는 "그러므로 모든 육체는 풀과 같고 그 모든 영광이 풀의 꽃과 같으니 풀은 마르고 꽃은 떨어지되 오직 주의 말씀은 세세토록 있도다 하였으니 너희에게 전한 복음이 곧 이 말씀이니라" (벧전 1:24-25)고 하였다.

복음은 사람의 타락 직후부터 여러 선지자들을 통해 일관되게 예언한 것이요, 사도들이 증거한 것이다. 복음이 여러 가지가 있는 것은 아니다.

③ 큰 소리로 외침.

이것은 인간들을 향한 하나님의 간절한 절규이다. "내가 오랫동안 고요히 하며 잠잠하여 참았으나 이제는 내가 해산하는 여인같이 부르짖으리니 숨이 차서 심히 헐떡일 것이라"(사 42:14)고 하셨다. 첫째 천사는 무서운 후 3년 반 환난과 심판을 앞두고 사람들이 복음을 받아 창조주 하나님께로 돌아와야 할 것을 외쳤다. 말세에 처한 인류의 소망은 영원한 복음을 믿는 데 있다.

2) 둘째 천사의 선포(14:8)

"무너졌도다 무너졌도다 큰 성 바벨론이여 모든 나라를 그 음행으로 인하여 진노의 포도주로 먹이던 자로다 하더라"고 했다. 첫째 천사는 영원한 복음을 가지고 공중에 날아가며 하나님의 심판하실 시간이 이르렀으니 복음을 믿고 창조주 하나님께 영광을 돌리라고 하였고, 둘째 천사는 "무너졌도다 무너졌도다 큰 성 바벨론이여"라고 하며 심판을 선언한다.

① 이는 하나님의 심판이 복음 전파 후에 뒤따라 올 것을 보여준다.

노아가 방주를 지어 들어간 후 홍수 심판이 왔고, 롯이 소돔성에서 떠난 후에 소돔 성이 심판을 받았다. 복음이 온 세상에 전파되어 구원 얻을 자가 구원을 얻은 후에는 하나님의 심판이 온다. 그러므로 복음의 전파자들은 이 세상의 심판도 증거해야 한다.

② "무너졌도다 무너졌도다"라고 외침.

성경에 나타난 고대 바벨론은 무너졌고, 그 무너진 역사는 미래의 바벨론을 조명(照明)한다. 고대 바벨론과 미래 바벨론을 비교해 보자.

a. 고대 바벨론

- 건축자 – 느부갓네살 왕(단 4:30) B.C. 605-562
- 성의 규모 – 주위가 60마일, 각 면 15마일
- 성 높이 – 300f, 두께 80f, 지하 30f, 주위에는 넓고 깊은 못이 있고 1,000개의 놋문과 250개의 성탑이 있었다.
- 마르둑을 위한 신전 – 신상과 탁자는 금 5만 파운드로 만들었다.
- 공중 정원(Hanging Garden) – 7대 불가사의 중 하나이며, 느부갓네살이 그의 왕후를 위해 만든 것이라고 한다. 사방 400f이요, 꽃과 열대 식물로 채워져 있으며, 물은 펌프로 올렸다고 한다(Halley' s Bible Hand Book, pp. 336-337). 바벨론의 자랑하는 노리개라고 했다(사 13:19).
- 바벨론의 죄 – 우상숭배의 죄(단 3:1), 향락에 도취된 죄(단 5:1; 사 13:19), 교만한 죄(단 4:30), 성도를 핍박한 죄이다(단 3:19; 사 14:4)
- 바벨론의 멸망 – 메대 바사 군에 의해 멸망했다(단 5:30-31).

b. 미래의 바벨론(계 14:8, 18:2)

이 세상은 고대 바벨론이 조명하는 미래의 바벨론이다. 미래 바벨론은 고대 바벨론보다 불가사의한 것이 훨씬 더 많다. 100층이 넘는 빌딩이 있다. 후버 댐의 10배나 되는 이타후 댐과 양자강 댐이 있다. 사람이 달에 다녀왔다. 우주기지를 지구 궤도에 설치했다. 휴대전화로 사람이 지구 어디에서도 대화할 수 있다. 비행

기로 지구상 어디나 갈 수 있다. 그러나 지구를 수십 번 태울 수 있는 핵무기가 여러 나라에 저장되어 있다.

〈미래 바벨론의 죄〉

- 우상숭배의 죄－거짓 선지자가 나타나 우상에게 경배하게 한다(계 13:15).
- 음행의 포도주에 취한 죄－온 세상이 음행의 포도주에 취한다고 했다. 사람들이 하나님을 등지고 세속주의에 취하는 것은 영적 음행이다(계 17:2).
- 교만한 죄－자기를 영화롭게 하며 사치하며 결단코 애통하는데 이르지 않는다고 할 것이라고 했다(계 18:7).
- 성도의 피 흘린 죄－두 증인(교회)을 죽인다고 했고(계 11:7), 우상에게 경배하지 않는 자를 몇이든지 다 죽인다고 했고(계 13:15), 선지자들과 성도들과 및 땅 위에서 죽임을 당한 모든 자의 피가 이 성 중에서 보였다고 했다(계 18:24).

c. 그러므로 바벨론은 갑자기 멸망한다.

고대 바벨론은 바벨론 문명의 중심지였으나 느부갓네살 왕의 아들 벨사살 왕 때 메대 바사군이 쳐들어와 멸망시켰다(단 5:30). 미래 바벨론도 갑자기 멸망할 것이라고 했다. "하루 동안에 그 재앙들이 이르리니"(계 18:8), "그러한 부가 일시간에 망하였도다"(계 18:17), "일시간에 망하였도다"(계 18:19)라고 했다.

이 세상은 일시간에 멸망하게 될 것이다. 둘째 천사는 사람들이 애착하는 바벨론이 무너진다고 경고하고 있다. 이 세상은 유브라데 강 전쟁과 일곱 대접 재앙으로 무너질 것이다.

3) 셋째 천사의 선포(14:9-12)

적그리스도에게 경배하는 자는 심판을 받는다는 경고이다.

① 적그리스도 시대의 시험

a. 짐승과 우상에게 경배하게 한다.

적그리스도 국가는 우상숭배로 국민 사상을 통일시키려고 한다. 느부갓네살 왕 때 그렇게 했고(단 3:3), 다리오 왕 때에도 그렇게 했다(단 6:7). 말세에 나타날 적그리스도도 우상을 세우고 숭배하게 한다고 했다(계 13:14).

b. 이마에나 손에나 표를 받게 한다.

이마는 인격을 대표하며 손은 행위를 대표한다(계 13:16 해석 참조). 적그리스도는 형식적으로 우상에게 절하는 것만 요구하는 것이 아니라 인격과 행위까지 적그리스도국의 체제(體制)와 사상(思想)에 부합하는 사람이 되기를 강요한다. 과거 일본과 독일과 소련이 그렇게 했고, 지금 북한이 그렇게 하고 있다. 그런 일들은 장차 나타날 적그리스도 시대의 핍박을 미리 보여주는 것이다.

② 짐승과 우상에게 경배하는 자들의 화

a. 하나님의 진노의 포도주를 마시게 된다.

포도주에 취한 사람은 비틀거리다가 넘어진다. 그와 같이 하나님의 진노를 받아 쓰러져 멸망한다는 것이다.

b. 거룩한 천사들 앞과 어린 양 앞에서 불과 유황의 고난을 받는다.

거룩한 천사는 일곱 대접을 가지고 성전에서 나와 땅에 쏟는 일곱 천사이다(계 15:6).

c. 밤낮 쉼을 얻지 못한다.

우상에게 경배하는 자는 영과 육이 밤낮 평안을 얻지 못하게 된다. 영적인 고통과 일곱 대접 재앙을 받게 되기 때문이다.

③ 성도의 인내와 믿음이 나타남.

알곡과 쭉정이는 타작마당에서 키질을 할 때 나타나고, 성도의 인내와 믿음은 적그리스도 시대의 환난에서 나타난다. 알곡의 믿음을 가져야 한다.

3. 하늘의 음성(14:13)

"또 내가 들으니 하늘에서 음성이 나서 가로되 기록하라 자금 이후로 주 안에서 죽는 자들은 복이 있도다"라고 하였다.

1) 이 음성의 중요성

① 하늘에서 나는 음성이다.

아브라함, 모세, 사무엘, 예수님, 바울은 하늘의 음성을 들었고, 이교도였던 고 길선주 목사도 하늘의 음성을 듣고 개종했다 고 한다.

② 기록하라고 하였다.

많은 사람에게 알게 하고 잊어버리지 않게 하기 위함이다.

③ 성령께서 응답하셨다.

성령님은 구원 역사에 주동적으로 역사하시는 영이시다.

2) 음성의 내용

> "자금 이후로 주 안에서 죽는 자들은 복이 있도다 하시매 성령이 가라사대 그러하다 저희 수고를 그치고 쉬리니 이는 저희의 행한 일이 따름이라 하시더라"(계 14:13).

자금 이후는 복음이 전파되기 시작한 때를 의미한다. "율법과 선지자는 요한의 때까지요 그 후부터는 하나님 나라의 복음이 전파되어 사람마다 그리로 침입하느니라"(눅 16:16)고 하였다.

죽음은 범죄 후 저주로 인해 온 것이다(창 3:19). 그러므로 사람들은 사는 것은 복된 것이고 죽는 것은 불행하다고 생각한다. 그러나 주 안에서 죽는 자는 복이 있다. 주 안에서 죽는 자가 복이 있는 이유는 다음과 같다.

① 죄 사함 받아 영생을 얻었기 때문이다(요 11:25).

② 화액을 피하기 때문이다(사 57:1).

③ 행하는 일에 보상이 따르기 때문이다(마 25:21).

4. 곡식 추수와 포도 추수(14:14-20)

곡식 추수는 택하신 백성들을 거두어들이는 것이요, 포도 추수는 악인에 대한 심판이다. 이 두 계시는 하나님의 심판에 대한 경고이다. 세례 요한은 "알곡은 모아 곳간에 들이고 쭉정이는 꺼지지 않는 불에 태우시리라"(마 3:12)고 하였다.

1) 곡식 추수(14:14-16)

말세에 하나님께서는 농부가 곡식을 거두어들이는 것과 같이 택하신 백성을 복음으로 거두어들이신다.

① 거두는 자-예수님이시다.

- 구름 위에 있음-재림하실 예수님이심을 보여준다(행 1:9). 구원의 추수를 하시는 분은 재림하실 주님이다.
- 사람의 아들 같음-예수님께서 육신을 입기 전에는 신들의 아들이라고 했고(단 3:25), 육신으로 오신 후에는 사람의 아들이라고 했다(마 16:13).
- 머리에 금 면류관이 있음-이것은 승리의 표이다. 예수님은 십자가로 승리하셨다(골 2:15).
- 손에 이한 낫을 가짐-이한 낫은 복음의 말씀이다(롬 1:16; 히 4:12).

복음은 교회가 증거하지만 총지휘자는 예수님이시다.

② 성전에서 나오는 천사의 명령

큰 음성으로 "네 낫을 휘둘러 거두라 거둘 때가 이르러 땅에 곡식이 다 익었음이로다"라고 했다. 이 천사는 하나님의 뜻을 예수님에게 전달하는 천사이다. 하나님의 그 명령이 떨어지자 구름 위에 앉으신 이는 그 낫을 휘둘러 곡식을 거두었다고 한다.

③ 곡식 추수의 의미

a. 농부에게 곡식이 소중한 것과 같이 하나님은 성도를 소중히 여기신다.

다윗은 "성도의 죽는 것을 여호와께서 귀중히 보시는도다"(시 116:15)라고 하였고, 세례 요한은 예수님에 대해 "손에 키를 들고 자기의 타작마당을 정하게 하사 알곡은 모아 곳간에 들이고 쭉정이는 꺼지지 않는 불에 태우시리라"(마 3:12)고 하였고, 예수님은 "둘 다 추수 때까지 함께 자라게 두어라 추수 때에 내가 추수꾼들에게 말하기를 가라지는 먼저 거두어 불사르게 단으로 묶고 곡식은 모아 내 곳간에 넣으라 하리라"(마 13:30)고 하셨다.

b. 곡식 추수는 예수님이 승천하신 후부터 신약 시대 전 기간에 걸쳐 하시는 구원의 역사이다.

하나님께서는 성도의 구원을 위해 이 세상을 창조하셨고(창 1:27) 그리스도를 예비하셨고(창 3:15), 천국을 예비하셨다(마

25:34).

c. 곡식 추수는 시급하다고 하셨다.

예수님은 "눈을 들어 밭을 보라 희어져 추수하게 되었도다"(요 4:35)라고 하셨고, 성전으로부터 나온 천사는 "거둘 때가 이르러 땅에 곡식이 다 익었음이로다"라고 하였고, 예수님은 무리가 목자 없는 양과 같이 고생하며 유리하는 것을 보시고 민망히 여기시며 "이에 제자들에게 이르시되 추수할 것은 많되 일꾼은 적으니 그러므로 추수하는 주인에게 청하여 추수할 일꾼들을 보내어 주소서 하라"(마 9:37-38)고 하셨다. 예수님은 어느 시대 어느 지방에나 목자 없는 양같이 고생하며 유리하는 대중은 추수의 손길을 기다리는 곡식과 같다고 하셨다.

d. 곡식 추수는 추수꾼들이 한다.

"구름 위에 앉으신 이가 낫을 땅에 휘두르매 곡식이 거두어지니라"(16절)고 하였다. 그러나 예수님은 그의 제자들에게 "그러므로 추수하는 주인에게 청하여 추수할 일꾼들을 보내어 주소서 하라"(마 9:38)고 하셨다. 추수의 총지휘자는 예수님이지만 추수하는 자는 각 시대에 성령 받은 하나님의 일꾼들이다.

e. 곡식 추수는 이한 낫을 휘둘러 했다.

이한 낫은 성령의 능력을 상징한다. "오직 성령이 너희에게 임하시면 너희가 권능을 받고 예루살렘과 온 유대와 사마리아와 땅 끝까지 이르러 내 증인이 되리라"(행 1:8)고 하셨다. 이한 낫은 성령의 능력으로 역사하는 하나님의 말씀이다.

저자는 농촌에서 추수를 잘하는 일꾼이 추수를 잘하는 비결을 볼 수 있었다. 추수를 잘 못하는 일꾼은 도구에는 관심이 없이 추수만 많이 하려고 했으나 얼마 안 가서 지쳐 버렸다. 반대로 추수를 잘하는 일꾼은 먼저 앉아서 낫을 갈기 시작했고, 얼마 동안 추수한 후 다시 논두렁으로 나가 낫을 갈곤 했다. 결국 그는 일을 깨끗하게 하며 더 많이 했다. 그래서 전도자는 "무딘 철 연장 날을 갈지 아니하면 힘이 더 드느니라 오직 지혜는 성공하기에 유익하니라"(전 10:10)고 하였다. 신령한 추수에는 낫을 가는 것 같이 성령께서 함께하시도록 힘써야 한다. 그래서 사도 바울은 고린도에 있을 때 사람의 지혜의 말로 아니하고 성령의 나타남과 능력으로 하려고 심히 약하며 두려워하며 떨었다고 했다(고전 2:3-4). 추수꾼으로 부름 받은 일꾼들은 이한 낫을 준비하는 데 힘을 기울여야 한다.

2) 포도 추수(14:17-20)

곡식 추수 후에 또 다른 천사가 성전에서 이한 낫을 가지고 나왔고, 또 불을 다스리는 다른 천사가 나와 이한 낫 가진 천사를 향하여 큰 음성으로 "네 이한 낫을 휘둘러 땅의 포도송이를 거두라 그 포도가 익었느니라" 고 하였다. 이한 낫 가진 천사가 낫을 땅에 휘둘러 포도를 거두어 하나님의 진노의 포도주 틀에 던지매 성 밖에서 그 틀이 밟히니 그 틀에서 피가 나와서 말굴레까지 닿았고, 1,600스다디온(약 200마일)에 미쳤다고 했다. 이것은 말세에 악인들에게 임할 무서운 심판이다.

① 또 다른 천사가 이한 낫을 가지고 성전에서 나옴.

땅의 곡식을 거두라고 명령하는 천사도 성전에서 나왔고, 포도 추수를 하는 천사도 성전에서 나오는 것은 복음 전파로 사람들을 구원하는 일이나 악한 자들을 심판하는 일은 다 하나님께서 하시는 일이라는 것을 보여준다. 하나님은 상선벌악(賞善罰惡)하시는 하나님이시다. 불을 다스리는 천사가 제단으로부터 나와 이한 낫을 가진 천사를 향하여 큰소리로 "네 이한 낫을 휘둘러 땅의 포도송이를 거두라 그 포도가 익었느니라"고 했다. 불을 다스리는 천사가 제단으로부터 나옴은 하나님의 공의의 발동을 의미한다. 하나님의 공의는 인류의 죄를 담당하신 예수님의 십자가에 나타났다. 이제 그 진노는 대속하신 그리스도의 십자가 밑에 나오지 않는 사람들에게 나타난다. 십자가는 구원의 피난처이다.

② 곡식 추수 후에 포도 추수가 있다.

"알곡은 모아 곳간에 들이고 쭉정이는 꺼지지 않는 불에 태우시리라"(마 3:12)고 하였다. 복음 전파로 구원하실 자들을 구원하신 후 악인 심판이 있다.

③ 포도가 익었도다.

곡식은 익으면 희어지고, 포도는 익으면 검어진다. 검은색은 죄를 상징하는데, 죄의 양이 찬 것을 의미한다. 죄의 양이 차면 하나님의 심판이 온다. 홍수로 세상을 심판하시기 전에 죄가 세상에 관영했다고 했고(창 6:5, 13), 소돔 성을 심판하시기 전 소돔 성의 부르짖음이 크고 죄가 심히 중하다고 했다(창 18:20).

④ 무서운 심판

> "천사가 낫을 땅에 휘둘러 땅의 포도를 거두어 하나님의 진노의 큰 포도주 틀에 던지매 성 밖에서 그 틀이 밟히니 틀에서 피가 나서 말굴레까지 닿았고 일천 육백스다디온에 퍼졌더라" (계 14:19-20).

a. 육신의 죽음

포도주 틀에서 피가 나서 깊기는 말굴레까지 닿았고 1,600스다디온에 퍼졌다고 했다. 1,600스다디온은 200마일이다. 계시록 9장과 16장을 보면 복음 전파의 때가 끝나면 유브라데 강 전쟁과 일곱 대접 재앙으로 수없이 많은 사람들이 죽을 것을 보여준다. 그리하여 시산혈하(屍山血河)를 이루게 된다.

b. 영혼의 멸망

"누구든지 생명책에 기록되지 못한 자는 불 못에 던지우더라" (계 20:15)고 했다.

Ⅺ. 제3 본 계시

(일곱째 나팔 일곱 대접 재앙) 11:15-19, 15:1-16:21

다섯째 천사의 나팔은 첫째 화인 황충의 재앙이요, 여섯째 천사의 나팔은 둘째 화인 유브라데 강 전쟁이요, 일곱째 천사의 나팔은 셋째 화인 일곱 대접 재앙이다. 일곱째 나팔은 11장 15절에서 불었으나 12장부터 14장까지의 특별계시가 먼저 나오고 일곱째 천사의 나팔의 내용인 일곱 대접 재앙은 15장에서부터 나타난다.

그 이유는 일곱 대접 재앙은 마지막 재앙이므로 그 이전에 교회의 환난에 대한 특별계시(12장, 13장)와 환난을 앞두고 있는 교회에 대한 격려와 세상에 대한 경고의 계시(14장)를 먼저 보여주기 위함이다.

이제 15장에서부터 일곱째 천사의 나팔의 내용인 일곱 대접 재앙이 시작된다. 대접 재앙이 의미하는 것은 대접을 기울이면 남는 것이 없이 다 쏟아지는 것과 같이 하나님의 진노를 남김없이 부으신다는 것이다.

하나님은 공의의 하나님이시므로 최후의 심판을 통해 기쁨을 얻으신다. "그가 외쳐 내게 일러 가로되 북방으로 나간 자들이 북방에서 내 마음을 시원케 하였느니라 하더라"(슥 6:8)고 하였다.

하나님께서는 그를 배반하는 이 세상에 그의 아들을 보내시고 누구든지 저를 믿으면 멸망하지 않고 영생을 얻는다고 하는 복음을 주셨으나 세상은 믿지 않고 적그리스도를 추종하며 성도를 죽였다. 그러므로 하나님께서는 그의 진노를 남김없이 이 세상에 쏟으신다. 그것은 하나님의 공의이다.

"참고 선을 행하여 영광과 존귀와 썩지 아니함을 구하는 자에게는 영생으로 하시고 오직 당을 지어 진리를 좇지 아니하고 불의를 좇는 자에게는 노와 분으로 하시리라"(롬 2:7-8)고 하였다. 그것은 농부가 추수하여 알곡은 모아 곳간에 들이고 쭉정이는 꺼지지 않는 불에 태우는 것과 같다.

1. 일곱째 나팔(일곱 대접 재앙)의 서막(序幕)(11:15-19)

일곱째 천사의 나팔의 내용은 일곱 대접 재앙인데, 16장에서 나타나지만 일곱째 천사의 나팔은 11장 15절에서 불었고, 그때에 일곱 대접 재앙의 서곡으로 하늘의 음성과 24장로의 찬양이 있었고 성전의 언약궤가 나타났다. 이것은 일곱 대접 재앙의 엄중함을 보여주는 서막이다.

1) 하늘의 음성

> "세상 나라가 우리 주와 그 그리스도의 나라가 되어 그가 세세토록 왕 노릇 하시리로다"(계 11:15).

이 찬양은 일곱 대접 재앙으로 땅을 심판하신 후에 그리스도가 다스리실 왕국을 바라보며 부르는 노래이다. 예수님은 이 세상에서도 왕권을 가지고 다스리신다. 그러나 그리스도의 완전한 통치는 이 세상을 심판한 후에 있게 된다.

2) 24장로의 찬양

24장로는 심판을 통해 나타날 일을 좀 더 구체적으로 찬양한다.

① 왕 노릇 하심을 찬양

② 죽은 자를 심판하심을 찬양

③ 주의 이름을 경외하는 자에게 상 주심을 찬양

④ 땅을 망하게 하는 자들을 멸망케 함을 찬양

3) 성전 안에 언약궤가 보임

언약궤 안에는 이스라엘 백성에게 언약한 언약의 돌비가 있다(히 9:4). 언약궤를 보이신 것은 하나님께서 그의 백성들에게 언약하신 대로 이루시겠다는 의미이다. 그 언약은 일곱 대접 재앙 후에 나타나는 새 하늘과 새 땅과 새 예루살렘이다.

4) 번개와 음성과 뇌성과 지진과 우박이 보임

이것은 일곱 대접 재앙 때에 나타날 무서운 심판을 예고함이다.

2. 대접 재앙의 준비(15:1-8)

15장에서는 일곱 대접 재앙의 계시를 보이기 전 유리 바닷가의 성도들의 찬양과 일곱 재앙을 가진 일곱 천사의 위풍(威風)을 보여준다. 이 두 가지 계시는 일곱 대접 재앙이 하나님의 의와 성결하심에서 비롯된 것임을 보여준다.

1) 유리 바다 가의 성도들의 찬양(15:2-4)

일곱 대접 재앙은 하나님께서 악인들을 심판하시는 재앙이다. 하늘의 성도들이 하나님께서 하시는 일을 찬양하는 이유는 하나님의 심판하심이 의롭기 때문이다.

① 유리 바다 가의 성도들은 누구인가 ?

성결케 된 성도들이다. "불이 섞인 유리 바다"는 하나님의 공의의 결과로 나타나는 진노와 성결의 상징이다. 그들이 그 유리 바다 가에 설 수 있는 것은 어린 양의 피에 죄 씻음을 받아 성결케 된 까닭이다. 그리고 "짐승과 그의 우상과 그의 이름의 수를 이기고 벗어난 자들"이라고 했다. 그들은 적그리스도의 우상에게 굴복하지 않은 자들이요, 적그리스도의 통제를 받지 않은 자들이다(13장 강해 참조).

② 그들의 찬양(2-4절)

a. 하나님의 거문고로 찬양함.

14장 2절을 보면 어린 양과 함께 시온 산에 선 14만 4천의 노래는 거문고 타는 자들의 거문고 타는 것과 같더라고 했다. 거문고 소리는 가장 아름다운 소리이다. 이는 성령 충만하여 부르는 영혼의 노래를 상징한다. 마리아는 "내 영혼이 주를 찬양하며"(눅 1:46)라고 하였고, 사도 바울은 "내가 영으로 찬미하고 또 마음으로 찬미하리라"(고전 14:15)고 하였다. 우리에게도 영의 찬미와 마음의 찬미가 있어야 한다.

b. 모세의 노래와 어린 양의 노래를 부름.

이스라엘 백성이 모세를 통해 받은 구원은 예수님을 통해 받는 신령한 구원의 예표이다(고전 10:4). 그러므로 모세의 노래와 어린 양의 노래는 다 같이 구원의 노래를 의미한다. 그 구원의 노래는 다음 네 가지로 표현했다.

- 하시는 일이 크고 기이하시도다.

  이스라엘 백성을 애굽에서 구원하신 일은 크고 기이한 일이다. 큰 군대를 보내어 구원하신 것이 아니고 유월절 양의 피로 구속하셨고, 권능으로 홍해를 육지같이 가르시고 구원하셨다. 그와 같이 신령한 구원도 크고 기이한 일이다. 독생자 예수를 십자가에 죽게 하심으로 그의 백성을 죄와 사망에서 구원하셨다. 그러므로 히브리서의 저자는 이 구원을 "큰 구원"(히 2:3)이라고 했다.

- 주의 길이 의롭고 참되시도다.

  주의 길은 독생자 예수를 보내사 속죄하게 하시고 믿는 자들을 구원하시는 것과 악인을 심판하시는 일이다. 그 길이 의롭고 참되심은 하나님께서 믿는 사람을 구원하실 때 대가 없이 구원하신 것이 아니라 가장 귀한 독생자를 속전(贖錢)으로 지불하시고 구원하셨기 때문이며, 악인을 심판하실 때도 의를 따라 심판하시기 때문이다.

- 주만 거룩하시니이다.

  하나님의 거룩하심은 십자가에 나타났다. 하나님의 성결성은 죄인을 그대로 받아들이실 수 없었다. 그러므로 하나님께서는 독생자의 피로 죄인들의 죄를 씻은 후 받아들이신다. 그것은 어머니가 아이의 더러워진 옷과 몸을 깨끗하게 씻은 후에 품에 안는 것과 같다. 일곱 대접 재앙으로 죄인들을 심판하시는 것도 하나님의 거룩하심 때문이다. 하나님은 거룩하심으로 거룩한 나라를 세우는 것이 그의 목적이다. "거기 대로가 있어 그 길을 거룩한 길이라 일컫는 바 되리니 깨끗지 못한 자는 지나지 못하겠고 오직 구속함을 입은 자들을 위하여 있게 된 것이라 우매한 행인은 그 길을 범치 못할 것이며"(사 35:8)라고 하였다.

• 만국이 주께 경배하리이다.

구원 얻은 성도는 어느 한 민족이 아니다. 각 시대에 만국에서 택함 받은 성도들이다. "사람들이 만국의 영광과 존귀를 가지고 그리로 들어오겠고"(계 21:26)라고 하였다. 이미 적그리스도와 싸워 승리한 성도들의 영혼들은 유리 바다 가에 서서 마지막 일곱 대접 재앙을 앞두고 하나님의 구원과 그의 심판하시는 일을 찬양한다.

2) 일곱 대접을 가진 일곱 천사(15:8-8)

일곱 대접을 가진 일곱 천사는 일곱 대접을 행동적으로 땅에 쏟는 천사들이다.

① 증거 장막의 성전에서 나옴.

증거 장막의 성전은 하늘의 지성소를 의미한다. 천사들이 지

성소에서 나오는 것은 하나님께서 친히 맡기신 사명을 받은 천사들임을 보여준다. 일곱 천사가 마지막 일곱 대접 재앙을 땅에 쏟는 것은 하나님의 성소에서 시작되는 하나님의 일이다.

② 일곱 천사의 모습

- 맑고 빛난 세마포 옷을 입음–거룩한 천사임을 보여준다(계 14:10).
- 가슴에 금띠를 띰–왕적인 권세이다(단 10:5).

③ 네 생물 중 하나에게서 금 대접 일곱을 받음.

네 생물은 하나님의 보좌 주위에 있었다(계 4:6). 네 생물은 어린 양이 인을 떼실 때 네 인을 뗄 때까지 "오라"고 하였다(계 6:1, 3, 5, 7). 네 생물 중 하나는 마지막 일곱 재앙을 담은 일곱 대접을 일곱 천사에게 준다. 네 생물은 하나님께 가까이 모셔 섬기는 고급 천사이다. 그들 중 하나가 일곱 대접을 일곱 천사에게 주는 것은 이 땅에 내리는 마지막 재앙이 하나님께로부터 오는 것임을 보여준다.

④ 성전에 연기가 차서 들어갈 자가 없음.

이런 일은 성경에 여러 번 나타난다.

- 하나님께서 시내 산에 강림하셨을 때 시내 산에 연기가 자욱하였고 백성들이 가까이할 수 없었다(출 19:16-25).
- 이스라엘 백성이 성막을 완성한 후 구름이 회막에 덮이고

여호와의 영광이 성막에 충만하여 모세가 회막에 들어갈 수 없었다(출 40:34-35).

- 솔로몬이 성전을 지은 후 여호와의 영광이 성전에 가득하여 제사장이 능히 들어가지 못했다(대하 7:2).
- 본문에는 성전에서부터 나온 일곱 천사가 네 생물 중 하나로부터 일곱 재앙을 담은 일곱 금 대접을 받은 후 하나님의 영광과 능력으로 인해 성전에 연기가 차게 되어 성전에 능히 들어가지 못했다고 했다. 그런 사례들을 보아 하나님의 영광과 권능이 나타날 때 사람은 감히 그 앞에 설 수 없는 존재임을 알 수 있다.

그러므로 이사야는 하나님의 영광을 보았을 때 "화로다 나여 망하게 되었도다"(사 6:5)라고 했다. 마지막 대접 재앙은 악인들에게는 비참한 것이다. 그러나 그 일은 건설을 위한 파괴와 같이 죄악 세상을 심판한 후 예비된 새 하늘과 새 땅에서 새 시대를 시작하시려는 웅대(雄大)한 하나님의 계획 가운데서 하시는 일이다.

3. 일곱 대접 재앙(16:1-21)

그 후 성전에서 큰 음성이 나서 일곱 천사에게 너희는 가서 하나님의 진노의 일곱 대접을 땅에 쏟으라고 하셨다(1절). 이것은 땅에 사는 사람들에게 내리는 마지막 재앙인데, 하나님께서 오래 참으신 후 사람들에게 내리시는 재앙이며 하나님의 심판이다.

1) 나팔 재앙과 대접 재앙의 차이점

어떤 이들은 나팔 재앙과 대접 재앙의 유사점(類似點)을 들어 대접 재앙은 나팔 재앙을 보다 상세하게 설명한 것이라고 생각한다. 그러나 나팔 재앙과 대접 재앙이 다르다는 것은 다음의 내용들이 잘 보여준다.

① 나팔 재앙은 세상 사람과 믿는 사람들에 대한 경고이지만 대접 재앙은 회개를 기대하는 경고가 아니라 하나님의 진노를 남김없이 쏟는 재앙이요 심판이다.

② 나팔 재앙에서는 땅 삼분의 일이 해를 받으나(계 8:7) **대접 재앙에서는 피해 숫자가 나타나지 않는다.**

③ 나팔 재앙에서 나오는 전쟁은 유브라데 강 전쟁이요 유브라데 강에 결박한 네 천사를 놓아 전쟁하게 하였으나(계 9:14) **대접 재앙에서 나오는 전쟁은 아마겟돈 전쟁이며 사귀 셋이 천하 임금들에게 가서 전쟁하게 한다고 하였다**(계 16:14)

④ 계시록의 본 계시는 순서적으로 되어 있는데, 순서로 보아 유브라데 강 전쟁은 나팔 재앙에 속해 있고 아마겟돈 전쟁은 대접 재앙에 속해 있으니 이 두 전쟁을 같은 전쟁으로 보기 어렵다.

⑤ 유브라데 강 전쟁은 후 3년 반으로 들어갈 때 일어나는 전쟁이요 그 전쟁으로 적그리스도가 나타난다(계 13:1, 7). **그러나 아마겟돈 전쟁은 후 3년 반 끝에 일어나는 전쟁인데 적그리스도와**

함께하던 10분국(열 뿔, 계 17:12) **사이에서 일어나는 전쟁인 듯하다**(단 11:44 참조).

2) 대접 재앙의 내용(16:1-21)

대접 재앙은 후 3년 반에 나타날 재앙들이다.

① 첫째 대접(2절)

"땅에 쏟으매 악하고 독한 헌데가 짐승의 표를 받은 사람들과 그 우상에게 경배하는 자들에게 나더라"(계 16:2)고 하였다. 이스라엘 백성이 출애굽할 때 다섯째 재앙은 애굽인들의 가축들이 악질로 인해 죽는 재앙이었다(출 9:1-6). 지금은 조류 독감, 돼지 독감과 같은 많은 괴질들로 인해 사람과 동물들이 피해를 입는다. 2010-2011년 겨울 한국에서는 구제역으로 100만 마리가 넘는 소를 도살했고, 수백만 마리의 닭과 오리를 매몰 처분했다. 일곱 대접 재앙이 내릴 때는 그보다 더 큰 질병이 있을 것을 예상하게 하는 재앙들이다.

② 둘째 대접(3절) **– 바다에 쏟음.**

"바다가 곧 죽은 자의 피 같이 되니 바다 가운데 모든 생물이 죽더라"(3절)고 했다. 나팔 재앙 때에는 전쟁으로 인한 재앙이 많았다(계 8:7-8). 그러나 대접 재앙에서는 자연 재해가 더 많이 일어난다. 짐승과 사람들의 괴질도 자연 재해요, 바다의 생물이 죽는 것이나 해가 사람을 태우는 것도 자연 재해다.

요즘 뉴스를 보면 바다에 해파리의 번식으로 물고기가 없어진다. 불가사리가 번성하여 패류들이 없어진다. 해수 오염으로 바다가 죽어 간다. 적조(赤潮)로 인해 물고기가 죽는다. 일본의 쓰나미로 원자로가 파괴되어 바다의 어족이 방사능에 오염된다. 북극의 빙하가 녹아 해면이 높아짐으로 저지대 도시들은 물에 잠기게 된다는 소식이 들린다. 아직 후 3년 반은 오지 않았다. 그러나 현재의 재난들을 보아 후 3년 반 일곱 대접 재앙이 내리는 때를 상상할 수 있다.

③ 셋째 대접(4절)

"그 대접을 강과 물 근원에 쏟으매 피가 되더라"고 하였다. 출애굽 때에 나타난 첫 재앙은 물이 피가 되는 재앙이었다. 후 3년 반 적그리스도 시대에는 물이 피가 되는 재앙이 있게 되는데, 그 이유는 저희가 성도와 선지자들의 피를 흘렸기 때문이라고 했다. 적그리스도는 예수의 증인(교회)을 죽였고 사람들은 그 시체를 구경하였으며 즐거워하며 서로 예물을 보냈다고 했다(계 11:9-10). 그러므로 물이 피가 되는 재앙을 받게 된다.

④ 넷째 대접(8절) **– 대접을 해에 쏟음.**

"그 대접을 해에 쏟으매 해가 권세를 받아 불로 사람들을 태우니"라고 하였다. 해는 지구의 백만 배나 되는 큰 불덩이다. 지금도 때때로 혹서(酷暑)로 인해 사람들이 죽는 경우가 있다. 후 3년 반에는 해가 권세를 받아 사람들을 태운다고 했다.

⑤ **다섯째 대접**(10절)

“그 대접을 짐승의 보좌에 쏟으니 그 나라가 곧 어두워지며 사람들이 아파서 자기 혀를 깨물고 아픈 것과 종기로 인하여 하늘의 하나님을 훼방하고 저희 행위를 회개치 아니하더라”고 하였다. 짐승의 보좌는 적그리스도의 본거지이다. 이 고통은 출애굽 때에 애굽인들이 당한 고통을 연상하게 한다. 그때 애굽인들은 이스라엘 백성을 놓아주지 않다가 독종의 질병으로 고통하였고(출 9:8-12), 흑암의 재앙으로 고통을 당했다(출 10:21-23).

예수님은 말세에 어두움의 재앙이 있겠다고 하셨다(마 24:29). 이때의 사람들은 그런 재앙을 받으면서도 하나님을 훼방하며 죄를 회개하지 않는다고 했다. 사람은 고통이 있다고 회개하는 것은 아니다. 하나님의 긍휼이 있어야 회개할 수 있다. 먼저는 긍휼을 베푸시는 은혜 시대에 회개할 수 있고(고후 6:1-2), 다음은 하나님께서 마음을 열어 주셔야 회개할 수 있다. 대접 재앙이 나타나는 때는 이미 은혜 시대가 지나가고 하나님께서 심판의 재앙을 내리시는 때이다. 그러므로 사람들이 회개할 수 없게 된다.

⑥ **여섯째 대접**(12-16절) **– 큰 강 유브라데에 쏟음.**

“또 여섯째가 그 대접을 큰 강 유브라데에 쏟으매 강물이 말라서 동방에서 오는 왕들의 길이 예비되더라 또 내가 보매 개구리 같은 세 더러운 영이 용의 입과 짐승의 입과 거짓 선지자의 입에서 나오니 저희는 귀신의 영이라 이적을 행하여 온 천하 임금들에게 가서 하나님 곧 전능하신 이의 큰 날에 전쟁을 위하여 그들을 모으더라 보라 내가 도적같이 오리니 누구든지 깨어 자기 옷을 지켜 벌거벗고 다니지 아니하며 자기의 부끄러움을 보이지 아니하는 자가 복이 있도다 세 영이 히브리 음으로 아마겟돈이라 하는 곳으로 왕들을 모으더라" 고 하였다.

a. '아마겟돈' 이라는 이름의 유래

아마겟돈은 므깃도인데 므깃도에서 나타난 사건들은 다음과 같다.

- 여선지 드보라가 가나안 왕을 멸한 곳(삿 5:19)
- 아하시야 왕이 예후에게 죽임을 당한 곳(왕하 9:27)
- 요시야 왕이 애굽 왕 바로느고에게 죽임 당한 곳(왕하 23:29)

므깃도는 여러 왕들의 전쟁으로 많은 사람들이 죽은 곳이다. 이 세상 최후의 전쟁을 아마겟돈 전쟁이라고 부른 것은 그 전쟁이 많은 사람이 죽게 되는 전쟁이기 때문이다.

b. 아마겟돈 전쟁은 어떻게 일어나는가?

여섯째 천사가 대접을 큰 강 유브라데에 쏟으매 강물이 말라 동방으로부터 오는 왕들의 길이 예비되더라고 했다. 유브라데 강은 이스라엘 백성의 이상적 국경이다. 그리고 국경은 하나님께서 국가적 안정을 위해 정해 주신 것이다(행 17:26). 따라서 국경의 상징인 유브라데 강이 마른다는 것은 국제질서가 무너져 전쟁이 가능하게 됨을 의미한다.

그리고 개구리 같은 사귀 셋이 용의 입과 짐승의 입과 거짓선지자의 입에서 나온다는 것은 그 세 영이 온 천하 임금들에게 가서 전쟁에 대해 일치된 생각을 갖게 할 것을 의미한다. 아마겟돈 대전쟁은 하나님이 내리시는 재앙과 사귀의 활동으로 인해 일어난다. 마귀는 왕들이 전쟁하도록 부추기는 일을 한다(왕상 22:22).

c. 아마겟돈 전쟁의 성격

이 전쟁은 적그리스도와 10분국 간의 전쟁이다. 적그리스도(짐승)는 유브라데 강 전쟁에서 승리하여 각 족속과 백성과 나라를 다스리게 된다(계 13:1-7). 다니엘서에도 북방 왕(적그리스도)이 남방 왕을 이긴다고 하였다(단 11:40-43). 그러나 얼마 후 "동북에서부터 소문이 이르러 그로 번민케 하므로 그가 분노하여 나가서 많은 무리를 다 도륙하며 진멸코자 할 것이요 그가 장막 궁전을 바다와 영화롭고 거룩한 산 사이에 베풀 것이나 그의 끝이 이르리니 도와줄 자가 없으리라"(단 11:44-45)고 하였다.

다니엘은 동북에서 소문이 들렸다고 하였고, 계시록에서는 동방에서 왕들이 온다고 하였는데, 동방의 왕들은 10분국이라고 볼 수 있다. 그 이유는 후 3년 반에는 적그리스도가 통치하므로 그 휘하에 있는 10분국 외에 권세 잡은 나라가 없기 때문이다.

이 전쟁은 외형적으로는 적그리스도국과 10분국 사이의 전쟁이요 곡과 마곡(계 20:8)의 전쟁이지만, 만왕의 왕 예수님이 하늘 군대를 데리고 내려와서 적그리스도(짐승)와 거짓 선지자를 사로잡아 산 채로 유황 불 붙는 못에 던지는(계 19:20) 최후의 전쟁이다. 이 전쟁은 예수님의 재림 시에 일어날 전쟁이다. "보라 내가 도적같이 오리니 누구든지 깨어 자기 옷을 지켜 벌거벗고 다니지 아니하며 자기의 부끄러움을 보이지 아니하는 자가 복이 있도다"(15절)라고 하였다.

아마겟돈 전쟁에 대한 계시 중에 "보라 내가 도적같이 오리라"고 말씀하신 것은 이 전쟁이 일어나는 때는 예수님의 재림이 매우 가까이 온 때라는 것을 보여주는 것이다. 예수님은 긴 은혜 시대에(전 3년 반) 재림하지 않으신다. 적그리스도가 이 세상을 지배하는 환난 시대(후 3년 반)에도 오지 않으신다. 그러다가 인류 마지막 전쟁인 아마겟돈 전쟁 때에 예수님은 재림하셔서 심판하신다.

예수님은 임박한 재림을 다시 약속하시며 "자기 옷을 지켜 벌거벗고 다니지 아니하며 자기의 부끄러움을 보이지 않는 자가 복이 있다"라고 말씀하셨다. 이것은 계시록에 나타난 7복 중 하나이다. 복 중의 복은 예수님을 만날 때 부끄럽지 않게 만나는 것이며, 그렇게 되려면 주님이 입혀 주신 의의 옷을 지켜 흰 옷을 입고 다니다가 주님을 맞아야 한다.

⑦ 일곱째 대접(17절) **– 공기 가운데 쏟음**.

일곱째 천사는 그 대접을 공기 가운데 쏟는다. 그때 보좌에서부터 큰 음성이 나서 "되었다"라고 하였고 그 결과 다음과 같은 일이 일어났다.

- 번개와 음성과 뇌성이 있고,
- 사람들이 지금까지 보지 못한 큰 지진이 있고,

- 큰 성이 세 갈래로 갈라지고(바벨론이요 이 세상),
- 각 섬과 산악도 없어지며,
- 한 달란트나 되는 우박이 내린다.

욥은 "네가 눈 곳간에 들어갔었느냐 우박 창고를 보았느냐 내가 환난 때와 전쟁과 격투의 날을 위하여 이것을 저축하였노라"(욥 38:22-23)고 하셨다. 천사가 대접을 공기 가운데 쏟는 것은 대기권(大氣卷)에 쏟음을 의미하며, "되었다"는 것은 하나님의 계획하셨던 일이 그대로 되었다는 의미이다. 그 계획하신 일은 그의 백성을 구원하신 후 지구의 멸망과 새 세계를 맞이하게 하시는 것이다.

예수님이 재림하시면 이 세상은 없어지고 하나님께서 예비하신 새 세계가 온다고 말씀하셨다. "그날 환난 후에 즉시 해가 어두어지며 달이 빛을 내지 아니하며 별들이 하늘에서 떨어지며 하늘의 권능들이 흔들리리라 그때에 인자의 징조가 하늘에서 보이겠고 그때에 땅의 모든 족속들이 통곡하며 그들이 인자가 구름을 타고 능력과 큰 영광으로 오는 것을 보리라"(마 24:29-30)고 하셨고, "그러나 주의 날이 도적같이 오리니 그날에는 하늘이 큰 소리로 떠나가고 체질이 뜨거운 불에 풀어지고 땅과 그중에 있는 모든 일이 드러나리로다 이 모든 것이 이렇게 풀어지리니 너희가 어떠한 사람이 되어야 마땅하뇨 거룩한 행실과 경건함으로 하나님의 날이 임하기를 바라보고 간절히 사모하라 그날에 하늘이 불에 타서 풀어지고 체질이 뜨거운 불에 녹아지려니와 우리는 그의 약속대로 의의 거하는 바 새 하늘과 새 땅을 바라보도다"(벧후 3:10-13)라고 하였다.

제3 본 계시 일곱 대접 재앙은 인류와 지구에 멸망을 가져오는 것으로 끝난다. 다음 17장부터 나타나는 심판에 대한 특별계시에서는 이 세상과 적그리스도와 거짓 선지자와 마귀와 인류 심판에 대해 소상(昭詳)하게 보여주고 있다.

XII. 제5 특별계시

(심판을 중심으로 한 특별계시) 17:1－20:15

이 부분의 계시는 심판에 대한 특별계시이다. 본 계시인 16장 대접 재앙도 심판에 대한 계시였으나 16장에서 나타난 심판은 이 세상을 심판하는 재앙의 종류를 보여준 것이지만 17장 1절-20장 15절에서는 심판의 대상(對象)을 보여준다. 그 심판의 대상은 다음과 같다.

- 음녀 심판(17:1-18)
- 바벨론 심판(18:1-24)
- 적그리스도와 거짓 선지자 심판(19:1-21)
- 마귀 심판(20:1-10)
- 인류 심판(20:11-15)

1. 음녀 심판(17:1-18)

17장은 많은 물 위에 앉은 음녀에 대한 심판이다.

1) 음녀는 무엇을 상징하는가?

엘리어트(Eliot)와 스튜어트(Stuart)와 워즈워스(Wardsworth) 등은 음녀를 교황 정치 아래 있던 로마교로 보았고, 알포드(Alford)는 개신교의 외식주의라고 했고(Lange' s comm.), 반즈(Barnes)는 음녀를 교황 정치하의 로마 교회라고 했고(Barnes' comm.), 박윤선은 무신론을 기초로 한 세상주의라고 했다(박윤선, 《계시록 주석》).

성경 본문은 17장의 음녀와 18장의 바벨론이 별개가 아니라 동일체인 것처럼 말하고 있다. 17장 5절을 보면 음녀에 대해 "그 이마에 이름이 기록되었으니 비밀이라, 큰 바벨론이라, 땅의 음녀들과 가증한 것들의 어미라 하였더라"고 하였고, 17장 18절에는 "또 네가 본 바 여자는 땅의 임금들을 다스리는 큰 성이라 하더라"고 하여 음녀는 곧 큰 성 바벨론이라고 한다.

그리고 18장 3절에서는 바벨론에 대해 "그 음행의 진노의 포도주를 인하여 만국이 무너졌으며 또 땅의 왕들이 그로 더불어 음행하였으며"라고 하여 바벨론이 음녀의 행위를 한다고 하였다. 그 말씀들을 보면 17장의 음녀와 18장의 바벨론은 서로 다른 실체(實體)가 아니라 동일체라는 심증을 갖게 된다.

그렇다면 17장과 18장이 각각 보여주는 독특한 내용은 무엇인가? 17장의 음녀는 말세에 나타나는 바벨론의 배신주의(背神主義)와 물질문명의 마력(魔力)을 의인적(擬人的)으로 표현한 것 같다.

선지자 나훔은 타락한 니느웨 성이 멸망할 것을 예언하며 "이는 마술의 주인 된 아리따운 기생이 음행을 많이 함을 인함이라 그가 그 음행으로 열국을 미혹하고 그 마술로 여러 족속을 미혹하느니라"(나 3:4)고 하였고, 이스라엘 백성이 하나님을 떠나서 세상 나라들을 사랑할 때 음녀라고 하였고(겔 23:11-21), 믿는 사람이 이 세상을 사랑할 때 음녀라고 했다(약 4:4).

그리고 18장의 바벨론에 대한 심판은 물질문명이 이루어 놓은 외형적 도시의 멸망을 보여준다. 마지막 때에는 일곱 대접 재앙과 아마겟돈 전쟁이 일어난다고 하였고, 그 전쟁과 대접 재앙으로 인해 물질문명이 이루어 놓은 도시들은 파괴되며 물질문명의 마력도 없어진다. 물질문명의 마력은 많은 영혼을 타락하게 하는 큰 음녀이다.

2) 음녀의 모양과 활동(17:1-6)

① 많은 물 위에 앉은 음녀

물은 많은 사람을 상징한다. 세상 모든 사람들이 물질문명의 마력(魔力)에 미혹되며 지배를 받게 될 것을 의미한다. 물질문명의 마력에 매혹되지 않는 나라와 개인은 없다.

② 땅의 임금들과 땅에 거하는 자들이 음행의 포도주에 취하게 함.

사도 바울은 말세에 사람들이 하나님을 떠나 세상주의에 취하게 될 것을 다음과 같이 예언하였다.

> "네가 이것을 알라 말세에 고통하는 때가 이르리니 사람들은 자기를 사랑하며 돈을 사랑하며 자긍하며 교만하며 훼방하며 부모를 거역하며 감사치 아니하며 거룩하지 아니하며 무정하며 원통함을 풀지 아니하며 참소하며 절제하지 못하며 사나우며 선한 것을 좋아 아니하며 배반하여 팔며 조급하며 자고하며 쾌락을 사랑하기를 하나님 사랑하는 것보다 더하며 경건의 모양은 있으나 경건의 능력은 부인하는 자니 이 같은 자들에게서 네가 돌아서라"(딤후 3:1-5).

③ 붉은 빛 짐승을 탔다.

붉은 빛 짐승은 적그리스도국이다. 적그리스도국을 붉은 빛 짐승에 비교한 이유는 적그리스도국은 이성이 없는 짐승과 같기 때문이요, 성도의 피를 많이 흘리는 나라이기 때문이다. 여자가 붉은 빛 짐승을 탄 것은 적그리스도 시대에 물질문명이 한 층 더 환영을 받을 것을 보여준다.

④ 붉은 빛 옷을 입고 금과 보석과 진주로 꾸미고 손에 금잔을 가졌고 가증한 물건과 음행의 더러운 것이 가득하더라고 했다.

예레미야는 바벨론이 "온 세계로 취케 하는 금잔이라"(렘 51:7)고 했다. 《천로역정》의 허화시가 이 세상 영광으로 기독도를 유혹한 것과 같이 말세의 이 세상은 세속주의의 마력으로 많은 나라와 사람들이 하나님을 떠나 타락하게 될 것을 보여준다.

⑤ 이마에 이름이 있음.

'비밀, 큰 바벨론, 땅의 음녀들과 가증한 것들의 어미' 라고 쓰여 있다. 이마는 사람의 신체 중 가장 잘 드러나는 부위이다. 말세 물질문명의 배신주의는 이마에 쓴 것처럼 노골화될 것을 가르친다.

⑥ 성도의 피와 증인의 피에 취함.

적그리스도의 배신주의는 어느 시대에서나 성도의 피를 흘렸다. 애굽, 앗수르, 바벨론, 메대 바사, 헬라, 로마가 그러했고 최후 적그리스도국에서도 그러할 것이다.

계시록에는 두 여인이 나타난다. 하나는 12장에 나타나는 영광스러운 여인이요, 다른 하나는 17장에 나타나는 음녀이다. 12장의 여인은 교회인데, 해를 입고 열두 별로 만든 면류관을 쓰고 달이 그 발아래 있고 해산의 고통을 하는 여자다. 교회는 그리스도를 통해 구원 얻은 단체이며, 하나님의 백성을 이 세상에서 불러내기 위해 고통을 감수하며 장차 예수님을 신랑으로 맞을 신부이다. 17장에 나타나는 다른 한 여인은 그와 정반대의 여인이다. 술잔을 들고 많은 사람을 유혹하여 하나님을 떠나게 하고 마지막에 불태운 바 되는 음녀이다(계 17:16).

3) 여자와 짐승의 비밀(17:7-18)

"천사가 가로되 왜 기이히 여기느냐 내가 여자와 그의 탄 바 일곱 머리와 열 뿔 가진 짐승의 비밀을 네게 이르리라"(계 17:7).

비밀은 사람들에게 알려지지 않은 일이다. 천사는 여자와 열 뿔 가진 짐승의 비밀을 요한에게 보여준다고 했다. 그 비밀은 물질문명의 마력이 적그리스도국으로부터 받는 환영과 적그리스도국에 의해 망하고 마는 것이다.

① 짐승의 비밀

"지혜 있는 뜻이 여기 있으니 그 일곱 머리는 여자가 앉은 일곱 산이요 또 일곱 왕이라 다섯은 망하였고 하나는 있고 다른 이는 아직 이르지 아니하였으나 이르면 반드시 잠깐 동안 계속하리라"(계 17:9-10).

이것은 여자가 탄 적그리스도국의 비밀이다. 다섯은 망하였는데 망한 다섯 나라는 애굽, 앗수르, 바벨론, 메대 바사, 헬라이다. 그리고 "하나는 있고"라고 한 나라는 로마요, 이르지 않은 한 나라는 최후의 적그리스도국이다. 이 적그리스도국은 전에 있다가 시방 없어진 짐승이며 여덟째 왕이라고 했다. 적그리스도국이 일곱이었으니 마지막 적그리스도국의 왕은 일곱째 왕이어야 하지만 마지막 적그리스도국의 왕은 여덟째 왕이라고 했다. 그 이유는 마지막 적그리스도는 전에 있다가 시방 없어진 짐승인데 다시 나타나는 짐승이기 때문이다.

이 적그리스도국을 재생 로마국이라고 볼 수는 없다. 그 이유는 "하나는 있고"라고 하여 로마가 여섯째 적그리스도국이라고 하였기 때문이다. 전에 있다가 시방 없어진 짐승이 로마라고 한다면 다시 일어나는 적그리스도는 여덟째 왕이 아니라 일곱째 왕이 되기 때문이다. 그러므로 마지막 적그리스도는 로마 이후에 이 세상에 일어났다가 망했던 나라를 가리킨다고 보아야 한다. 로마 이후에 있었다가 망한 적그리스도국은 어느 나라일까? 그 나라가 다시 일어나 여덟째 왕 마지막 적그리스도국이 된다고 했다.

② 음녀의 비밀

"지혜 있는 뜻이 여기 있으니 그 일곱 머리는 여자가 앉은 일곱 산이요 또 일곱 왕이라"(계 17:9-10).

a. 음녀는 많은 물 위에 앉았다. 많은 사람에게 높임을 받는다.

b. 땅의 임금들이 그로 더불어 음행했다. 그 임금들이 이 세상주의의 술에 취하여 하나님을 배반했다.

c. 짐승이 여자를 등에 태운다. 적그리스도 국가가 이 세상주의의 마력에 이끌려 가는 것을 의미한다. 모든 적그리스도국들은 하나님을 배반하고 이 세상주의의 마력에 사로잡힌 나라들이다. 짐승의 일곱 머리는 일곱 나라이다(9절). 그리고 일곱 나라 중 다섯은 망했고 하나는 시방 있고 하나는 이르지 않았으나 이르면 잠깐 동안 있다가 망하는 나라라고 했다(10절). 이 적그리스도국들은 다음과 같은 나라인데 다 같이 하나님을 배반하고 세상주의의 마력에 빠졌던 나라들이다.

- 애굽–애굽은 아브라함의 후손이 400년간 머물던 나라로서 가장 전성기이던 아멘 호텝 Ⅲ세(B.C. 1415) 때에 한 일은 큰 신전을 세우고 왕의 시체를 미라로 만들고 피라미드를 세운 것이다. 애굽은 히브리인의 남아들을 학살했고(출 1:16), 히브리인들을 중노동으로 혹사시켰다(출 2:11).
- 앗수르–북방 이스라엘을 포로로 사로잡아 간 나라로서, 전성기의 왕이었던 사르곤(Sargon) 왕의 출토된 보좌는 길이 15척, 높이 12척이요, 사르곤 왕의 왕궁 앞에는 돌로 만든 높이 16척의 날개 달린 황소를 세웠다고 한다.

• 바벨론－유대 민족을 포로로 잡아간 나라로서, 높은 성을 쌓고 공중 정원을 만들고 즐기면서 하나님을 경외하지 않고 우상을 숭배하다가 멸망했다.

• 메대 바사－바사 왕들은 약소국가들에 대해 인도주의적(人道主義的)이었으나 다리오 왕 때에 다니엘을 사자굴에 던졌고, 아하수에로 왕 때에 유대인들은 전멸될 위기를 맞기도 했다. 아하수에로의 베푼 잔치를 보면 그도 이 세상주의의 마력에 빠져 있는 왕이었다.

• 헬라－안디오커스 에피파네스는 유대인들에게 돼지고기를 먹게 하고 거부하는 자는 무조건 살해했으며, 성전을 제우스 신전으로 만들고 돼지를 잡아 제사하게 했다.

• 시방 있는 나라－로마. 로마는 300년간 많은 성도를 죽였다. 그들은 원형극장에 모여 검투사들이 싸워 죽는 것을 보며 먹고 마시며 즐겼다.

• 마지막 적그리스도국－짐승은 여자를 태우고 있었다. 마지막 적그리스도국도 한편으로는 그리스도인들을 핍박하고 다른 한편으로는 향락주의에 지배될 것을 보여준다.

③ 음녀의 멸망

"네가 본 바 이 열 뿔과 짐승이 음녀를 미워하여 망하게 하고 벌거벗게 하고 그 살을 먹고 불로 아주 사르리라"(계 17:16).

이는 짐승(적그리스도국)과 열 뿔(10분국) 간의 전쟁으로, 물질문명이 파괴되고 물질문명의 마력도 없어질 것을 묘사(描寫)한 것이다. 2차 대전 때에 된 일을 보면 영국, 독일, 소련은 천년의 역사를 자랑하며 사랑을 받던 건물들을 잔인하게 파괴하고 벌거숭이로 만들었다. 아마겟돈 전쟁 때에 음녀인 이 세상 물질문명은 불타 없어질 것이다.

④ 어린 양과 성도의 승리

"저희가 어린 양으로 더불어 싸우려니와 어린 양은 만주의 주시요 만왕의 왕이시므로 저희를 이기실 터이요 또 그와 함께 있는 자들 곧 부르심을 입고 빼내심을 얻고 진실한 자들은 이기리로다"(계 17:14).

a. 어린 양과 성도의 대적은 누구인가?

- 마귀이다 – 마귀는 세상주의 음녀로 미혹한다. 아담을 유혹하여 타락시켰고, 예수님을 시험했다. 성도에게도 같은 것으로 유혹한다. 그러므로 사도 요한은 "이 세상이나 세상에 있는 것들을 사랑치 말라"(요일 2:15)고 하였다.
- 적그리스도이다 – 적그리스도는 권세로 성도를 핍박한다. 적그리스도는 가정, 학교, 직장, 국가 어디나 있다. "아버지와 아들을 부인하는 그가 적그리스도니"(요일 2:22)라고 하였다.
- 거짓 선지자 – 거짓 선지자는 거짓 교훈으로 사람을 타락하게

한다. 거짓 선지자가 버가모 교회와 두아디라 교회를 타락하게 했다.

b. 어떻게 이기는가?

어린 양은 만주의 주시요 만왕의 왕이시다. 열 뿔과 짐승이 음녀를 미워하게 하신다고 했고(16절), 하나님이 자기 뜻대로 할 마음을 저희에게 주신다고 하였다(17절). 후 3년 반 아마겟돈 전쟁으로 물질문명은 파괴되고 사람들을 매혹하던 물질문명의 마력도 없어진다. 동시에 "그와 함께 있는 자들 곧 부르심을 입고 빼내심을 얻고 진실한 자들은 이기리로다"(14절)라고 했다. 말세의 음녀의 유혹은 많은 사람들을 유혹하며 그 음행의 포도주에 취하게 한다. 음녀에게 죽은 자가 "허다하다"(잠 7:26)고 하였다. 다윗도 솔로몬도 음녀에게 넘어졌다. 그러나 진실한 성도는 이긴다고 했다. 성도는 이 음녀의 유혹을 이겨야 한다.

2. 바벨론 심판(18:1-24)

주석가 반즈는 이 바벨론이 로마교를 가리킨다고 하였으나(Barne's Comm.) 박윤선 박사는 말세의 이 세상을 가리킨다고 했다(박윤선, 《요한계시록주석》). 17장은 바벨론의 음녀성(淫女性)에 대한 심판이요, 18장은 물질문명으로 건설한 바벨론 성에 대한 심판이다. 계시록의 저자는 고대문명의 중심지였던 바벨론의 문명과 범죄와 멸망을 통해 미래의 이 세상의 번영과 범죄와 멸망을 조명(照明)한다.

1) 바벨론 멸망에 대한 천사의 선언(18:1-3)

음녀 심판을 보여주신 후 한 권세있는 다른 천사가 내려와 힘센 음성으로 "무너졌도다 무너졌도다 큰 성 바벨론이여 귀신의 처소와 각종 더러운 영의 모이는 곳과 각종 더럽고 가증한 새의 모이는 곳이 되었도다"라고 외쳤다.

바벨론의 멸망은 성경에 여러 번 예언되었다.

- 소돔과 같이 되리라(사 13:19).
- 땅에 앉게 되리라(사 47:1-15).
- 바벨론이 황폐한 무더기가 되어 시랑의 거처와 놀람과 치솟거리가 되고 거민이 없으리라(렘 51:37).
- 무너졌도다 무너졌도다 큰 성 바벨론이여(계 14:8, 18:2).
  바벨론은 고대 바벨론이 있고 말세의 바벨론이 있다. 말세의 바벨론은 이 세상이다. 말세의 이 세상을 바벨론에 비교한 이유는 말세의 이 세상은 고대문명의 중심지였던 바벨론과 유사(類似)하기 때문이다.
- 물질적 번영이 유사하다. 고대 바벨론은 물질문명의 중심지였다. 세계 7대 불가사의 중 하나라고 하는 공중정원을 만든 방대(尨大)한 도성이었다(p. 271 참고). 말세의 이 세상은 "많은 사람이 빨리 왕래하며 지식이 더하리라"(단 12:4)고 하였는데 지금 이 세상은 1세기 전에는 상상도 못했던 일들을 만들어 내고 있다.
- 사람들의 범죄가 고대 바벨론과 유사하다. 고대 바벨론은 우상숭배를 강요하며 성도를 핍박하였으며(단 3:19, 6:16), 성전 기명으

로 술을 부어 마시기까지 하는 극도로 사치한 도성이었다(단 5:2). 지금 이 세상에는 성도들을 핍박하는 나라와 지방이 많다. 그러나 후 3년 반 적그리스도가 일어나면 박해는 더욱 심해질 것이다. 이 세상은 우상숭배와 사치와 음행과 각종 죄악이 날마다 더해가고 있다.

• 도성의 무너짐이 유사하다. 고대 바벨론은 난공불락(難攻不落)의 도성과 같았다. 그러나 하룻밤에 메데 바사군의 쳐들어와 무너뜨렸다(단 5:30). 말세의 이 세상도 그렇게 될 것이라고 했다.

2) 자기 백성에 대한 부름

> "내 백성아, 거기서 나와 그의 죄에 참예하지 말고 그의 받을 재앙들을 받지 말라"(계 18:4).

이것은 이 세상의 최후 심판을 앞두고 부르시는 복음의 부르심이다. 복음의 부르심은 어떠한가?

① 심판 전에 부르신다. 홍수 전에 노아를 부르셨고(창 6:13) 소돔 성이 심판받기 전에 롯을 부르셨다(창 19:12).

② 바벨론에서 나와 죄에 참예하지 말라고 하신다. 이 세대를 본받지 말라(롬 12:2). 저희 중에서 나와 따로 있으라(고후 6:17)고 하셨다.

3) 바벨론(이 세상)이 심판 받는 이유

"그 죄는 하늘에 사무쳤으며 하나님은 그의 불의한 일을 기억하신지라"(계 18:5)라고 하였다. 소돔 성은 그들에 대한 "부르짖음이 크고 죄악이 심히 중할 때"(창18:20) 심판을 받았고 바벨론 왕 벨사살은 하나님께서 저울에 달아보시고 부족할 때 심판을 받았다(단 5:25-28). 말세의 이 세상이 심판을 받는 것은 이 세상의 죄와 불의 때문이다.

① 음행의 죄, 영적 음행 배신주의(背神主義)의 죄이다.

> "그 음행의 진노의 포도주를 인하여 만국이 무너졌으며 또 땅의 왕들이 그로 더불어 음행하였으며 땅의 상고들도 그 사치의 세력을 인하여 치부하였도다"(계 18:3).

말세 바벨론의 죄는 음행죄라고 했다. 음행에는 영적음행과 육체적 음행이 있다. 구약시대 이스라엘과 유다가 하나님을 떠나 이방나라를 의지할 때 음녀라고 하였고(겔 23:1-4), 사도 야고보는 세상을 사랑하는 신자들을 향해 "간음하는 여자들" 이라고 했다(약 4:4). 말세 이 세상의 물질문명은 음녀와 같이 사람들이 하나님을 떠나게 한다. "저희는 번성할수록 내게 범죄하니 내가 저희의 영화를 변하여 욕이 되게 하리라"(호 4:7)고 하신 말씀과 같이 된다.

② 왕들의 죄, 교만죄이다.

땅의 왕들이 그로 더불어 음행하게 되는데, 땅의 왕들은 하나님의 말씀의 통제(統制)를 받지 않고 자행자지(自行自止)하는 사람들을 가리키는 말이다. 바울은 고린도교회의 신자들이 자기들의 임의(任意)대로 하는 것을 보고 "우리 없이 왕 노릇 하였도다"(고전 4:8)라고 하였다.

우주는 자연법칙에 이해 운행되므로 충돌되지 않고 자동차도 운전 법칙에 의해 운행됨으로 사고 없이 다닐 수 있다. 그와 같이 사람에게는 인생을 살아가는 법칙을 주셨다. 그 법칙은 하나님의 말씀이다. 그러므로 하나님의 법을 무시하고 자행자지하는 것은 세상의 질서를 파괴하는 것이며 큰 죄이다. 말세에는 그런 사람들이 많겠다는 것이다.

③ 상고(商賈)들의 죄, 이기주의이다.

땅의 상고들은 "사치의 세력을 인하여 치부하였도다"(계18:3)라고 하였고, "바벨론을 인하여 치부한 이 상품의 상고"(계 18:15)라고 하였고, "상고들은 땅의 왕족들이라 네 복술을 인하여 만국이 미혹되었도다"(계 18:23)라고 하였다. 상고들은 바벨론의 사치의 세력과 그 구매력을 부추겨 만국을 미혹하여 치부한 자들이니 선악을 분간하지 않고 자기 유익만 도모하는 땅에 속한 사람들을 일컫는 이름이다. 하나님을 위하지 않고 자기 육신의 이익만 목적하고 사는 사람들은 상고(장사꾼)이다. 말세에는 사람들이 자기를 사랑하고 돈을 사랑하겠다고 했다(딤후 3:2).

④ 자기를 영화롭게 하고 교만한 죄

"그가 어떻게 자기를 영화롭게 하였으며……그가 마음에 말하기를 나는 여황으로 앉은 자요 과부가 아니라 결단코 애통을 당하지 아니하리라 하니"(계 18:7).

헤롯 왕은 두로와 시돈 사람들이 그의 연설을 듣고 "이 소리는 신의 소리요 사람의 소리는 아니라"고 할 때 이 영광을 하나님께 돌리지 아니함으로 주의 사자가 곧 치니 충이 먹어 죽었다고 했다(행 12:20-23). 만물 위에 인간이 있지만 인간 위에는 하나님이 계신다. 그러므로 모든 영광은 하나님께 돌려야 한다.

앤드류 머레이는 그의 책 《겸손》에서 사람이 겸손해야 할 이유 세 가지를 말했다. 첫째로, 사람은 피조물이다. 그러므로 사람은 겸손해야 한다. 둘째로, 사람은 죄인이다. 그러므로 겸손해야 한다. 셋째로, 사람은 무슨 선행을 했다고 해도 하나님께서 허락하심으로 한 것이다. 그러므로 겸손해야 한다고 했다.

교만의 성품은 마귀의 성품이다. 마귀는 "지극히 높은 자와 비기리라 하도다"(사 14:14)라고 하였다. 말세 이 세상은 하나님을 두려워하지 않음으로 교만하게 된다. 그러므로 하나님의 심판을 받게 된다.

⑤ 선지자들과 성도들과 의인의 피를 흘린 죄

"선지자들과 성도들과 및 땅 위에서 죽임을 당한 모든 자의 피가 이 성중에서 보였느니라 하더라"(계 18:24).

아벨의 피가 호소한다고 하였다(창 4:10). 예수님은 "그러므로 의인 아벨의 피로부터 성전과 제단 사이에서 너희가 죽인 바라갸의 아들 사가랴의 피까지 땅 위에서 흘린 의로운 피가 다 너희에게 돌아가리라 내가 진실로 너희에게 이르노니 이것이 다 이 세대에게 돌아가리라"(마 23:35-36)고 하셨다.

히브리서의 저자는 예수님의 피는 "아벨의 피보다 더 낫게 말하는 뿌린 피니라"(히 12:24)고 하였다. 많은 선지자들과 성도들과 의인들과 예수님의 피를 흘린 예루살렘은 주후 70년 110만의 유대인들이 죽임을 당하는 심판을 받았다. 말세 이 세상은 선지자들과 성도들과 의인들의 피를 흘렸다. 그러므로 심판을 받게 된다.

4) 바벨론 심판의 형편

① 무너져 폐허가 됨

힘센 천사는 "무너졌도다 무너져도다 큰 성 바벨론이여 귀신의 처소와 각종 더러운 영의 모이는 곳과 각종 더럽고 가증한 새의 모이는 곳이 되었도다"(계 18:2)라고 하였다. 사람이 살 수 없는 곳이 될 것을 의미한다.

② 사망과 애통과 흉년과 불사름

"그러므로 하루 동안에 그 재앙들이 이르리니 곧 사망과 애통과 흉년이라 그가 또한 불에 살라지리니 그를 심판하신 주님은 강하신 자이심이라"(계 18:8)

바벨론에 대한 마지막 재앙은 일곱 대접재앙이다. 그 재앙 가운데는 질병과(계 16:2), 자연계의 재앙과(계 16:4-7), 전쟁(계 16:12-16) 등의 재앙이 나타난다. 이 재앙들로 인해 사람들은 질병과 흉년과 전쟁으로 죽으며 도시는 전쟁으로 불사름이 된다. 이런 심판을 받는 것은 성도들과 선지자들의 피를 흘렸기 때문이다(계 16:6).

③ 심판이 일시간에 임함

하루 동안에 재앙이 오고(계 18:8), 일시간에 심판이 온다(계 18:10, 17, 19). 고대 바벨론이 무너질 때 벨사살 왕은 벽에 기록된 글로 인해 두려워 떨다가 다니엘을 통해 해석을 들었지만 "그날 밤에 갈대아 왕 벨사살이 죽임을 당하였다"(단 5:3)고 하였다. 벨사살은 회개할 어떤 기회도 없이 심판을 받았다. 말세 바벨론 이 세상도 하루 동안에 혹은 일시간에 심판이 올 것이다.

④ 결코 다시 보이지 않음(계 18:21)

한 힘센 천사가 나타나 큰 맷돌 같은 돌을 들어 바다에 던지며 "큰 성 바벨론이 이같이 몹시 떨어져 결코 다시 보이지 아니하리로다" 라고 했다.

거문고와 풍유소리 각종 악기 소리가 다시 들리지 않고(계 18:22), 세공업자가 보이지 않고(계 18:22), 맷돌 소리가 들리지 않고(계 18:22), 등불 빛이 비취지 않고(계 18:23), 신랑과 신부의 음성이 들리지 않고(계 18:23)라고 하였다. 미래 바벨론은 심판을 받아 없어진다. 그러므로 하늘로서 나는 음성은 "내 백성아, 거기서 나와 그의 죄에 참예하지 말고 그의 받을 재앙들을 받지 말라"(계 18:4)라고 하였다.

3. 적그리스도와 거짓 선지자 심판(19:1-21)

17장은 음녀와 같은 이 세상주의의 마력에 대한 심판이요, 18장은 바벨론과 같은 이 세상에 대한 심판이요, 19장은 후 3년 반에 역사하는 적그리스도와 거짓 선지자에 대한 심판이다. 적그리스도는 후 3년 반에 전 세계를 지배하는 자인데 마귀의 화신(化身)이다. 붉은 용 마귀는 여인(교회)을 없이하려고 하였으나 뜻을 이루지 못하고 바다 모래에 섰다고 했다(계 12:15-17). 바다 모래는 인류를 가리키며, 그 바다에서부터 짐승(적그리스도)이 올라온다고 했다(계 13:1). 이 짐승은 후 3년 반에 세계를 통일하며(계 13:7) 양의 새끼같이 두 뿔이 있고 용과 같이 말하는 거짓 선지자를 통해 성도를 핍박하며 죽인다고 했다(계 13:11-18).

그러나 마지막 일곱 대접 재앙이 나타나며, 만왕의 왕 예수님은 하늘 군대를 거느리고 나타나셔서 적그리스도와 거짓 선지자를 체포하여 불 못에 던진다. 선과 악의 싸움에서 최후 승리는 예수님에게 있고 성도에게 있다.

1) 하늘의 찬양(19:1-10)

하늘에서는 허다한 무리의 찬양과 24장로와 네 생물의 찬양과 허다한 무리의 음성과도 같고 많은 물소리와도 같은 음성의 찬양이 들려왔다. 그 찬양은 음녀 바벨론과 적그리스도에 대한 심판과 어린양의 혼인기약이 이르렀음을 인해 부르는 하늘의 찬양이었다.

① 승리에 대한 찬양

a. 땅을 더럽게 한 음녀를 심판하심

"그의 심판은 참되고 의로운지라 음행으로 땅을 더럽게 한 큰 음녀를 심판하사 자기 종들의 피를 그의 손에 갚으셨도다" (계 19:2).

이 세상을 음녀라고 하는 이유는 이 세상에 사는 사람들이 창조주 하나님을 섬기지 않고 세상을 사랑하기 때문이다(약 4:4). 하나님께서는 17장과 18장에서 음녀같은 이 세상을 심판하셨다.

b. 적그리스도를 심판하신다.

"……할렐루야 주 우리 하나님 곧 전능하신 이가 통치하시도다"(계 19:6).

후 3년 반에는 적그리스도가 권세를 받아 성도들과 싸워 이기게 되고 각 족속과 백성과 방언과 나라를 다스리는 권세를 받는다고 하였다(계 13:7). 그러나 그 적그리스도와 거짓 선지자는 예수님과 그를 따르는 하늘 군대에게 체포되어 불 못에 들어간다(계 19:20). 그러므로 하늘에서는 승리의 찬양이 울려 퍼진다.

② 혼인에 대한 찬양(7-10절)

> "우리가 즐거워하고 크게 기뻐하여 그에게 영광을 돌리세 어린양의 혼인기약이 이르렀고 그 아내가 예비하였으니"(계 19:7).

혼인은 사람들이 가장 행복하다고 생각한다. 그러므로 성경은 사람들의 구원을 혼인에 비교한다.

- 어린양의 혼인잔치 - 사도 요한은 예수님을 어린 양이라고 했다(요 1:29; 계 5:6, 14:1, 17:4, 19:9). 예수님을 어린 양이라고 하는 것은 예수님은 속죄제물이 되신 구주임을 나타내는 말이다. 하나님께서는 아담에게 아내를 지어주실 때 아담을 깊이 잠들게 하시고 갈빗대 하나를 빼어 하와를 만드셨고 아담은 "이는 내 뼈 중의 뼈요 살 중의 살이라"(창

2:23)고 하였다. 그와 같이 하나님께서는 예수님을 십자가에서 죽게 하시고 그 옆구리의 피를 흘리게 하사 죄인들을 대속하여 그의 신부로 삼게 하셨다. 바울은 "이 비밀이 크도다 내가 그리스도와 교회에 대하여 말하노라"(엡 5:32)고 하였다.

• 그의 아내가 예비함 - "그 아내가 예비하였으니 그에게 허락하사 빛나고 깨끗한 세마포를 입게 하셨은즉 이 세마포는 성도들의 옳은 행실이로다 하더라"(계 19:7-8). 이 말씀은 하나님께서 예수로 말미암아 나타내신 '의'를, 믿는 사람의 의로 여기신다는 것을 보여주는 말씀이다. 무디(D.L. Moody)는 "믿음이란 나의 죄는 모두 다 내 것이 아니라 예수님의 것이요 예수님의 의는 모두 다 예수님의 것이 아니라 내 것이라고 믿는 것"이라고 했다.

2) 천사의 권면(19:9)

• 천사는 기록하라고 하며 "어린 양의 혼인 잔치에 청함을 입은 자들이 복이 있도다", "이것은 하나님의 참되신 말씀이라"고 했다. 성경은 다음의 세 가지를 잔치에 비교했다. 복음의 초청(마 22:1-4), 회개한 자의 마음(계 3:20), 구원 얻은 성도들이 예수님을 만남(마 25:10). 로벗슨 니콜은 "교회의 초청은 현관 파티와 같다. 본 혼인 잔치에 들어가기 위해 준비해야 한다"고 했다(Robertson Nicoll, Exposition Greek Testament, Vol. 5 p. 464). 본문의 잔치는 구원 얻은 성도들이

천국 혼인 잔치에 모이는 잔치이다. 신부는 빛나고 깨끗한 세마포를 입었다. 그 세마포는 "그에게 허락하사" 입게 된 세마포, 의의 옷이다. 그들은 복된 자들이다.

- 삼가 그리하지 말고 오직 하나님께 경배하라(10절).

  사도 요한이 천사의 위풍과 전하는 말에 압도되어 그의 발 앞에 엎드려 경배하려고 했을 때 천사는 삼가 그리하지 말고 오직 하나님께 경배하라고 하며 "예수의 증거는 대언의 영이라"고 했다. 그 의미는 천사나 사도나 일반 하나님의 일꾼들은 다 같이 성령의 인도를 받는 자들이므로 동등한 하나님의 일꾼으로 대해야 한다는 것이다(Barnes). 이 천사의 교훈을 통해 교역자들 간에 평등의식을 배워야 한다.

3) 승리자 예수님과 하늘 군대

① 예수님의 모습(11-16절)

- 백마를 타심-성결과 승리의 모습이다. 총사령관은 백마를 탄다.
- 이름은 충신과 진실이며 공의로 심판하신다.
- 눈이 불꽃 같다(계 1:14, 2:18). 사람의 마음을 살피는 눈이다.
- 머리에 많은 면류관을 쓰심-많은 나라를 정복하고 승리한 것을 보여준다.
- 자기만 아는 이름이 있음-신성의 이름(박윤선), 신인 양성의 이름(Lange).
- 피 뿌린 옷을 입음-심판자의 옷(사 63:2)

- 이름은 하나님의 말씀−(요 1:14)
- 하늘 군대가 따름−성도는 하늘 군대이다(겔 37:10; 딤후 2:3). 이 군대는 흰 옷 입은 군대−죄 씻음 받은 군대−이며, 말 탄 군대−능력 받은 군대−이며, 예수님을 따라가는 군대다.
- 그의 입에서 검이 나옴−말씀의 검이다(히 4:12).
- 철장으로 다스리심−예수님이 받으신 권세다(시 2:9; 계 2:27, 12:5).
- 진노의 포도주 틀을 밟음−세상을 심판하심(계 14:18).
- 옷과 다리에 만왕의 왕 만주의 주라고 씀−옷과 다리는 잘 드러나는 곳인데 만왕의 왕이요 만주의 주이심이 뚜렷이 나타남을 의미한다.

② **적그리스도와 거짓 선지자 체포**(17−21절)

사도 요한이 보니 "한 천사가 해에 서서 공중에 나는 모든 새를 향하여 큰 음성으로 외쳐 가로되 와서 하나님의 큰 잔치에 모여 왕들의 고기와 장군들의 고기와 말들과 그 탄 자들의 고기와 자유한 자들이나 종들이나 무론대소하고 모든 자의 고기를 먹으라"(17-18절)고 하였고, 또 보니 짐승과 땅의 임금들과 그 군대들이 모여 그 말 탄 자와 그의 군대로 더불어 전쟁을 일으키다가 짐승이 잡히고 그 앞에서 이적을 행하던 거짓 선지자도 함께 잡혀 산 채로 유황 불 붙는 못에 던지우고, 그 나머지는 말 탄 자의 입으로나오는 검에 죽어 새들이 그 고기로 배불리더라고 했다(19-21절).

짐승은 후 3년 반에 전 세계를 지배하던 적그리스도이며(계 11:7, 13:7), 거짓 선지자는 짐승의 권세를 가지고 성도들을 핍박하던 자이다(계 13:11).

그러나 그들은 말 탄 자와 그 군대로 더불어 전쟁을 일으키다가 사로잡혀 산 채로 유황 불 붙는 못에 던지우며 나머지 적그리스도의 군대는 말 탄 자의 입으로 나오는 검에 죽음으로 공중의 새들이 그 시체로 배불리게 된다. 말 탄 자는 예수님이시며, 그 군대는 성도들이다.

예수님과 성도들은 마지막 적그리스도와의 전투에 참여하여 승리할 것을 보여준다.

③ 예수님과 성도는 적그리스도와의 전쟁에서 어떻게 싸우는가?

예수님은 그 입의 검으로 싸우신다. 그 입의 검은 말씀의 능력이다. 이 마지막 전쟁은 아마겟돈 전쟁이며(계 16:16), 외관상으로는 짐승(적그리스도)과 10분국 사이에서 일어나는 전쟁이다(단 11:44). 그러나 이 아마겟돈 전쟁이 일어나게 하시는 분은 하늘과 땅의 모든 권세를 가지신 예수님이시다.

"하나님이 자기 뜻대로 할 마음을 저희에게 주사 한 뜻을 이루게 하시고 저희 나라를 그 짐승에게 주게 하시되 하나님 말씀이 응하기까지 하심이니라"(계 17:17)고 하였고, 16장에서는 여섯째 천사가 그 대접을 유브라데 강에 쏟으매 강물이 말라서 동방에서 오는 왕들의 길이 예비되고 개구리 같은 세 더러운 영이 용의 입과 짐승의 입과 거짓 선지자의 입에서 나오는데 저희는 귀신의 영이며 이적을 행하여 온 천하 임금들에게 가서 하나님 곧 전능하신 이의 큰 날에 전쟁을 위하여 그들을 모으더라고 하였다(계 16:12-14).

예수님은 직접 칼을 빼어 적그리스도의 군대와 싸우시는 것이 아니라 열 뿔과 짐승이 전쟁하도록 그 입의 검으로 싸워 승리하신다. 그의 군대들(성도)은 어떻게 싸우는가? "하늘에 있는 군대들이 희고 깨끗한 세마포를 입고 백마를 타고 그를 따르더라"(계 19:14)고 했다.

하늘에 있는 군대는 땅에 속한 사람이 아니라 물과 성령으로 거듭나서 하늘에 속한 사람들을 가리키며, 희고 깨끗한 세마포를 입은 것은 보혈로 죄 씻음을 받은 것이며, 백마를 탄 것은 권능을 받아 승리생활 하는 것을 의미하며, 예수님을 따르는 것은 예수님을 본받는 것을 의미한다.

그리스도인은 군대라고 했다. 바울은 "네가 그리스도 예수의 좋은 군사로 나와 함께 고난을 받을지니"(딤후 2:3)라고 하였고, "우리의 싸우는 병기는 육체에 속한 것이 아니요 오직 하나님 앞에서 견고한 진을 파하는 강력이라 모든 이론을 파하며 하나님 아는 것을 대적하여 높아진 것을 다 파하고 모든 생각을 사로잡아 그리스도에게 복종하게 하나니"(고후 10:4-5)라고 하였다.

하나님의 군대의 싸움은 :

- 마귀로 더불어 싸우는 싸움이다(계 12:3).
- 적그리스도로 더불어 싸우는 싸움이다(계 13:7-8).
- 거짓 선지자로 더불어 싸우는 싸움이다(계 13:11).

이것들로 더불어 싸우기 위해서는 하나님의 전신갑주를 입어야 한다. 그 전신갑주는 진리의 띠, 의의 흉배, 평안의 복음이 준비한 신, 믿음의 방패, 구원의 투구, 성령의 검 곧 하나님의 말씀, 기도이다.

A.D. 1095년부터 A.D. 1270년 사이에 일어난 십자군전쟁은 십자가 군병이 어떻게 싸워야 하는가를 알지 못한 까닭에 일어난 전쟁이다. 그러므로 7차 전투로 많은 희생자를 냈고 결국 실패했다. 사도 요한은 "저희가 어린 양으로 더불어 싸우려니와 어린 양은 만주의 주시요 만왕의 왕이시므로 저희를 이기실 터이요 또 그와 함께 있는 자들 곧 부르심을 입고 빼내심을 얻고 진실한 자들은 이기리로다"(계 17:14)라고 했다. 십자가 군병의 전투는 무기로 싸우는 것이 아니라 하나님의 전신갑주를 입고 자기를 쳐서 복종시키며 적그리스도 국가에게 굴복하지 않고 거짓 선지자의 교훈에 넘어가지 않고 진리를 파수하는 것이다. 그렇게 할 때 만주의 주요 만왕의 왕이신 예수님은 그 입의 검으로 최후 전쟁에 승리하시고, 적그리스도와 거짓 선지자를 체포하여 불 못에 던지신다.

4. 마귀 심판(20:1-10)

20장은 마귀 심판에 대한 계시이다. 1-3절은 마귀가 예수님의 초림 시에 1차적으로 심판을 받은 것을 보여주며(요 16:11), 4-6절은 십자가의 권세로 마귀를 가둔 후에 오는 은혜 시대를 가리키며, 7-10절은 마귀가 후 3년 반에 옥에서 나와 활동하다가 심판을 받아 불 못에 들어갈 것을 보여준다.

〈전천년주의에 대한 비판〉

기독교 사역자들과 신자들 중에는 전천년설(Premillennialism)을 믿는 이들이 많으므로 전천년설의 오류를 지적하고 지나가려고 한다. 전천년주의에서는 계시록 20장 1-6절의 말씀이 예수님이 재림하신 후 마귀를 가두고 지상에서 천 년간 성도들과 함께 왕 노릇 할 것을 가리키는 것이라고 주장한다. 그 이유는 다음과 같다.

① 계시록 20장 4절과 6절에 "천 년 동안 왕 노릇 한다"라고 기록되었으니 그대로 믿어야 하지 않느냐 하는 문자주의적(文字主義的) 해석을 취하기 때문이다.

그러나 상징적으로 보여준 계시록을 문자주의적으로 해석하면 바른 해석을 할 수 없게 된다. 문자주의 해석의 그릇됨에 대해서는 본 책 'Ⅰ. 계시록 해석 원리'에서 이미 설명한 바 있으니 참고하기 바란다.

② 또 다른 주장은 문맥상 19장은 예수님이 재림하셔서 적그리스도를 잡아 불 못에 던졌다고 하는 말씀이요, 제20장에서는 마귀를 가두고 천 년 동안 왕 노릇 한다고 하였으니 예수님이 재림하신 후 마귀를 가두고 그 후 천년왕국이 있다고 하는 말씀이 아니냐고 한다(박윤선, 《계시록 주석》).

그러나 계시록 19장은 재림에 대한 계시요, 20장은 재림 후에 있을 일에 대한 계시라고 보는 것은 무리가 있다. 그 이유는 17장부터 20장까지가 예수님의 재림 시에 있을 심판에 대한 계시이기 때문이다.

저자는 계시록 17장, 18장, 19장, 20장을 하나님의 심판, 즉 17장-음녀심판, 18장-바벨론 심판, 19장-적그리스도와 거짓 선지자 심판, 20장 1-10절-마귀 심판, 20장 11-15절-인류 심판으로 보며, 20장 1-3절은 예수님의 초림 시에 마귀가 1차적으로 심판을 받아 무저갱에 갇힌 것이요(요 16:11; 벧후 2:4; 유 1:6), 4-6절은 마귀를 가둔 후에 오는 은혜 시대이며, 7-10절은 후 3년 반에 마귀가 무저갱에서 나와 활동하다가 최후 심판을 받는 것을 보여주는 말씀이라고 본다.

③ 전천년주의의 또 다른 주장은 고대 교부(敎父)들이 예수님의 재림 후 지상 왕국이 있다는 것을 믿었다고 하는 것이다.

그러나 전천년주의를 믿었다고 하는 교부들의 말을 보면 전천년주의를 믿었다고 볼 수 없는 말도 있고, 전천년주의를 믿은 교부들이라 하더라도 그 사상이 성경에서 취한 것이 아니라 유대인의 계시문학(Apocrypha)에서 온 말이라는 것을 발견하게 된다.

전천년주의를 믿었다고 하는 교부들의 말을 살펴보면 다음과 같다.

• 바나바(Barnabas, A.D. 70-100)

"그는 제7일에 쉬셨다. 그것의 의미는 그의 아들이 재림하시면 악한 자들을 멸망시키고 불경건한 자들을 심판하고 해와 달과 별들을 변케 하고 참으로 제7일에 쉬실 것이라는 것이다"(Epistle of Barnabas, pp. 146-147)라고 말한 것뿐이다. 그러므로 크로밍가(Krominga)는 말하기를 "바나바는 제7일에 쉰다고만 말했지 1천 년간 쉰다거나 지상에서 왕 노릇 한다거나 하는 말은 전혀 하지 않았다. 그러므로 바나바는 전천년주의자가 아니라 무천년주의자"라고 했다(Krominga, Millennium the Church, p. 110)

• 파피아스(Papias, A.D. 80-155)

파피아스는 그의 짧은 글에 다음과 같은 말을 남겼다. "그날이 오면 포도나무 하나에 1만 개의 줄기가 나고, 매 줄기마다 1만 개의 가지가 나며, 매 가지마다 1만 개의 작은 가지가 생기고, 매 작은 가지마다 1만 개의 포도송이가 열리며, 매 송이마다 1만 개의 포도알을 맺을 것이다. 그리고 매 포도알마다 즙을 짜면 25통의 술이 나올 것이다"라고 했다(The fathers of the Church, pp. 384-385).

파피아스는 어디서부터 이런 사상을 얻게 되었는가?파피아스 자신은 예수님에게서 배운 제자들에게서 들었다고 했지만 그의 대형 포도나무 이야기는 유대인의 계시문학에서 영향을 받은 것이 나타나고 있다. 유대인의 계시문학인 '바룩의 계시' (Apocalypes of Baruck)에 그와 같은 말이 있기 때문이다. 바룩의 계시에는 포도나무 하나에 1만 개의 줄기 대신 1천 개의 줄기, 1천 개의 가지라고 하여 단위만 다르게 되어 있다 (Schaff, History of the Christian Church, Vol Ⅱ, p. 618).

• 저스틴 말터(Justin Martyr, A.D. 100-165)

그는 철저한 전천년주의자였다. 그는 미래 왕국에 대해 질문을 받았을 때 "나와 바른 마음을 가진 사람들은 에스겔과 이사야의 가르친 대로 예루살렘에 천 년 기간이 있을 것이다"라고 했다. 쉐프(Schaff)는 저스틴 말터에 대해 "유대교의 천년주의에서 기독교의 천년주의로 전환하는 과도기적 인물"이라고 논평했다(Ibid.).

유대인의 계시문학(Apocrypha)은 로마의 박해 아래 있던 유대인들이 메시아를 통한 지상왕국을 대망하는 사상이 반영된 문학으로서 주후 1-2세기에 많이 나타난 문학들인데 복음의 가르침과는 다른 것이다. 교부들 중에는 유대인의 계시문학의 영향을 받아 예수님이 오시면 지상 천년왕국이 있을 것이라고 믿은 사람들이 있다. 그러나 어거스틴(Augustine), 오리겐(Origen), 가이어스(Gaius) 같은 교부들은 재림 후 지상 천년왕국이 있다는 주장에 대해 반대했다(Ibid.).

우리는 계시록 20장을 해석할 때 "성경의 애매한 부분은 애매한 것에서부터 해석하지 말고 분명한 교훈의 가르침에서부터 해석해야 한다"고 한 워필드(B.B. Warfield)의 말을 명심해야 한다. 종말에 대한 예수님과 사도들의 분명한 가르침에는 예수님이 재림하신 후 땅에서 1천 년간 산다고 한 말씀이 한 곳도 없다. 그러므로 그런 전제에서 계시록 20장을 해석해야 한다. 그렇게 해석하는 해석 방법은 상징주의적 해석 방법이다. 그렇게 해석할 때 계시록 20장은 우리가 믿는 교리와 완전 일치되는 말씀이라는 것을 알게 되며, 예수님이 재림하신 후 이 세상에서 1천 년간 산다고 하는 전천년주의의 교리적 모순을 피하게 될 것이다.

전천년주의의 모순은 다음과 같은 주장을 보면 알 수 있다.

① 예수님이 오시면 이 세상은 무죄 시대가 되고 믿는 사람들은 예수님과 같이 땅에서 살며 왕 노릇 한다고 한다. 그러나 예수님이 오시면 성도는 변화된다고 했다(고전 15:52; 살전 4:17; 요일 3:2). **변화된 성도가 땅에서 농사지으며 결혼하여 자녀 낳으며 음식 먹으며 사는 것일까?**

② 예수님과 함께 왕 노릇 한다고 한다. 부활하는 성도는 수백 수천만이 될 터인데 이 세상 왕같이 지역을 분배받아 왕 노릇 할 수 있는가?

③ 천년왕국이 끝난 후 사람들은 마귀의 유혹을 받아 전쟁한다고 하였는데(계 20:7) **의로운 나라에서 살던 사람들을 또다시 타락하게 하시겠는가?**

④ 지상 천년왕국이 있다면 예수님은 불가불 두 번(천년왕국 전과 곡과 마곡 전쟁 후) **오셔야 하는데 예수님의 재림은 두 번 있는 것인가? 그런 사상은 성경이 가르치는 것이 아니며, 계시록을 잘못 해석함으로 나온 사상이다. 그러므로 칼빈**(John Calvin)**은 천년주**

의는 그리스도인의 소망을 부패하게 만드는 사상이라고 비판했다(John L. Mcneill, Calvin' s Institute 2, pp. 994-995).

1) 사단이 결박되었다가 잠깐 놓임

"또 내가 보매 천사가 무저갱 열쇠와 큰 쇠사슬을 그 손에 가지고 하늘로서 내려와서 용을 잡으니 곧 옛 뱀이요 마귀요 사단이라 잡아 일천 년 동안 결박하여 무저갱에 던져 잠그고 그 위에 인봉하여 천 년이 차도록 다시는 만국을 미혹하지 못하게 하였다가 그 후에는 반드시 잠깐 놓이리라"(계 20:1-3).

① 일천 년 동안 마귀를 무저갱에 가둠.

마귀를 가둠은 예수님의 초림 시에 십자가의 대속하심으로 마귀의 세력을 제한하심이요, 천 년은 하나님께서 죄인들이 회개하고 돌아오기를 기다리시는 기간이다(벧후 3:8). 성경말씀은 예수님의 초림(初臨) 시 마귀를 가둔다고 했다.

"사람이 먼저 강한 자를 결박하지 않고야 어떻게 그 강한 자의 집에 들어가 그 세간을 늑탈하겠느냐 결박한 후에야 그 집을 늑탈하리라"(마 12:29).

"심판에 대하여라 함은 이 세상 임금이 심판을 받았음이니라"(요 16:11).

"하나님이 범죄한 천사들을 용서치 아니하시고 지옥에 던져 어두운 구덩이에 두어 심판 때까지 지키게 하셨으며"(벧후 2:4).

"또 자기 지위를 지키지 아니하고 자기 처소를 떠난 천사들을 큰 날의 심판까지 영원한 결박으로 흑암에 가두셨으며"(유 1:6).

"큰 용이 내어쫓기니 옛 뱀 곧 마귀라고도 하고 사단이라고도 하는 온 천하를 꾀는 자라 땅으로 내어쫓기니 그의 사자들도 저와 함께 내어쫓기니라"(계 12:9).

마귀를 가두었다거나 결박하였다는 것은 무엇을 의미하는가? 예수님이 오셔서 죄인들을 대신하여 속죄(贖罪)하여 마귀의 세력을 꺾으심으로 마귀는 전과 같이 활동하지 못하게 된 것을 의미한다.

그 마귀에 대한 활동 제한은 다음과 같은 것들이다.

- 예수님이 오시기 전 마귀는 천사의 회에 참여하였으나(욥 1:6; 슥 3:1-2) 예수님이 속죄하신 후에는 천사의 회에 참여하지 못한다(계 12:9).
- 예수님이 오시기 전에는 온 천하를 꾀었으나 오신 후에는 온 천하를 꾀지 못하게 되었다(계 12:9).
- 예수님이 오시기 전엔 마귀가 성도를 참소했다(욥 1:6; 슥 3:1-2). 그러나 예수님이 오신 후에 성도를 참소하지 못한다.
- 믿는 사람들을 만지지도 못한다(요일 5:18). 마귀는 십자가의 권세 앞에 복종한다. 그것은 마귀가 결박당한 것이며 무

저갱에 갇힌 것이다.

② 반드시 잠깐 놓임.

"그 후에는 반드시 잠깐 놓이리라"(3절)고 하였다. '그 후'는 마귀가 무저갱에 일천 년간(은혜 시대) 갇혀 있다가 그 은혜 시대가 지나간 후, 후 3년 반에 다시 세력을 얻어 적그리스도를 통해 역사할 것을 가리킨다. 계시록 9장을 보면 다섯째 천사가 나팔을 불 때 하늘에서 떨어진 별 하나가 무저갱 열쇠를 가지고 무저갱 구멍을 열며 무저갱에서 연기가 올라와서 해와 공기를 어둡게 하며 황충이 연기 가운데서 올라와서 이마에 하나님의 인 맞지 않은 자들을 상하게 한다고 하였다. 그리고 여섯째 천사가 나팔을 불 때에 유브라데 강 전쟁이 일어나며, 유브라데 강 전쟁 끝에 마귀의 권세를 받은 짐승(적그리스도)이 올라와서 역사한다고 하였다(계 11:7, 13:7).

그러나 "그 후에는 반드시 잠깐 놓이리라"고 하신 것은 마귀의 활동 기간이 길지 않고 짧은 기간 동안 활동하다가 최후 심판을 받는다는 것을 보여준다.

2) 천 년 기간(은혜 시대)에 될 일(20:4-6)

마귀는 예수님의 초림(初臨)으로 무저갱에 갇혔으니 일차적으로 심판을 받은 것이다. "심판에 대하여라 함은 이 세상 임금이 심판을 받았음이니라"(요 16:11)고 하였다. 마귀는 은혜 시대가 끝난 후 다시 놓여 후 3년 반 환난을 일으켜 성도를 핍박하다가 2차적으로 심판을 받아 불 못에 들어간다(계 20:10). 4-6절까지의 말씀은 마귀가 갇혀 있는 은혜 시대에 될 일을 보여준다.

① 복음 증거자들의 지위와 권세

> "내가 또 보좌들을 보니 거기 앉은 자들이 있어 심판하는 권세를 받았더라"(계 20:4).

이 말씀은 예수님께서 승천하신 후 사도들과 성도들이 성신 강림으로 권능을 받아 복음을 전파하게 되는 것을 보여준다.

예수님은 제자들에게 "세상이 새롭게 되어 인자가 자기 영광의 보좌에 앉을 때에 나를 좇는 너희도 열두 보좌에 앉아 이스라엘 열두 지파를 심판하리라"(마 19:28)고 하셨다. 이 말씀을 미래적으로 (재림 시에 될 일로) 생각하기 쉬우나 사실은 예수님께서 십자가에 죽으셨다가 부활하신 후에 나타날 일이다.

세상이 새롭게 됨은 신약 시대가 시작되는 때요, 인자가 자기 영광의 보좌에 앉을 때는 부활 승천하신 때이다. "주 예수께서 말씀을 마치신 후에 하늘로 올리우사 하나님 우편에 앉으시니라"(막 16:19)고 하였다.

그리고 보좌에 앉아 심판하는 권세를 받은 것은 복음 증거의 권세를 받은 것을 가리킨다. 성경 말씀은 복음 전파를 심판하는 일이라고 하였다. "내가 내 성령을 줄 터이니 그가 심판을 이방에 알게 하리라"(마 12:18)고 하였고, "저를 믿는 자는 심판을 받지 아니하는 것이요 믿지 아니하는 자는 하나님의 독생자의 이름을 믿지 아니하므로 벌써 심판을 받은 것이니라"(요 3:18)고 하였다. 복음 전파를 심판에 비교한 이유는 복음이 전파될 때 믿고 안 믿고에 따라 구원과 멸망이 결정되기 때문이다.

은혜 시대가 온 후 사도들과 많은 성도들은 성령 강림으로 천사도 흠모하는 복음의 직분을 받아 복음을 전파하였고 지금도 전파하고 있다.

② "살아서"의 '산 자'는 어떠한 자인가?

> "……또 내가 보니 예수의 증거와 하나님의 말씀을 인하여 목 베임을 받은 자의 영혼들과 또 짐승과 그의 우상에게 경배하지도 아니하고 이마와 손에 그의 표를 받지도 아니한 자들이 살아서 그리스도로 더불어 천 년 동안 왕 노릇 하니"(계 20:4).

a. "살아서"의 의미

'살아서'(에제산)라는 단어는 해석상 중요한 단어이다. '살아서' 그리스도로 더불어 천 년 동안 왕 노릇 한다고 하였으니 만일 '살아서'가 성도의 육신 부활을 의미하는 말이라면 천년왕국은 육신적 왕국일 것이고, 영적 의미를 가졌다고 하면 천년왕국도 신령한 왕국으로 보아야 하기 때문이다.

'살아서'(에제산)는 부활(아나스타시스)과는 다른 말이다. 에제산은 부활이 아니라 '생기 있게 산다' 또는 '힘있게 산다'는 의미의 말이다. 그러므로 교부 어거스틴(Augustine)은 '살아서' 는 영적 부활, 즉 거듭나는 것을 의미한다고 하며, 이 '살아서' 라는 말은 "진실로 진실로 너희에게 이르노니 죽은 자들이 하나님의 아들의 음성을 들을 때가 오나니 곧 이때라 듣는 자는 살아나리라"(요 5:25)고 하신 말씀의 '산다' 는 말과 같은 것이라고 하며, 이 '살아서' 는 영적 부활 즉 거듭나는 것이라고 했다(Augustine, the city of God, Vol. Ⅱ, p. 363).

'살아서' 왕 노릇 하는 자는 육신이 부활하여 왕 노릇 한다는 말이 아니라 영이 거듭나서 왕 노릇 한다는 말이다.

b. 목 베임을 받은 자와 우상에 경배하지 않은 자

> "……또 내가 보니 예수의 증거와 하나님의 말씀을 인하여 목 베임을 받은 자의 영혼들과 또 짐승과 그의 우상에게 경배하지도 아니하고 이마와 손에 그의 표를 받지도 아니한 자들이 살아서 그리스도로 더불어 천 년 동안 왕 노릇 하니"(계 20:4).

'산 자' 들은 하나님의 말씀을 인하여 목 베임을 받은 자와 우상에게 경배하지 않은 자라고 했다. 당시 유대 나라의 사형법은 목 베어 죽이는 것이요(마 14:9; 행 12:2), 로마의 사형법은 십자가에 못 박는 것이었다(요 19:15).

예수님과 사도들은 이런 무서운 형벌을 그리스도인이 되는 데 필요한 기본 조건으로 말씀했다. 예수님은 제자들에게 "아무든지 나를 따라오려거든 자기를 부인하고 자기 십자가를 지고 나를 좇을 것이니라"(마 16:24)고 하셨고, 바울은 "내가 그리스도와 함께 십자가에 못 박혔나니 그런즉 이제는 내가 산 것이 아니요 오직 내 안에 그리스도께서 사신 것이라 이제 내가 육체 가운데 사는 것은 나를 사랑하사 나를 위하여 자기 몸을 버리신 하나님의 아들을 믿는 믿음 안에서 사는 것이라"(갈 2:20)고 하였다. 믿는 사람들을 십자가에 못 박힌 자라고 하였다면 목 베임을 받은 자라고 할 수도 있을 것이다.

그리고 우상숭배에서 떠나는 것은 참 그리스도인이 되는 기본조건이었다. 데살로니가의 성도들은 우상을 버리고 하나님께로 돌아와서 사시고 참되신 하나님을 섬겼다고 했다(살전 1:9).

그러므로 하나님의 말씀을 인해 목 베임을 받은 자와 우상의 표를 받지 않은 자라고 하는 것은 영적으로 사는 자(거듭난 자)의 기본조건이며, 그것은 예수와 함께 죽은 자들이 예수와 함께 산 자라는 것을 의미한다.

③ 산 자의 행복(4-6절)

a. 그리스도로 더불어 천 년 동안 왕 노릇 함.

"살아서 그리스도로 더불어 천 년 동안 왕 노릇 하니"(계 20:4).

예수님은 만왕의 왕이시다. 그러나 이 세상 왕은 아니다. 벳

새다 들에서 무리들에게 이적의 떡을 나눠 주셨을 때 유대인은 예수님을 억지로 왕으로 삼으려 하였으나 예수님은 산으로 피하셨다(요 6:15). 총독 빌라도 앞에서 예수님은 "내 나라는 이 세상 나라가 아니라"고 하셨다(요 18:36). 예수님이 말씀하신 '하나님의 나라'(The kingdom of God)는 물질세계가 아니라 신령한 나라였다.

"바리새인들이 하나님의 나라가 어느 때에 임하나이까 묻거늘 예수께서 대답하여 가라사대 하나님의 나라는 볼 수 있게 임하는 것이 아니요 또 여기 있다 저기 있다고도 못하리니 하나님의 나라는 너희 안에 있느니라"(눅 17:20-21)고 하셨다.

본문에 천 년 동안 왕 노릇 한다고 한 그 왕은 이 세상 왕이 아니라 천 년이라고 하는 긴 은혜의 기간에 구원 얻은 성도가 가지는 왕적 특권(王的 特權)을 의미하는 것이다.

• 생명 안에서 왕 노릇 한다.

"한 사람의 범죄를 인하여 사망이 그 한 사람으로 말미암아 왕 노릇 하였은즉 더욱 은혜와 의의 선물을 넘치게 받는 자들이 한 분 예수 그리스도로 말미암아 생명 안에서 왕 노릇 하리로다"(롬 5:17).

칼빈(John Calvin)은 "믿는 사람의 왕 노릇 함은 생활 속에 있고 삶의 왕 노릇 함은 믿는 자 속에 있다"라고 했다.

• 진리 안에서 왕 노릇 한다.

"너희가 내 말에 거하면 참 내 제자가 되고 진리를 알지니 진리가 너희를 자유케 하리라"(요 8:31-32).

왕에게는 자유가 있는데 진리를 알 때 자유가 있다.

• 제사장으로서 왕 노릇 한다.

"저희로 나라와 제사장을 삼으셨으니 저희가 땅에서 왕 노릇 하리로다"(계 5:10).

제사장은 왕과 동등한 직위이다. 하나님은 믿는 우리에게 제사장의 직분을 주셨다.

• 성령을 받음으로 왕 노릇 한다.

예수님은 만왕의 왕이요 만주의 주시다(계 19:16). 믿는 사람들은 그분의 영이 함께하시므로 왕 노릇 하게 된다. 성령이 임하시면 "그날에는 내가 아버지 안에, 너희가 내 안에, 내가 너희 안에 있는 것을 너희가 알리라"(요 14:20)고 하셨다.

b. 첫째 부활의 행복

"이 첫째 부활에 참예하는 자들은 복이 있고 거룩하도다 둘째 사망이 그들을 다스리는 권세가 없고 도리어 그들이 하나님과 그리스도의 제사장이 되어 천 년 동안 그리스도로 더불어 왕 노릇 하리라"(6절)고 했다. 거듭나서 새 생명을 얻는 것은 첫째 부활이다. 아담이 범죄함으로 죽을 때도 영이 먼저 죽고 육신은 930년 후에 죽었다(창 5:5). 그와 같이 예수로 말미암아 살 때에도 영을 먼저 살리시고 육신은 재림하실 때 부활한다(요 5:25-29).

이 첫째 부활에 참여하는 자가 복이 있다. 그 이유는 둘째 부활(육신 부활)은 구원 얻은 성도에게 필연적(必然的)으로 따라오는 부활이지만 첫째 부활(거듭남)은 구원이 결정되는 부활이기 때문이다. 둘째 부활은 하나님의 능력으로 이루어지지만 첫째 부활은 물과 성령으로 거듭나게 하시는 일이다(요 3:5). 첫째 부활은 둘째 사망이 다스리지 못하는 부활이다. 첫째 부활에 참여한 자들은 "사망에서 생명으로 옮겼느니라"(요 5:24)고 했다. 첫째 부활은 그리스도로 더불어 왕 노릇 하는 부활이다.

계시록 20장 1-10절은 마귀 심판을 보여주는 계시이다. 1-3절은 예수님의 십자가의 권세로 마귀가 일차적으로 심판을 받아 무저갱에 갇히는 것이요, 4-6절은 마귀의 1차적 심판(초림 시) 후에 있을 천 년이라고 하는 은혜 시대에 될 일을 보여주신 것이다. 그 기간은 복음 증거자들이 권세를 받아 복음을 증거할 것과 복음을 영접하는 사람들의 행복이 어떠한가를 보여준다.

지금 우리는 아직 은혜 시대에 살고 있다. 그러나 해가 지고 어두운 밤이 오듯이 마귀는 갇혔던 무저갱에서 올라와 전쟁을 일으키고 적그리스도가 세상을 지배하는 후 3년 반이 오게 된다. 그리고 후 3년 반 끝에 마귀는 사로잡혀 최후의 심판을 받게 된다.

3) 사단의 최후 활동과 심판(20:7-10)

① 사단이 옥에서 나와 활동함.

"천 년이 차매 사단이 그 옥에서 놓여"라고 하였다. 사단은 후 3년 반에 세력을 얻어 활동할 것이라고 했다.

a. 예수님은 불법이 성하여 뭇사람의 사랑이 식어지게 될 것이라고 하셨다(마 24:12).

계시록에서는 하늘에서 떨어진 별 하나가 무저갱 열쇠를 가지고 무저갱 구멍을 열어 그 구멍에서 연기가 올라와 해와 공기가 어두워지고 황충이 연기 가운데로부터 올라온다고 했다(계 9:1-3).

b. 대전쟁을 일으켜 전쟁하게 한다.

유브라데 강 전쟁을 일으킨다. 유브라데 강 전쟁(후 3년 반으로 들어가는 전쟁)은 유브라데 강에 결박한 네 천사가 놓임으로 시작된다(계 9:13-15). 아마겟돈 전쟁은 후 3년 반 끝에 일어나는 인류 마지막 전쟁인데, 개구리 같은 세 더러운 영이 온 천하 여러 임금에게 가서 큰 날의 전쟁을 위하여 그들을 모으더라고 했고(계 16:12-14), 본문에서는 사단이 곡과 마곡을 미혹하고 모아 싸움을 붙인다고 했다(8절).

곡과 마곡은 흑해 동남쪽에 거하던 침략성이 강한 민족이었다고 한다. 후 3년 반은 적그리스도가 10분국(열 뿔)을 통치하는 시대이니만큼 이 전쟁은 적그리스도와 10분국 사이의 전쟁인 것 같다. 다니엘은 "그러나 동북에서부터 소문이 이르러 그로 번민케 함으로 그가 분노하여 나가서 많은 무리를 다 도륙하며 진멸코자 할 것이요 그가 장막 궁전을 바다와 영화롭고 거룩한 산 사이에 베풀 것이나 그의 끝이 이르리니 도와줄 자가 없으리라"(단 11:44-45)고 하였다. 곡과 마곡 전쟁은 16장에서 나오는 아마겟돈 전쟁과 같은 전쟁이요 인류 최후의 전쟁이다.

c. 교회를 핍박함.

"저희가 지면에 널리 퍼져 성도들의 진과 사랑하시는 성을 두르매"라고 하였다. 마귀는 짐승(적그리스도)을 통해 두 증인을 죽인다고 했고(계 11:7), 마귀는 짐승을 통해 성도들과 싸워 이긴다고 했다(계 13:7). 또한 마귀는 거짓 선지자를 통해 성도들을 죽인다고 했다(계 13:15). 이것은 후 3년 반에 있을 마귀의 활동이다.

② 마귀의 최후 멸망

a. 대적들을 불사름.

"하늘에서 불이 내려와 저희를 소멸하고"(9절)라고 하였다. 그들은 적그리스도의 사상을 따라 교회를 미워하며 핍박하던 자들이다. 하늘에서 불이 내려와 저희를 소멸한다고 했다. 그것은 일곱 대접 재앙으로 멸망할 것을 가리킨다.

b. 마귀를 불 못에 던짐.

"또 저희를 미혹하는 마귀가 불과 유황 못에 던지우니 거기는 그 짐승과 거짓 선지자도 있어 세세토록 밤낮 괴로움을 받으리라"(10절)고 했다.

• 불과 유황 못은 어떤 곳인가?

–유황불 붙는 못이다(계 19:20).

–불이 꺼지지 않는 곳이다(막 9:48).

–세세토록 밤낮 괴로움을 받는 곳이다(계 20:10).

–영원히 벌 받는 곳이다(마 25:46).

–슬피 울며 이를 갊이 있는 곳이다(마 22:13).

–마귀는 불과 유황의 못에 던진다고 했다(계 20:10).

–마귀는 교만하다가 하나님께로부터 쫓겨났다(사 14:13-14).

–마귀는 하나님께서 지으신 사람을 타락하게 했다(창 3:1-5).

–마귀는 예수님을 십자가에 못 박게 했다(요 13:2).

–마귀는 온 세상을 꾀는 자다(계 12:9).

–마귀는 적그리스도를 통해 교회를 핍박했다(계 11:7).

–마귀는 거짓의 꼬리로 하나님의 종들을 타락하게 했다(계 12:4).

그러므로 마귀는 불 못에서 영원히 고통받게 된다.

5. 인류 심판(20:11–15)

1) 심판에 대한 성경의 가르침

사람의 사후(死後)에 심판을 받는 일에 대해 성경은 다음과 같이 가르친다.

"손에 키를 들고 자기의 타작 마당을 정하게 하사 알곡은 모아 곳간에 들이고 쭉정이는 꺼지지 않는 불에 태우시리라"(마 3:12).

"바울이 의와 절제와 장차 오는 심판을 강론하니 벨릭스가 두려워하여……"(행 24:25).

"네가 어찌하여 네 형제를 판단하느뇨 어찌하여 네 형제를 업신여기느뇨 우리가 다 하나님의 심판대 앞에 서리라"(롬 14:10).

"이는 우리가 다 반드시 그리스도의 심판대 앞에 드러나 각각 선악간에 그 몸으로 행한 것을 따라 받으려 함이라"(고후 5:10).

"청년이여 네 어린 때를 즐거워하며 네 청년의 날을 마음에 기뻐하여 마음에 원하는 길과 네 눈이 보는 대로 좇아 행하라 그러나 하나님이 이 모든 일로 인하여 너를 심판하실 줄 알라"(전 11:9).

"한 번 죽는 것은 사람에게 정하신 것이요 그 후에는 심판이 있으리니"(히 9:27).

2) 심판자 하나님

"또 내가 크고 흰 보좌와 그 위에 앉으신 자를 보니 땅과 하늘이 그 앞에서 피하여 간데없더라"(11절)고 했다. 크고 흰 보좌는 하나님의 엄위하심과 성결하심을 보여준다. 이 세상에 태어난 모든 사람은 다 그 보좌 앞에 서게 된다.

① 하나님은 모든 것을 아시는 하나님이시다.

"주께서 나의 앉고 일어섬을 아시며 멀리서도 나의 생각을 통촉하시오며 나의 길과 눕는 것을 감찰하시며 나의 모든 행위를 익히 아시오니"(시 139:2-3), "사람은 외모를 보거니와 여호와는 중심을 보느니라"(삼상 16:7)고 하였다.

② 공의의 하나님

"하나님은 의로우신 재판장이심이여 매일 분노하시는 하나님이시로다"(시 7:11), "공의로 세계를 심판하심이여 정직으로 만민에게 판단을 행하시리로다"(시 9:8)라고 하였다.

3) 심판의 목적

"천하에 범사가 기한이 있고 모든 목적이 이룰 때가 있나니 날 때가 있고 죽을 때가 있으며 심을 때가 있고 심은 것을 뽑을 때가 있으며"(전 3:1-2)라고 했다. 농부는 추수할 목적으로 곡식을 심고 가꾼다. 하나님께서 세상과 인류를 창조하시고 그리스도를 보내신 것은 그의 백성들을 구원하여 영원한 복락을 누리게 하시려는 영원한 목적에서 하신 일이다. 그 구원은 추수 때에 알곡과 쭉정이를 가르듯이 심판을 통해 이루어지기 때문이다.

4) 심판의 표준

"책들이 펴 있고 또 다른 책이 펴졌으니 곧 생명책이라"(12절)고 했다.

① 책들은 각 사람의 행위를 기록한 책이다.

병원에 환자의 파일이 있는 것처럼 모든 사람의 행위가 다 기록되어 있는 책이다.

② 또 다른 책은 생명책이다(계 13:8).

이 책은 구원 얻은 성도의 이름만 기록한 책이다. 선지자 말라기는 "그때에 여호와를 경외하는 자들이 피차에 말하매 여호와께서 그것을 분명히 들으시고 여호와를 경외하는 자와 그 이름을 존중히 생각하는 자를 위하여 여호와 앞에 있는 기념책에 기록하셨느니라"(말 3:16)고 했고, 사도 바울은 "사람이 마음으로 믿어 의에 이르고 입으로 시인하여 구원에 이르느니라"(롬 10:10)고 했다.

십자가의 강도와 같이 흉악한 죄를 지은 사람이라도 자기 죄를 회개하고 믿음으로 죄 사함을 받은 사람은 다 그 생명책에 기록된다. 그러나 행위책에만 이름이 있고 생명책에 이름이 없는 자는 선하게 살아서도 구원을 얻지 못한다. 그 이유는 의인은 한 사람도 없다고 하였으니(롬 3:10) 하나님 앞에는 모두가 다 죄인이며, 예수의 이름을 믿지 않았으니 죄 사함을 얻지 못했기 때문이다.

생명책에 이름이 기록된 사람은 영원한 생명을 얻을 뿐 아니라 행위책에 기록된 대로 상을 받는다(마 25:34-40).

5) 심판의 대상

"바다가 그 가운데서 죽은 자들을 내어주고 또 사망과 음부도 그 가운데서 죽은 자들을 내어주매 각 사람이 자기의 행위대로 심판을 받고"(계 20:13).

① 산 자와 죽은 자가 다 심판을 받는다.

사도신경에 "저리로서 산 자와 죽은 자를 심판하러 오시리라" 고 하였다. 예수님이 재림하실 때까지 살아남은 사람 중 믿는 사람은 변화되어 공중에서 주님을 만나(살전 4:17) 심판대 앞에 나아가게 되고, 믿지 않는 사람들은 두렵고 떨림으로 심판대 앞에 나가게 된다(계 6:15-17). 그리고 죽은 자들 중 믿는 자들은 생명의 부활로 살아나며, 믿지 않는 사람은 심판의 부활로 살아나서 심판대 앞에 서게 된다(요 5:28-29). 그때에 바다가 그 가운데서 죽은 자를 내어주고 사망과 음부도 그 가운데서 죽은 자들을 내어준다. 이 심판을 피할 자는 없다.

② 믿는 자와 믿지 않는 자가 다 심판을 받는다.

요한복음에는 "저를 믿는 자는 심판을 받지 아니하는 것이요 믿지 아니하는 자는 하나님의 독생자의 이름을 믿지 아니하므로 벌써 심판을 받은 것이니라"(요 3:18)고 하였다. 이 말씀은 믿는 사람은 심판을 받지 않는다는 말처럼 보인다. 그러나 이 말씀은 믿는 사람이 정죄에 이르지 않는다는 말씀이요 심판대 앞에 나가지 않는다는 말씀은 아니다. 사도 바울은 "네가 어찌하여 네 형제를 판단하느뇨 어찌하여 네 형제를 업신여기느뇨 우리가 다 하나님의 심판대 앞에 서리라"(롬 14:10)고 하였다.

③ 죽은 자들은 현재 어디에 있을까?

죽으면 곧 천국과 지옥으로 간다고 생각하는 이들도 있고, 심판 때까지 중간세계에 머문다고 보는 이들도 있고, 부활할 때까지 잠든 상태에 있다고 믿는 이들도 있다. 그러나 우리는 성경이 가르친 데까지만 생각해야 할 줄 안다.

a. 믿지 않고 죽은 자의 영혼

부자와 나사로 비유를 보면 부자는 죽어서 음부에 들어갔다고 하였고, "내가 이 불꽃 가운데서 고민하나이다"라고 했다(눅 16:23-24). 부자가 죽은 후 들어간 곳을 지옥이라고 보기는 무리가 있는 듯하다. 그 이유는 "사망과 음부도 불 못에 던지우니 이것은 둘째 사망 곧 불 못이라"(계 20:14)고 하였기 때문이다. 그 말은 죽음도 없어지고 음부도 없어진다는 의미이다. 그 말씀으로 보아 음부는 죽은 자가 부활하기 전에 머무는 곳을 의미한다고 보아야 할 것 같다.

b. 믿고 죽은 자의 영혼

나사로는 아브라함의 품에 들어갔다고 하였고(눅 16:22), 십자가의 강도는 "오늘 네가 나와 함께 낙원에 있으리라"고 하는 약속을 받았고(눅 23:43), 바울은 그가 낙원으로 이끌려 가서 말할 수 없는 말을 들었다고 하였고(고후 12:4), 하나님의 말씀과 저희의 가진 증거를 인하여 죽임을 당한 영혼들은 제단 아래 있었다고 했다(계 6:9).

이런 말씀들이 보여주는 것은 믿지 않고 죽은 사람의 영혼은 죽는 즉시 지옥에 가는 것이 아니라 음부로 가고, 믿는 사람도 죽는 즉시 천국에 들어가는 것이 아니라 낙원으로 간다고 볼 수 있는 근거가 된다. 그 이유는 그들이 심판을 통과하지 않았기 때문이다. 그것은 죄수가 재판을 받기 전에 유치장에 머물다가 재판이 끝난 후 형무소로 들어가는 것과 같다고 볼 수 있다. 그러나 음부가 있다고 하여 연옥설(煉獄說)을 주장할 수는 없다.

6) 심판의 결과

> "누구든지 생명책에 기록되지 못한 자는 불 못에 던지우더라"(계 20:14).

심판의 결과는 생명책에 기록된 자와 불 못에 들어가는 자, 두 부류(部類)로 나뉜다.

① 생명책에 기록된 자는 새 예루살렘 성에 들어간다.

"무엇이든지 속된 것이나 가증한 일 또는 거짓말하는 자는 결코 그리로 들어오지 못하되 오직 어린 양의 생명책에 기록된 자들뿐이라"(계 21:27)고 했다.

생명책에 기록된 자는 어떠한 자들인가? 예수님과 함께 십자가에 못 박혔던 한 강도는 예수님을 비방하며 "네가 그리스도가 아니냐? 너와 우리를 구원하라"고 하였으나 다른 한 강도는 그 사람에 대해 "우리는 우리의 행한 일에 상당한 보응을 받는 것이니 이에 당연하거니와 이 사람의 행한 것은 옳지 않은 것이 없느니라"고 꾸짖고, "예수여, 당신의 나라에 임하실 때에 나를 생각하소서"라고 하였다. 그때에 예수님은 "내가 진실로 네게 이르노니 오늘 네가 나와 함께 낙원에 있으리라"고 하셨다(눅 23:39-43).

어린 양의 생명책에 이름이 기록된 자는 착하고 의로운 사람이 아니라 회개한 강도와 같이 참 회개와 믿음을 가진 자들이다.

② 생명책에 기록되지 못한 자는 불 못에 던지운다.

불 못은 짐승(적그리스도)과 거짓 선지자와 마귀가 있는 곳이다(계 19:20, 20:10). 생명책에 기록되지 못한 자는 하나님의 아들 예수를 믿지 않은 자들이다. 믿지 않는 자들의 죄는 용서받지 못하고 그저 있기 때문이다(요 9:41).

믿지 않는 자의 죄는 어떤 것인가?

a. 아담 안에서 죄인이 된 원죄(原罪)이다(롬 5:12).

인류의 시조 아담의 범죄로 그 후손은 다 하나님 앞에 죄인이 되었고 죄성을 가지고 태어났다. 다윗은 "내가 죄악 중에 출생하였음이여 모친이 죄 중에 나를 잉태하였나이다"(시 51:5)라고 하였다.

b. 자범죄(自犯罪)이다.

하나님을 알되 하나님으로 영화롭게도 하지 아니하며 감사하지도 않은 죄다(롬 1:21). 우상숭배의 죄다(롬 1:23). 정욕대로 산 죄다(롬 1:26-27).

c. 하나님의 아들 예수를 믿지 않은 죄다.

예수님의 포도원 비유를 보면 포도원을 세로 주고 타국에 간 주인이 세를 받으러 종을 세 번이나 보냈으나 종들을 때리고 거저 보내자 주인은 "내 아들은 복종하리라"고 하며 아들을 보냈을 때 포도원 농부들은 "이는 상속자니 죽이고 그 유업을 우리 것으로 만들자"라고 하며 포도원 밖에 내어쫓아 죽였다고 했다(눅 20:9-15).

예수 그리스도를 보내신 것은 하나님의 최후통첩(最後通牒)이었다. 그 통첩은 "나는 진정 너를 사랑하노라. 그러므로 너의 죄를 모두 사하기 위해 나의 사랑하는 독생자를 너의 죄의 대속물(代贖物)로 십자가에 내어놓았노라. 그 아들만 믿으면 모든 죄를 사하고 내 아들과 딸로 영접하겠노라"고 하는 자비의 통첩이다. 그러나 그들은 하나님의 최후통첩을 거절하고 마귀와 그 사자들을 따라갔다. 그러므로 그들은 마귀와 그 사자들이 거하는 불 못에 들어가서 형벌을 받게 된다.

XIII. 내세(來世) 계시

21:1-22:5

사람이 죽은 후 가서 사는 다른 세상이 있는가? 이 문제에 대해서는 없다고 부인(否認)하는 자와 있다고 시인(是認)하는 자와 알 수 없다고 하는 불가지론자(不可知論者)가 있을 것이다. 그러나 다음 몇 가지 증거를 통해 내세가 있음을 시인(是認)하지 않을 수 없다.

① **본체론적 증거**(Ontological evidence)

본체론이란 물고기를 보아 물이 있다고 하는 것을 알 수 있다고 하는 이론이다. 사도 바울은 만물을 보아 창조주가 계심을 알 수 있다고 했다(롬 1:20). 그와 같이 사람의 인격 구성(構成)을 보아 내세가 있다고 볼 수 있다. 사람에게는 보이는 육신이 있고 보이지 않는 영혼이 있다. 그것은 조물주 하나님께서 육신은 흙으로 빚으시고 영혼은 코에 기운을 불어넣어 만드셨기 때문이다(창 2:7). 그러므로 육신은 동물과 같이 먹어야 하고 생식(生殖)해야 하고 죽어 흙으로 돌아간다.

그러나 영은 죽지 않는 하나님의 형상이므로 육신이 죽을 때에라도 영혼은 죽지 않는다. 이 세상은 육신이 사는 데 적합하게 지어진 세상이요 영혼이 살기에 적합한 세상이 아니다. 고통과 죄가 많은 세상이며 그림자 같이 지나가는 세상이다. 그래서 사도 바울은 "이 장막에 있는 우리가 짐 진 것같이 탄식하는 것은 벗고자 함이 아니요 오직 덧입고자 함이니 죽을 것이 생명에게 삼킨 바 되게 하려 함이라"(고후 5:4)고 하였다. 사람에게는 영혼이 있다. 그러므로 그 영혼이 살기에 적합한 천국이 있어야 한다.

② **경험적 증거**(Experiential evidence)

단테의 《신곡》이 아니라도 죽었다가 살아나서 천국과 지옥을 보고 왔다고 하는 사람들을 때때로 볼 수 있다.

〈6 · 25전쟁 후 부산 범천교회를 시무하던 어느 목사님의 이야기〉

그 교회의 여집사 한 분이 세상을 떠나 입관 후 예배를 드리고 있는데 관에서 무슨 소리가 나서 관을 여니 여집사가 살아났다. 여집사의 말은 어떤 사람의 인도를 받아 넓은 벌판으로 가다가 한 곳에 이르러 큰 저울에 올라서라고 하여 올라섰더니 아직 올 날이 되지 않았다고 하며 돌려보냄으로 인도자를 따라 돌아오니 찬송하는 소리가 들렸다고 하였다. 그 후 그는 사소한 죄도 다 회개하고 몇 달을 지내다가 세상을 떠났다고 했다.

〈파울루 스님(미얀마)의 경험〉

그는 승려가 된 지 6년이 되었을 때 열병과 말라리아에 걸려 죽었다가 3일 후에 다시 살아났고 죽었을 때 지옥을 구경했다고 한다. 그는 지옥에서 파괴자라고 하는 무섭게 생긴 지옥의 왕을 보았고, 자기가 존경하던 스님과 부처가 다 지옥불에 있는 것을 보고 저런 분들이 왜 이런 곳에 와 있느냐고 물으니 예수의 이름을 안 믿어서 그렇게 되었다고 설명해 주었다고 했다. 그가 깨어났을 때 사람들은 그를 귀신이라고 했고, 허망한 말을 한다고 감옥에 가두었다고 한다(http:11blog.daum.netlosowny / 15968001).

이런 경험들은 각 시대의 각 민족에게 때때로 있는 개인적 경험이다.

③ **계시의 증거**(Apocalyptic evidence)

가장 신임해야 할 증거는 계시의 증거이다. 계시는 하나님의 말씀이며 내세를 확실히 증거한다. 예수님은 "내 아버지 집에 거할 곳이 많도다 그렇지 않으면 너희에게 일렀으리라 내가 너희를 위하여 처소를 예비하러 가노니"(요 14:2)라고 하셨다.

이 말씀을 잘못 이해하여 예수님 승천하시기 전에 천국이 준비되지 않았으므로 승천하여 천국을 준비하신다는 뜻으로 이해하기 쉬우나 본문은 그런 뜻이 아니라 내 아버지 집에는 있을 곳(모나이)이 많은데 처소(토폰)를 준비하러 간다는 말씀이며, 그 말씀은 들어가서 살 수 있는 입주권(入住權)을 준비하러 가신다는 말씀이다. 그 입주권은 십자가에 죽으심을 의미한다. 예수님은 "내 아버지 집에는 거할 곳이 많도다"라고 하셨다. 그곳은 창세 때부터 의인들을 위해 예비된 곳이다(마 25:34).

사도 바울은 "만일 땅에 있는 우리의 장막 집이 무너지면 하나님께서 지으신 집 곧 손으로 지은 것이 아니요 하늘에 있는 영원한 집이 우리에게 있는 줄 아나니"(고후 5:1)라고 하였고, 사도 베드로는 "우리는 그의 약속대로 의의 거하는 바 새 하늘과 새 땅을 바라보도다"(벧후 3:13)라고 하였고, 사도 요한은 계시록 21, 22장에서 내세에 대해 가장 세밀하고 확실하게 증거했다.

성도들은 내세에 대한 신앙이 확실해야 한다. 내세는 ① 새 하늘과 새 땅(계 21:1) ② 새 예루살렘(계 21:2-27) ③ 생명수 강(계 22:1-5)으로 나뉜다.

1. 새 하늘과 새 땅(21:1)

"또 내가 새 하늘과 새 땅을 보니 처음 하늘과 처음 땅이 없어졌고 바다도 다시 있지 않더라"(계 21:1).

사도 베드로가 바라보았고(벧후 3:13) 성도들이 바라보는 새 하늘과 새 땅은 어떠한 곳인가? '새'(카이노스)라는 말은 시간적으로 새로운 것을 의미하기도 하지만 질적으로 새것이라는 의미로 사용되는 말이다(고후 5:17). 이 말씀을 질적 의미로 본다면 새 하늘과 새 땅은 옛 하늘과 옛 땅이 아닌 질적으로 다른 하늘과 땅이라고 하는 말이다.

내세도 하늘이 있고 땅이 있는가 묻는다면 '예'라고 대답해야 한다. 그러나 그 하늘과 땅은 옛 하늘과 옛 땅(이 세상)과 같은 것은 아니다. 그것은 부활한 사람이 몸을 가지고 부활하지만 현재의 육신의 몸과는 다른 몸을 가지게 되는 것과 같다.

바울은 부활의 몸에 대해 "썩을 것으로 심고 썩지 아니할 것으로 다시 살며 욕된 것으로 심고 영광스러운 것으로 다시 살며 약한 것으로 심고 강한 것으로 다시 살며 육의 몸으로 심고 신령한 몸으로 다시 사나니 육의 몸이 있은즉 또 신령한 몸이 있느니라"(고전 15:42-44)고 하였다. 부활의 몸이 옛 몸과 다른 것과 같이 새 하늘과 새 땅은 옛 하늘과 옛 땅과는 전혀 다른 것이다.

이제 옛 하늘과 옛 땅과 새 하늘과 새 땅을 비교해 보자.

1) 옛 하늘과 옛 땅

이 세상은 하늘과 땅과 바다로 이루어진 공간이다. 이 모든 것은 창조주 하나님께서 조화 있게 만드신 걸작이다. 그러므로 하나님께서는 창조하신 것들을 보시고 "좋았더라" 고 하시며 기뻐하셨다(창 1:10, 12, 18, 25). 그러나 이 세상은 그냥 좋기만 한 세상은 아님을 알 수 있다. 사람이 범죄함으로 고통이 온 것도 사실이지만 하나님께서 이 세상을 창조하실 때부터 사람들이 완전한 행복을 누리게 하시려고 창조하신 세계가 아니라 다음의 세계를 위해 준비하게 하시는 세계로 만드신 것임을 알 수 있다. 이 세상은 아름다움이 있지만 고통이 있다.

하늘은 하나님의 영광을 드러낸다(시 19:1). 하늘의 해는 빛과 온기를 주어 동식물이 살 수 있게 한다. 달은 절기를 알게 하며, 별은 무궁한 신비를 느끼게 한다. 하늘은 비를 내려 사람들에게 필요한 곡식이 자라게 한다. 그러나 하늘은 때로 비를 내리지 않고 구리처럼 되어 인생들이 기근에 죽게도 하며, 우박으로 농작물이 없어지게도, 하며, 홍수를 보내어 사람들을 죽게도 한다.

땅도 그렇다. 땅은 사람들이 먹고사는 음료수와 곡식과 과실을 낸다. 아름다운 경치를 주어 즐겁게 한다. 그러나 때로는 지진이 일어나기도 하며, 짐승들이 사람을 해롭게 하기도 하며, 병이 유행하기도 하며, 전쟁으로 사람들이 죽기도 한다.

바다 역시 유익을 주기도 하지만 해를 주기도 한다. 바다는 쉴 새 없이 움직이며 육지의 오물을 정화시키며 산소를 공급한다. 많은 물고기를 사람들에게 공급한다. 나라와 나라 사이의 문물을 나누게 하는 교량의 역할도 한다. 그러나 때로는 큰 파도와 해일로 사람들이 죽게도 한다.

그리고 이 세상에 왔던 사람은 가차 없이 한 번씩 다 죽어야 한다. 그리고 이 세상은 영존할 나라가 아니다. 사도 베드로는 이 세상에 대해 "그러나 주의 날이 도적같이 오리니 그날에는 하늘이 큰 소리로 떠나 가고 체질이 뜨거운 불에 풀어지고 땅과 그중에 있는 모든 일이 드러나리로다"(벧후 3:10)라고 하였다.

현재의 하늘과 땅과 바다는 이스라엘 백성들이 영주할 가나안 땅에 들어가기 전에 생활하던 광야와 같이 사람들에게 일시적으로 주어진 주거지이다. 새 하늘과 새 땅이 이 세상과 같을 수는 없다.

2) 새 하늘과 새 땅

본문을 보면 새 하늘과 새 땅은 옛 하늘과 옛 땅과 전혀 다르다는 것을 알 수 있다. 새 하늘에는 해와 달과 별이 없다. "그 성은 해나 달의 비췸이 쓸데없으니 이는 하나님의 영광이 비취고 어린 양이 그 등이 되심이라"(23절)고 했다.

새 하늘은 해와 달과 별이 없으나 하나님과 예수님의 영광의 빛으로 가득한 곳이다. 그리고 옛 하늘이 보여주던 징조의 두려움과 어두움과 하늘에서 내리는 수해와 박재가 없는, 시민들을 포근하게 감싸 주는 하늘이다.

새 땅도 옛 땅과는 아주 다른 땅이다. 새 땅은 해가 뜨고 지는 일이 없는 땅이며, 지진과 수해와 한재와 폭풍우와 같은 재난이 없는 땅이며, 질병도 없고 전쟁도 없으며 의만 있는 땅이다. 그곳은 진동치 못할 나라이다(히 12:28).

"바다도 다시 있지 않더라"고 했다. 옛 땅에는 바다가 있어야 했다. 바다는 지구에 비를 보내고 지구를 정화시킨다. 많은 해산물을 공급하며 교통의 편리를 준다. 그러나 새 땅에는 그런 것이 필요없다. 그 사람들의 먹는 것은 생명과와 생명수요, 이 세상 것이 아니기 때문이다.

새 땅에는 새 예루살렘이 있다. 옛 땅의 예루살렘은 육신적으로 선택 받은 이스라엘 백성의 성전이 있는 성도(聖都)였다. 그리고 그 예루살렘은 미래에 나타날 새 예루살렘의 예표였다. 땅의 예루살렘은 사람들이 지었고 이방 사람들에 의해 무너지고 없어졌다. 그러나 새 땅에 있는 새 예루살렘은 하나님께서 지으신 아름다운 도성이다. 성도들은 그곳에서 주와 같이 복락을 누린다.

2. 새 예루살렘(21:2-27)

이 부분의 말씀은 성도들이 예수님의 재림 후에 가서 살 도성 새 예루살렘 성에 대한 청사진이다. 우리는 이 본문을 통해 성도의 소망의 나라인 새 예루살렘의 특성과 영광과 제도를 볼 수 있다.

1) 새 예루살렘의 특성(21:2-6)

① 하나님께로부터 하늘에서 내려온다.

이 하늘은 새 하늘이다. 하나님께서는 새 예루살렘을 벌써 새 하늘에 예비하셨다가 때가 되어 새 땅에 내려 보내신다. 그 나라는 "창세로부터 예비된 나라"라고 하셨다(마 25:34).

② "신부가 남편을 위하여 단장한 것 같더라"고 했다.

최고의 정성으로 단장한 것을 의미한다. 하나님께서는 교회를 위해 그 아들을 십자가에 내어주기까지 하셨다. 그 하나님께서 그의 아들과 신부 된 교회를 위해 예비하신 곳이니 얼마나 아름답겠는가? "기록된 바 하나님이 자기를 사랑하는 자들을 위하여 예비하신 모든 것은 눈으로 보지 못하고 귀로도 듣지 못하고 사람의 마음으로도 생각지 못하였다 함과 같으니라"(고전 2:9)고 하신 말씀이 실현되는 곳이다.

③ 하나님이 함께 계시는 곳이다.

사람은 에덴 동산 같은 좋은 곳에서도 하나님을 떠나니 행복하지 못했다. 하나님을 떠난 인생은 어머니를 떠난 어린아이와 같고, 탕자가 아버지를 떠난 것과 같다. 그러므로 어린아이가 스스로 살아갈 수 없는 것같이 인생은 스스로 해결할 수 없는 문제가 너무 많다. 새 예루살렘은 사람이 하나님과 함께 사는 곳이다.

④ 하나님이 모든 눈물을 씻어 주시는 곳이다.

시인 다윗은 이 세상은 눈물 골짜기라고 했다(시 84:6). 이 세상에는 눈물이 많다. 죽음으로 인해 운다. 병으로 인해 아파서 운다.

먹을 것이 없어서 울며, 억울하여 운다. 그러나 새 예루살렘에서는 우는 것과 곡하는 것이 없다. 거기는 희락만 있다. 하나님께서 그 모든 불행을 없이하셨기 때문이다.

⑤ 만물을 새롭게 하신 곳이다.

이 세상 만물과는 비교할 수 없는 질적으로 새로운 만물이다.

⑥ 생명수를 마시는 곳이다.

성도는 이 세상에서도 생명수를 마신다. 이 세상 물은 육신의 갈증을 풀어 주지만 생명수는 인격의 중심인 영혼의 모든 갈증을 풀어 주는 물이다. 사마리아 여자는 예수님을 만난 후 물동이를 버려두고 성으로 들어가 자랑했다. 예수님을 만났을 때 예수님이 말씀하신 생수를 마시고 모든 목마름이 해갈되었기 때문이다. 새 예루살렘은 생명수의 기쁨이 넘치는 곳이다.

2) 새 예루살렘을 유업으로 받는 자와 받지 못하는 자(21:7-8)

새 예루살렘을 유업으로 받는 자와 받지 못하는 자가 구별되어 있다.

① 유업으로 받는 자들

"이기는 자는 이것들을 유업으로 얻으리라 나는 저의 하나님이 되고 그는 내 아들이 되리라"(7절)고 하셨다. 이기는 자는 마귀를 이기는 자이며(계 12:13), 적그리스도와 거짓 선지자를 이기는 자이며(계 13:10), 세상을 이기는 자이다(요일 5:4). 그들은 "어린 양의 피와 자기의 증거하는 말을 인하여 저를 이기었으니 그들은 죽기까지 자기 생명을 아끼지 아니하였도다"(계 12:11)라고 하였다. 마귀를 이기는 무기는 어린 양의 피와 말씀이다.

② **유업으로 받지 못하는 자들**

이 영광스러운 세계를 유업으로 받지 못하는 자들이 있다.

- 두려워하는 자－아담은 선악과를 따 먹은 후 두려워서 숲속에 숨었다고 했다(창 3:8). 그리고 사도 요한은 두려워하는 것은 형벌의 염려가 있기 때문이라고 했다(요일 4:18). 하나님께서는 두려워하는 아담에게 가죽 옷을 지어 입히셨다(창 3:21). 그와 같이 범죄하여 하나님을 두려워하고 있는 인생들을 위해 예수님을 보내어 속죄하게 하셨고, 그를 믿음으로 하나님 앞에 담대히 나아가게 하셨다(히 4:16). 본문의 두려워하는 자는 예수님이 재림하실 때까지 하나님과 화목하지 못한 사람들이다.
- 믿지 않는 자들－"저를 믿는 자는 심판을 받지 아니하는 것이요 믿지 아니하는 자는 하나님의 독생자의 이름을 믿지 아니하므로 벌써 심판을 받은 것이니라"(요 3:18)고 하였다. 믿음은 율법 아래에서 정죄를 받은 인생들이 구원을 얻는 단 하나의 방법이요 길이다. 믿지 않는 자는 그 길을 저버렸으니 새 예루살렘의 축복을 받을 수 없다.
- 흉악한 자－흉악한 자라는 말은 마귀에 대해 하는 말이다

(요일 2:14). 마귀는 순진한 자를 거짓말로 범죄하게 하고(창 3:1-5) 범죄케 한 후에 참소한다(슥 3:1; 계 12:10). 마귀의 영을 받은 자는 마귀와 같이 흉악한 자가 되어 자기 자신이 범죄할 뿐 아니라 다른 사람을 범죄하게 한다. 예수님은 그런 자들에 대해 남을 범죄케 하는 사람은 "연자 맷돌을 그 목에 달리우고 깊은 바다에 빠뜨리우는 것이 나으니라"(마 18:6)고 하셨다.

- 살인자들–살인은 제6계명에서 금하신 죄이다. 그러나 예수님은 형제에게 노하거나 형제를 미워하는 것도 살인에 해당된다고 하셨다(마 5:21-24). 그러나 십자가의 강도가 구원을 허락받은 것을 보면 살인 때문에 새 예루살렘을 유업으로 얻지 못하는 것이 아니라 회개하지 않기 때문에 얻지 못하는 것이다.
- 행음하는 자들–십계명 중 제7계명은 "간음하지 말라"고 하는 것이다. 레위기 18장 6-25절에는 각종 간음죄에 대한 율법이 있다. 그러나 예수님은 "세리들과 창기들이 너희보다 먼저 하나님의 나라에 들어가리라 요한이 의의 도로 너희에게 왔거늘 너희는 저를 믿지 아니하였으되 세리와 창기는 믿었으며 너희는 이것을 보고도 종시 뉘우쳐 믿지 아니하였도다"(마 21:31-32)라고 하셨다. 본문의 행음자들은 끝까지 회개하지 않은 자들이다.
- 술객들–모세가 지팡이로 뱀을 만들었을 때 애굽의 술객도 지팡이로 뱀을 만들었다고 했다(출 7:11). 사도 바울은 1차

전도 여행 때 바보라는 곳에서 유대인 박수를 만났는데, 총독과 함께 있으며 바울을 대적하여 총독이 믿지 못하도록 방해한 일이 있었다고 했다(행 13:6-12). 술객은 하나님이 아닌 다른 신을 의지하여 기이한 일을 하거나 가르치는 자들이다. 그런 자들도 회개하지 않고는 하나님 나라에 들어갈 수 없다.

- 우상숭배자들－우상숭배는 신을 경외(敬畏)하는 것이 아니라 신을 멸시(蔑視)하는 행위이다. 무엇과도 비교할 수 없는 크신 하나님을 금, 은, 동, 철 등으로 형상을 만들어 섬기기 때문이다. 그러므로 우상숭배하는 자들은 마음이 더욱 어두워진다. 인도에서는 코브라를 신으로 섬기는 부족이 어린아이를 코브라에게 제물로 바쳐 죽게 한다.
- 모든 거짓말하는 자들－사도 요한은 마귀를 거짓의 아비(요 8:44)라고 했고, 저를 아노라 하고 그의 계명을 지키지 아니하는 자는 거짓말하는 자라고 했다(요일 2:4). 예수께서 그리스도이심을 부인하는 자(요일 2:22)가 거짓말하는 자라고 했다.

예수님이 그리스도이심은 여러 가지로 증명되었다. 구약성경이 예언하였다. 천사가 마리아에게 예언했다(눅 1:31). 탄생하셨을 때 목자들과 동방의 박사들과 시므온과 안나가 증거하였다(눅 2:8, 25, 36). 세례 요한이 증거하였다(요 1:29). 세례를 받고 올라오실 때 하나님께서 직접 증거하셨다(마 3:16-17). 그가 행하신 이적들이 증거했다(요 11:43). 그의 죽으심이 증거했다(마 27:54). 그의 부활이 그가 그리스도 되심을 증거했다(롬 4:25).

참을 거짓이라고 말하면 거짓이라고 말하는 자가 거짓말하는 자가 된다. 위에 나열(羅列)한 그런 사람들은 새 예루살렘에 들어가지 못하고 불과 유황으로 타는 못에 들어간다. 악한 사람들이 천국에 들어가면 천국은 더 이상 천국이 되지 못할 것이다. 거기는 의로운 자만 있는 곳이다(벧후 3:13).

3) 새 예루살렘의 영광(21:9-27)

일곱 대접을 가진 일곱 천사 중 하나가 사도 요한에게 "이리 오라 내가 신부 곧 어린 양의 아내를 네게 보이리라"고 하며 성령으로 그를 데리고 크고 높은 산으로 올라가 하나님께로부터 하늘에서 내려오는 거룩한 성 새 예루살렘을 보여주었다. 우리는 어린 양의 아내이며 장차 우리가 가서 누릴 천국의 영광을 이 부분에서 찾아볼 수 있다.

① 새 예루살렘의 명칭

a. "어린 양의 아내"

이 이름은 사랑의 애칭(愛稱)이다. 이사야는 신약 교회가 하나님의 극치의 사랑을 받게 될 것을 예언하기를 "너는 또 여호와의 손의 아름다운 면류관, 네 하나님의 손의 왕관이 될 것이라 다시는 너를 버리운 자라 칭하지 아니하며 다시는 네 땅을 황무지라 칭하지 아니하고 오직 너를 헵시바(아름다운 자)라 하며 네 땅을 뿔라(신부)라 하리니 이는 여호와께서 너를 기뻐하실 것이며 네 땅이 결혼한 바가 될 것임이라 마치 청년이 처녀와 결혼함같이 네 아들들이 너를 취하겠고 신랑이 신부를 기뻐함같이 네 하나님이 너를 기뻐하시리라"(사 62:3-5)고 하였다. 새 예루살렘은 성도가 하나님의 극치의 사랑을 받는 곳이다.

b. "새 예루살렘"

예루살렘의 의미는 '평화의 기초' 라는 뜻이다. 그리고 새 예루살렘은 구(舊) 예루살렘과는 대조되는 도성이다. 구(舊) 예루살렘은 이름과 같이 평화스러웠던 도성은 아니었다. 다윗 시대에 세운 예루살렘은 포로 시대에 무너졌고, 느헤미야와 스룹바벨과 예수아를 통해 재건되었고 오랜 후 헤롯 왕을 통해 재건되었지만 주후 70년 로마에 의해 다시 무너졌고 지금까지 재건되지 못하고 있다. 그러나 새 예루살렘은 하나님께서 친히 만드신 도성이며, 하나님께서 친히 다스리시므로 평화만 있고 의가 거하는 도성이다(벧후 3:13).

② 새 예루살렘의 전경(全景)

우리는 사도 요한이 본 새 예루살렘 성을 통해 천국을 상상할 수 있다.

a. 새 예루살렘은 하늘에서 내려온다고 했다.

모든 지상의 건축물들은 땅에서 난 재료와 사람의 기술로 만들어졌다. 그러므로 완전한 것은 없고 낡아간다. 그러나 새 예루살렘은 하늘의 소재를 가지고 하나님이 예비하신 도성이다. 계시록의 저자가 새 예루살렘을 설명할 때 "무엇과 같더라" 고 하여 유사성(類似性)만 말한 것은 그 때문이다. 새 예루살렘은 하나님께서 지으신 도성이다. 그러므로 영원히 낡아지지 않는 도성이다.

b. 하나님의 영광이 있는 도성이다.

"하나님의 영광이 있으매 그 성의 빛이 지극히 귀한 보석 같고 벽옥과 수정같이 맑더라"(11절)고 했다. 이 세상의 빛은 해와 달과 별들의 빛이요 전깃불이다. 그러나 그 모든 빛은 외부를 비추는 빛이 될 뿐이다. 그러므로 사람들의 그늘진 마음은 밝혀 주지 못한다. 예수님은 "세상의 빛이라"고 하셨는데, 외부적 세계를 비추는 빛이 아니라 사람들의 그늘진 마음을 비추는 빛이시다. 예수님은 그 빛으로 어두워진 간음하는 여인의 마음과 자기 죄는 못 보고 남의 죄만 볼 줄 알던 어두운 유대인들의 마음을 밝히셨다. 그리고 "나는 세상에 빛이라"고 하셨다. 새 예루살렘은 하나님의 빛과 예수님의 빛으로 가득 찬 곳이다. 그러므로 밝음과 기쁨과 평화가 있는 곳이다.

③ 새 예루살렘의 구조(構造)

a. 크고 높은 성곽이 있다.

성곽(城郭)은 하나님의 보호를 상징한다. 다윗은 "하나님이 그 성중에 거하시매 성이 요동치 아니할 것이라 새벽에 하나님이 도우시리로다"(시 46:5)라고 했다. 중국의 만리장성은 세계 7대 불가사의(不可思議) 중 하나였지만 무너졌다. 그러나 새 예루살렘은 영원히 보전된다. 그 이유는 하나님이 함께 계시는 도성이기 때문이다.

b. 12문이 있다.

문들 위에 이스라엘 12지파의 이름이 있다. 하나님께서는 먼저 이스라엘 백성에게 메시아를 약속하셨고 그들은 메시아를 밤낮으로 사모했다(행 26:7). 그들은 메시아를 십자가에 못 박았으나 12지파를 통해 약속한 메시아를 믿음으로만 새 예루살렘에 들어가게 되므로 12지파는 구원의 문과 같은 위치에 있다.

그러므로 성문에는 12지파의 이름이 있다. 동서남북에 4문이 있다. 구원 얻은 성도는 어느 나라에만 국한되지 않고 동서남북 어디서나 모여 온다는 것을 보여준다.

c. 성곽의 기초

"열두 기초석이 있고 그 위에 어린 양의 십이 사도의 열두 이름이 있더라"(14절)고 했다. 새 예루살렘에는 말씀 위에 세워진 성도가 들어가게 된다는 것을 보여준다. "너희는 사도들과 선지자들의 터 위에 세우심을 입은 자라"(엡 2:20)고 했다.

d. 성의 크기

"그 성은 네모가 반듯하여 장광이 같은지라 그 갈대로 그 성을 척량하니 일만 이천 스다디온이요 장과 광과 고가 같더라"(16절)고 했다. 1만 2천 스다디온은 약 2,130제곱 킬로미터(약 370마일)이다. 1만 2천은 선민의 상징수인데(계 7:5), 천국은 구원 얻은 백성을 수용하기에 알맞은 크기임을 보여준다.

〈새 예루살렘 도표〉

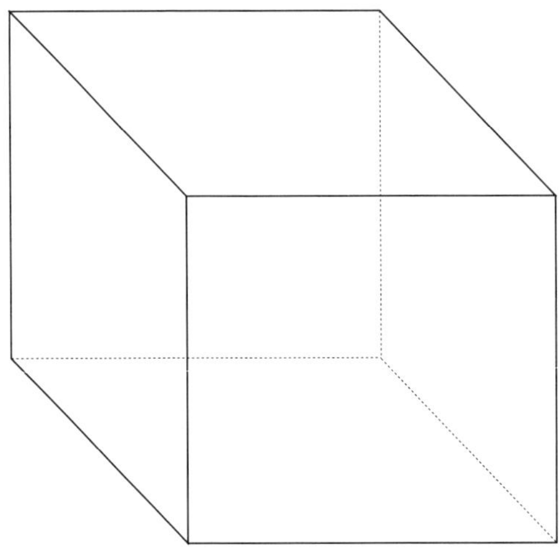

(1만 2천 스다디온=약 2,130제곱 킬로미터)

④ 새 예루살렘의 건축 재료

- 성곽(城郭) – 벽옥과 같음, 희고 깨끗한 보석
- 성 – 맑은 유리 같은 정금
- 성곽의 기초석 – 각색 보석, 12가지 보석(19-20절)
- 열두 문 – 열두 진주
- 성의 길 – 맑은 유리 같은 정금, 새 예루살렘 시민들은 맑은

유리 같은 정금 길을 걷게 된다.

⑤ 새 예루살렘의 특성

a. 성 안에 성전이 없다.

구약 시대에는 건물 성전이 있었으나 무너졌다. 신약 시대에는 교회가 있고 성전은 없다. 예수님이 성전이 되시기 때문이다. 새 예루살렘에는 성전이 없다. 하나님과 어린 양이 성전이 되시기 때문이다.

b. 해와 달의 비침이 없다.

빛을 창조하신 하나님과 어린 양 예수님이 등이 되시기 때문이다.

c. 만국이 그 빛 가운데로 다닌다.

만국은 새 예루살렘에 들어간 사람들을 가리킨다. 그들은 만국에서 모여 온 자들이다.

d. 땅의 왕들이 자기 영광을 가지고 들어온다.

이 대목에서 본문에 대한 그릇된 해석들이 있다.

- 밀리건(Milligan)의 주장—새 예루살렘은 현 시대 교회를 비유할 뿐이며 내세를 가리키는 것이 아니라고 했다. 그러나 주경신학자 박윤선은 본장의 내용 "새 하늘과 새 땅", "신부가 남편을 위하여 단장한 것 같더라", "불과 유황으로 타는 못"

등의 말씀들이 모두 완성을 가리키고 있는 말씀이므로 내세를 가리킨다고 했다(박윤선, 《계시록 주석》, p 361).

- 천년주의의 주장－본문의 왕들은 재림 후 지상 천년왕국에서 왕 노릇 하던 성도들이 새 예루살렘에 들어가는 것을 의미한다고 한다(ibid.). 그러나 천년주의는 문자주의적 해석으로 천 년 기간을 그릇되게 해석한 이론이다.
- 크레이다너스(Greijdanus)의 해석－땅의 왕들이 새 예루살렘으로 들어간다고 함은 그렇게 완성된 내세에 그들이 교회에 참예함으로 지금부터 들어간다는 뜻이라고 했다(ibid.).
- 헤르만 바빙크(H. Bavinck)－왕들이 자기 영광을 가지고 들어간다는 것은 그들이 하나님의 은혜를 받아 그에게 영광이 될 존재로서 거기 들어간다는 뜻이라고 했다(ibid.).

본문의 왕들은 물과 성령으로 거듭나서 신령한 왕이 된 성도들을 의미한다. 구속 받은 성도들을 땅에서 왕 노릇 하는 자라고 했다. "오직 너희는 택하신 족속이요 왕 같은 제사장들이요 거룩한 나라요 그의 소유 된 백성이니"(벧전 2:9)라고 하였고, "저희로 우리 하나님 앞에서 나라와 제사장을 삼으셨으니 저희가 땅에서 왕 노릇 하리로다"(계 5:10)라고 하였고, "이 첫째 부활에 참예하는 자들은 복이 있고 거룩하도다 둘째 사망이 그들을 다스리는 권세가 없고 도리어 그들이 하나님과 그리스도의 제사장이 되어 천 년 동안 그리스도로 더불어 왕 노릇 하리라"(계 20:6)고 하였다. 구원 얻은 성도는 신령한 왕이며 그들은 그 왕적 영광을 가지고 새 예루살렘에 들어간다.

e. 성문을 낮에 도무지 닫지 아니한다.

밤은 맹수와 강도와 도둑과 대적이 쳐들어오는 때이다. 그러므로 성문을 낮에는 열어 놓으나 밤에는 닫는다. 그러나 새 예루살렘에는 밤이 없고 항상 낮만 있고 대적이 공격할 염려가 없는 곳이므로 성문을 닫을 필요가 없다. 그만큼 자유함과 안전함이 있다.

f. 사람들이 만국의 영광과 존귀를 가지고 들어온다.

만국 영광은 이 세상 영광이 아니다. 이 영광은 성도들이 땅에 있을 때 하나님께로부터 받아 누리던 영광인 듯하다.

g. 어린 양의 생명책에 이름이 기록된 자만 들어간다.

어린 양의 생명책에 이름이 기록된 자는 예수를 믿어 죄 사함을 받고 영생을 얻은 사람들이다. 새 예루살렘 성에는 그런 사람들만 들어간다.

3. 생명수 강(22:1-5)

"또 저가 수정같이 맑은 생명수의 강을 내게 보이니 하나님과 및 어린 양의 보좌로부터 나서 길 가운데로 흐르더라"(계 22:1-2).

1) 생명수 강이 흐름

지구(地球)와 인체(人體)는 약 70%가 물로 구성되었다고 한다. 그러므로 사람은 물 없이는 살 수 없다. 앞으로 인류는 물 부족에 직면하게 된다고 한다. 그러나 사람에게는 육신에 필요한 물보다 영혼을 소성케 하는 물이 더욱 필요하다. 선지자 아모스는 "주 여호와께서 가라사대 보라 날이 이를지라 내가 기근을 땅에 보내리니 양식이 없어 주림이 아니며 물이 없어 갈함이 아니요 여호와의 말씀을 듣지 못한 기갈이라"(암 8:11)고 예언했다.

육신이 마시는 물은 육신을 살릴 뿐이요 영혼을 구원하지 못한다. 예수님은 영을 살리는 생수를 가지고 이 땅에 오셨다. 사마리아 여인에게는 "이 물을 먹는 자마다 다시 목마르려니와 내가 주는 물을 먹는 자는 영원히 목마르지 아니하리니 나의 주는 물은 그 속에서 영생하도록 솟아나는 샘물이 되리라"(요 4:13-14)고 하셨고, 장막절에 모인 무리에게는 "누구든지 목마르거든 내게로 와서 마시라 나를 믿는 자는 성경에 이름과 같이 그 배에서 생수의 강이 흘러나리라"고 하셨고, 이는 그를 믿는 자의 받을 성령을 가리켜 말씀하신 것이라고 하셨다(요 7:37-39).

이 세상에서는 성령의 생수로 구원 얻은 자가 영생에 대한 갈증은 더 이상 느끼지 않지만 육신으로는 사막의 햇빛 같은 강렬한 환난으로 인해 목마름을 느끼며 산다. 그러나 새 예루살렘에서의 삶은 다르다. 그곳은 생명수의 강이 하나님과 어린 양의 보좌로부터 나서 성거리로 흐르기 때문이다.

2) 강 좌우에 생명나무가 있음

생명나무는 에덴 동산에도 있었다(창 2:9). 그러나 아담과 하와의 범죄로 인해 먹지 못했다. 예수님은 자신을 생명의 떡이라고 하셨고(요 6:50-51), 에베소 교회에게는 "이기는 그에게는 내가 하나님의 낙원에 있는 생명나무의 과실을 주어 먹게 하리라"(계 2:7)고 하셨다. 참으로 회개하고 믿는 사람은 이 세상에서도 생명과를 먹고 영생한다. 그러나 하나님의 나라에 가면 우리 영혼이 보다 풍성한 생명나무 열매로 배부르게 된다.

3) 다시 저주가 없음

인류의 조상 아담과 하와는 범죄한 후 노동과 해산의 고통과 질병과 전쟁과 천재지변과 죽음을 당하게 되었다. 그것은 범죄의 대가로 받게 된 저주이다. 그러나 새 예루살렘에는 저주가 없다. 예수님께서 이미 그들을 대신하여 저주를 받으셨기 때문이다(갈 3:13).

4) 어린 양의 보좌가 그 가운데 있음

어린 양 예수님이 통치하심을 의미한다. 이사야는 예수님의 통치에 대해 "그 정사와 평강의 더함이 무궁하며 또 다윗의 위에 앉아서 그 나라를 굳게 세우고 자금 이후 영원토록 공평과 정의로 그것을 보존하실 것이라 만군의 여호와의 열심이 이를 이루시리라"(사 9:7)고 하였다.

그의 통치는 ① 평강의 통치 ② 무궁한 통치 ③ 견고한 통치 ④ 공평과 정의의 통치이다. "거기 무궁한 세월이 흘러갈 때 고난 풍파가 일지 않네"(찬송가 232장).

5) 종들이 그를 섬김

종들이 누구인가? 믿음의 조상들, 선지자들, 구약 시대에 구원 얻은 성도들, 신약의 사도들, 선지자들, 복음 전도자들, 순교자들, 이름 없는 모든 성도들이다. 그들은 다 하나님의 종이요 예수님의 종이다. 그 이유는 값으로 산 것이 되었기 때문이다(고전 6:20).

6) 그의 얼굴을 봄

"그때에는 얼굴과 얼굴을 대하여 볼 것이요"(고전 13:12)라고 하였다. 우리는 그때 예수님의 얼굴을 대할 것이고, 예수님 안에서 나의 사랑하던 가족과 성도들을 만날 것이다(찬송가 224장).

7) 그의 이름이 그 이마에 있음

이름이 그 이마에 있음은 성령의 인침을 받았다는 것이며, 하나님의 소유라는 표가 인격에서 풍겨나옴을 의미한다(계 7:3, 14:1). 그러나 이 성령의 인은 그때 가서 받는 것이 아니라 이 세상에서 복음을 믿음으로 받는 인이다.

8) 밤이 없는 곳

밤은 악의 세력이 지배하는 때를 의미한다. 예수님은 자기를 십자가에 못 박으려고 하는 악의 세력이 일어날 때 "이제는 너희 때요 어두움의 권세로다"(눅 22:53)라고 하셨다. 이 세상에는 아침이 왔다가도 밤이 다시 온다. 그러나 새 예루살렘에는 낮만 있고 밤은 없다.

9) 세세토록 왕 노릇 함

"저희가 세세토록 왕 노릇 하리로다"(계 22:5)라고 했다. 성도가 내세에 가서 누릴 왕권을 이해하기 위해 '왕' 에 대한 의미를 생각하고 지나가는 것이 필요하다.

① 하나님께서는 사람을 창조하실 때 왕권을 주어 창조하셨다.

- 만물을 다스리게 하셨다(창 2:15).
- 영화와 존귀로 관을 씌우셨다(시 8:5-8).

② 아담의 타락으로 왕권을 상실했다(창 3:16-24).

③ 하나님께서는 타락한 사람이 왕이 되는 것을 원하지 않으셨다(삼상 8:7; 호 13:10). **그 이유는 타락한 인간이 바른 정치를 할 수 없음을 아시기 때문이다.**

- 왕들은 전쟁을 일으켰다(창 14:1-12).
- 왕들이 불행했다. 구약 열왕기서가 보여주는 것은 다윗 왕과 솔로몬 왕을 제외한 모든 왕은 거의 다 불행한 역사를 남겼다는 것이다.
- 백성들도 왕들로 인해 불행해졌다. 그것은 지금도 마찬가지다.

④ 새 왕을 보내실 것을 약속하셨다.

- 멜기세덱을 아브라함에게 보내셨다(창 14:18).

• 이사야를 통해 예언하셨다(사 9:6).

⑤ 성도는 예수님 안에서 왕권을 가질 것이라고 하셨다.

• 생명 안에서 왕 노릇 하리라고 하였다(롬 5:17).
• 사도 바울은 "우리가 너희와 함께 왕 노릇 하기 위하여 참으로 너희의 왕 노릇 하기를 원하노라"(고전 4:8)고 하였다.
• 사도 요한은 "저희로 우리 하나님 앞에서 나라와 제사장을 삼으셨으니 저희가 땅에서 왕 노릇 하리로다"(계 5:10), "그들이 하나님과 그리스도의 제사장이 되어 천 년 동안 그리스도로 더불어 왕 노릇 하리라"(계 20:6)고 하였다.

성도의 왕권은 사람들 위에서 다스리는 왕이 아니다. 거듭난 생명이 가지는 권위와 자유와 영광이다. 새 예루살렘에서 누리는 왕권도 그리스도와 함께 누리는 왕권이다.

XIV. 결언(結言)

22:6-21

결언에 등장하는 인물은 새 예루살렘을 보여준 천사, 예수님, 성령과 신부, 사도 요한이다.

1. 천사의 권면(22:6-11)

이 천사는 일곱 대접을 가진 일곱 천사 중 하나이며, 새 예루살렘을 보여준 천사이다(계 21:9). 이 천사는 사도 요한에게 세 가지 중요한 것을 권면했다.

1) 이 계시는 결코 속히 될 일을 보이려고 천사들을 보내어 보이신 계시이다(22:6)

계시록 1장 1절에도 "반드시 속히 될 일을 그 종들에게 보이시려고 그 천사를 그 종 요한에게 보내어 지시하신 것이라"고 하였는데 그 말씀을 다시 강조한 말씀이다.

타락한 인생들은 종말에 대한 하나님의 계시를 잘 믿지 않는다. 노아 시대의 사람들이 그러했고, 소돔 성 사람들도 그러했다(눅 17:26-30). 사도 베드로는 "말세에 기롱하는 자들이 와서 자기의 정욕을 좇아 행하며 기롱하여 가로되 주의 강림하신다는 약속이 어디 있느뇨 조상들이 잔 후로부터 만물이 처음 창조할 때와 같이 그냥 있다"(벧후 3:3-4)라고 한다고 하였고, "주의 약속은 어떤 이의 더디다고 생각하는 것 같이 더딘 것이 아니라"(벧후 3:9)고 하였다.

지금도 주님의 강림을 부인하는 사람들이 많이 있다. 그러나 하나님께서 보여주신 종말에 대한 계시는 지난 2천 년 동안 꾸준히 이루어져 왔다. 거짓 그리스도가 많이 일어나겠다, 처처에 기근과 지진과 전쟁이 있겠다, 복음이 온 세상에 전파되겠다, 불법이 성하여 뭇 사람의 사랑이 식어지겠다고 하신 말씀들(마 24:4-14; 계 6, 7, 8장)은 이미 성취되어 가고 있다.

복음은 중동에서 시작하여 로마와 유럽을 거쳐 미국과 아시아를 넘어 중동으로 돌아가고 있다. 천사는 이 계시가 반드시 속히 될 일이라는 것을 다시 강조하며 이 책에 예언의 말씀을 지키는 자가 복이 있다고 했다.

2) 하나님께만 경배하라(22:8-9)

이것은 천사의 두 번째 권면이다. 사도 요한은 일곱 대접 중 하나를 가졌고 새 예루살렘과 생명수 강을 보여준 천사(계 21:9)에게 경배하려고 그의 발 앞에 엎드렸다. 그때 그 천사는 "나는 너와 네 형제 선지자들과 또 이 책의 말을 지키는 자들과 함께 된 종이니 그리하지 말고 오직 하나님께 경배하라"고 했다. 천사의 이 권면은 그리스도인들이 실수하기 쉬운 일에 대해 큰 교훈을 주고 있다. 성경 말씀은 오직 하나님께만 경배하고 다른 무엇에도 경배하지 말라고 가르친다.

① **우상에게 절하며 섬기지 말라**(출 20:4-5).
② **마귀에게 절하지 말라**(마 4:10).
③ **천사에게 절하지 말라**(골 2:18).
④ **사람에게 절하지 말라**(행 10:25-26).

사도 베드로는 자기에게 절하는 고넬료를 일으키며 "일어서라 나도 사람이라"(행 10:26)고 했다. 그러나 교만한 헤롯 왕은 왕복을 입고 위에 앉아 백성을 효유할 때 백성들이 크게 부르며 "이것은 신의 소리요 사람의 소리는 아니라"고 하였고, 헤롯은 영광을 하나님께 돌리지 않음으로 충이 먹어 죽었다고 하였다(행 12:20-23).

그리스도인들은 홀로 하나님께만 경배해야 한다. 마리아나 교황이나 성자에게 경배하는 것도 옳지 않지만 어떤 존경받을 만한 성직자라도 사람에 대한 예우를 할 뿐, 신처럼 숭배하지 말아야 한다. 성직자들은 하나님이 받으실 영광을 사람이 받지 않도록 힘써야 한다. 무디(D.L. Moody)는 설교를 끝내고 내려올 때 "참으로 은혜 많이 받았습니다"라고 하는 어떤 이에게 "조금 전에도 그 마귀가 지나갔습니다"라고 대답했다고 한다.

3) 이 예언의 말씀을 인봉(印封)하지 말라(22:10)

다니엘 12장 9절에는 "이 말은 마지막 때까지 간수하고 봉함할 것임이니라"고 하였다.

그러나 계시록에서는 "이 책의 예언의 말씀을 인봉하지 말라 때가 가까우니라"고 하였다. 종말에 대한 다니엘의 예언과 사도 요한의 예언은 같은 예언이다. 그러나 다니엘의 시대에는 종말이 먼 미래에 있기 때문에 인봉하라고 하였고, 계시록에서는 말세라고 하는 신약 시대에 들어왔기 때문에 인봉하지 말라고 하였다.

그러나 말세에 들어선 지 오래된 지금에도 계시록은 인봉해야 한다고 하는 이들도 있다. 그 이유를 보면 계시록은 해석하기가 어려운 책인데 자기 주관대로 해석하여 혼동을 일으키기 쉬우니 그럴 바에야 해석을 하지 않는 편이 낫다는 것이다. 이런 자세는 계시록에 대한 바른 자세가 아니다.

계시록에 대한 바른 자세는 계시록은 말세에 처한 성도들에게 주신 하나님의 계시이며, 베뢰아 교회의 신자들과 같이 이것이 그러한가 하여 날마다 성경을 상고하는 노력을 해야 하는 것이며(행 17:11), 그 말씀을 인봉하지 말고 개봉(開封)하여 가르쳐야 하는 것이다. 그렇게 해야 하므로 "불의를 하는 자는 그대로 불의를 하고 더러운 자는 그대로 더럽고 의로운 자는 그대로 의를 행하고 거룩한 자는 그대로 거룩되게 하라"(계 22:11)고 했기 때문이다.

곡식이 익어 갈 때 내리는 비는 쭉정이가 알곡이 되게 하지는 못한다. 알곡을 더 충실하게 할 뿐이다. 마지막 때에는 믿음을 배반하는 자들이 많겠다고 했다(딤후 3:1-5). 그런 사람들을 구원할 수는 없다. 그러나 개봉하여 전파해야 할 이유는 알곡 같은 믿음을 더욱 충실하게 하기 위함이다.

2. 예수님의 말씀(22:12-16, 20)

1) "내가 속히 오리라"-이 말씀은 3회 나온다(22:7, 12, 20)

남편을 유학 보낸 여인이 성공하여 돌아올 때까지 변치 말자고 약속했으나 수년간 소식도 없고 이웃의 권유에 못 이겨 다른 남자와 결혼했다가 의사가 되어 돌아오는 남편의 편지를 받게 되자 두려워 떨며 안절부절 못했다는 희극이 있다.

예수님이 오신다면 사람들에게는 두 가지 반응이 있을 것이다. 하나는 사도 요한과 같이 "아멘, 주 예수여 오시옵소서"라고 하며 즐거워하는 사람들이요, 다른 하나는 "산과 바위에게 이르되 우리 위에 떨어져 보좌에 앉으신 이의 낯에서와 어린 양의 진노에서 우리를 가리우라"(계 6:16)고 하는 사람들이다. 우리는 어떠한 사람들이 되어야 마땅한가?

2) "나는 알파와 오메가요 처음과 나중이요 시작과 끝이라"

계시록 1장 8절에서는 "주 하나님이 가라사대 나는 알파와 오메가라 이제도 있고 전에도 있었고 장차 올 자요 전능한 자라 하시더라"고 하여 예수님과 하나님을 동일체로 말씀하셨다. 예수님은 하나님과 동일체이시다. 그리고 그 예수님은 만물을 시작하신 창조주시며, 만물을 끝내시는 심판주이시다. 그리스도인들은 오늘도 살아 계신 예수님을 믿어야 한다.

3) "두루마기를 빠는 자가 복이 있다"

계시록 7장을 보면 셀 수 없는 많은 무리가 흰 옷을 입고 손에 종려 가지를 들고 보좌 앞과 어린 양 앞에 서서 큰 소리로 구원을 찬양했고, 장로 중 하나는 이 흰 옷 입은 자들이 누구며 또 어디서 왔느냐고 물었다. 사도 요한이 "주여, 당신이 알리이다"라고 대답하니 "이는 큰 환난에서 나오는 자들인데 어린 양의 피에 그 옷을 씻어 희게 하였느니라"고 대답하였다. 두루마기는 몸 전체를 가리는 옷이다. 두루마기를 빠는 것은 예수님의 십자가의 피로 죄 씻음을 받아 의롭다 함을 얻는 것을 의미한다(롬 3:24). 그 사람은 생명나무에 나아가며 문들을 통하여 성에 들어갈 권세를 얻는다고 하였다.

4) 성 밖에 있는 자들

성 밖에 있다 함은 지리적 개념으로 새 예루살렘 성 밖에 있는 어떤 인간 도시를 생각할 것이 아니라 그들이 구원 얻은 무리에 들지 못한 것을 의미하는 것으로 보아야 한다. 그들은 다음과 같다.

① 개들

음행의 상징이요(신 23:18) 싸움의 상징이다(빌 3:2).

② 술객들

하나님의 영이 아닌 마귀의 영으로 치료 행위를 하든가 점을 치며 예언하는 자들이다(출 7:11; 행 13:8). 술객은 마귀의 영으로 하나님을 대적하는 자들이므로 그 성에 들어가지 못한다.

③ 행음자들

육체적으로 음행하는 자들이다. 예수님은 음행하는 여인을 용서하셨다(요 8:11). 회개하는 자는 용서함을 받는다. 그러나 회개하지 않는다면 구원받을 수 없다. 회개는 과거의 생활을 고치는 것이다. 영적 음행도 있다. 야고보는 "간음하는 여자들이여 세상과 벗 된 것이 하나님의 원수임을 알지 못하느뇨 그런즉 누구든지 세상과 벗이 되고자 하는 자는 스스로 하나님과 원수 되게 하는 것이니라"(약 4:4)고 하였다. 롯의 처는 육신적으로 음행했다는 말은 없다. 그러나 영적으로 소돔을 사랑했기 때문에 멸망했다.

④ 살인자들

예수님은 "나는 너희에게 이르노니 형제에게 노하는 자마다 심판을 받게 되고 형제를 대하여 라가라 하는 자는 공회에 잡히게 되고 미련한 놈이라 하는 자는 지옥 불에 들어가게 되리라"(마 5:22)고 하셨다.

- 노(怒)함 – 성내는 자인데 심판을 받는다.
- 라가 – 시리아어인데 크게 경멸(輕蔑)히 여기는 말이다. 돼지 같은 놈, 개 같은 놈 등의 말이며 공회에 잡히게 된다.
- 미련한 놈 – 미워하는 말인데 지옥 불에 들어간다고 하셨다.

이러한 욕이나 미워하는 마음은 살인죄에 해당한다.

⑤ 우상숭배자들

금, 은, 동, 철, 돌과 나무로 우상을 만들어 신을 섬기는 자들이다. 우상숭배는 창조주 하나님을 피조물로 바꾸어 섬기는 것이니 하나님을 만홀(漫忽)히 여기는 것이며, 우준(愚蠢)하게 되는 자들이다(롬 1:21-22).

⑥ 거짓말을 좋아하여 지어내는 자

하나님의 말씀은 진리이며 참말이다. 그러므로 하나님의 말씀에 반대되는 말은 다 거짓말이다. 하나님께서는 아담에게 "선악을 알게 하는 나무의 실과는 먹지 말라 네가 먹는 날에는 정녕 죽으리라"(창 2:17)고 하셨다. 그것은 하나님의 참된 말씀이었다. 그러나 마귀는 "너희가 결코 죽지 아니하리라"(창 3:4)고 거짓말했다. 그러므로 예수님은 마귀는 거짓말쟁이요 거짓의 아비라고 하셨다(요 8:44). 사도 요한은 "거짓말하는 자가 누구뇨 예수께서 그리스도이심을 부인하는 자가 아니뇨"(요일 2:22)라고 하였다.

무신론, 진화론, 유일신론(삼위일체 부인), 합리주의 등은 다 거짓말이다. 그런 거짓말을 따르거나 그런 거짓말을 지어내는 자들은 다 그 성에 들어가지 못하고 성 밖(지옥)에 있게 된다.

5) 예수님의 자기소개

① 계시의 증거자

1장 1절에서 저자 요한은 "예수 그리스도의 계시라 이는 하나님이 그에게 주사 반드시 속히 될 일을 그 종들에게 보이시려고 그 천사를 그 종 요한에게 보내어 지시하신 것이라"고 하였다. 이제 본서의 결언에서 예수님은 친히 "나 예수는 교회들을 위하여 내 사자를 보내어 이것들을 너희에게 증거하게 하였노라"(계 22:16)고 말씀하신다. 예수님은 이 계시가 말세 환난 시대를 살아가야 할 그의 신부 된 교회를 위해 증거하게 한 계시라고 하신다.

계시록은 말세에 처한 성도들이 반드시 읽고 믿고 지켜야 할 예수님의 말씀이다. 1장에서는 부활하신 예수님의 영광스러운 모습과 교회 가운데 계시는 모습을 보여주셨고, 2장과 3장에서는 교회가 어떻게 믿고 행해야 할 것을 보여주셨고, 4장과 5장에서는 하나님의 영광과 예수님의 권세를 보여주셨다.

6장에서 16장까지에서는 말세에 나타날 각종 재앙과 복음 전파를 통한 구원의 역사와 환난 중에서 그의 교회를 지켜 주실 것을 보여주셨고, 17장에서 20장까지는 죄악 세상의 형벌과 적그리스도와 거짓 선지자와 마귀와 인류의 심판을 보여주셨고, 21장과 22장에서는 성도들이 가서 살게 될 새 하늘과 새 땅, 새 예루살렘 성과 생명수 강을 보여주셨다.

계시록은 일곱 교회를 통해 성도가 교회 생활을 하는 방법을 배우게 하며, 구원이 하나님과 예수 그리스도와 성령님의 역사를 통해 이루어지는 것을 보여준다. 또한 말세에 나타날 일이 어떤 것이며, 말세에 교회의 사명과 마귀가 말세에 어떻게 역사할 것과 주님을 맞을 성도의 준비와 하나님의 심판과 영원한 소망의 나라를 보여주어 그리스도인들이 소망을 가지고 살게 한다.

② "나는 다윗의 뿌리요 자손이니 곧 광명한 새벽별이라."

위의 말씀은 계시록의 증거에 대한 말씀이지만 본 절의 말씀은 예수님 자신에 대한 말씀이다.

a. "다윗의 뿌리요 자손이니."

구약의 예언은 다윗의 뿌리에서 메시아가 오리라고 했다(사 9:7, 16:5). 신약성경에서도 "아브라함과 다윗의 자손 예수 그리스도의 세계라"(마 1:1)고 하여 예수님은 구약성경에서 예언한 메시아이심을 강조한다. 성경에서 예언한 메시아는 다윗의 뿌리요 자손인 단 한 분인 메시아다. 그리고 그분은 예수 그리스도시다.

b. "광명한 새벽별이라"

아기 예수님을 찾아오던 동방의 박사들은 "별을 보고 가장 크게 기뻐하고 기뻐하더라"(마 2:10)고 하였다. 갈 길을 몰라 헤롯 왕궁을 찾아갔다가 고통스런 밤을 지낸 후 동방에서 보이던 별이 문득 나타났을 때 그들이 얼마나 기뻐했을지를 짐작할 수 있다.

예수님은 광명한 새벽별이시다. 갈 바를 모르는 인생들에게 길을 비추어 주는 새벽별이시다. 오늘도 예수님을 만나면 동방 박사와 같은 기쁨을 가질 수 있다. 이제 밤은 지나고 밝은 아침을 맞을 때가 된 것을 알게 되기 때문이다. 그리고 그 예수님이 재림하실 때에 한량없는 기쁨을 얻게 될 것이다.

3. 성령과 신부의 말씀(22:17)

> "성령과 신부가 말씀하시기를 오라 하시는도다 듣는 자도 오라 할 것이요 목마른 자도 올 것이요 또 원하는 자는 값 없이 생명수를 받으라 하시더라"(계 22:17).

이것은 복음의 부름인데 성령과 신부가 같은 소리로 사람들을 부른다고 하였다. 신부는 어린 양의 아내인 교회이다. 일곱 천사 중 한 천사는 "내가 신부 곧 어린 양의 아내를 네게 보이리라"(계 21:9)고 하며 새 예루살렘을 보여주었다. 새 예루살렘은 교회의 미래적 도성이기 때문에 그렇게 불렀다.

성경 말씀은 교회를 그리스도의 신부라고 했다(마 25:1; 고후 11:2; 엡 5:25-27). 창조 당시 하나님께서는 아담을 깊이 잠들게 하시고 그 갈빗대 하나를 취하사 여자를 만들어 아담에게 주셨고, 아담은 그 여자를 내 뼈 중의 뼈요 살 중의 살이라고 하며 한 몸을 이루었다고 하였다(창 2:21-23).

그와 같이 하나님께서는 예수 그리스도를 십자가에 못 박혀 죽게 하시고 그의 흘리신 피로 우리를 사서 그의 아내인 교회가 되게 하셨다. 그리고 예수님은 승천하신 후 그의 대행자이신 보혜사 성령을 보내 주셨다. 그러므로 그의 신부 된 교회는 성령의 인도하심을 따라가야 한다. 부창부수(夫唱婦隨)라는 말과 같이 참 교회는 어린 양의 영이신 성령의 인도를 따라가야 한다(계 14:4).

1) "오라"고 하심

"오라"고 함은 복음의 부름이다. 예수님은 오라고 부르셨다. "수고하고 무거운 짐 진 자들아 다 내게로 오라 내가 너희를 쉬게 하리라"(마 11:28), "누구든지 목마르거든 내게로 와서 마시라"(요 7:37)고 하셨다.

제자들도 오라고 불렀다. 빌립은 나다나엘에게 "와 보라"고 했다(요 1:46). 베드로는 "회개하고 돌이켜 너희 죄 없이함을 받으라 이같이 하면 유쾌하게 되는 날이 주 앞으로부터 이를 것이요"(행 3:19)라고 하였고, 바울은 유대인과 헬라인들에게 하나님께 대한 회개와 주 예수 그리스도에 대한 믿음을 증거하였다고 했다(행 20:21). 우리는 성령님과 함께 이 시대 사람들에게 "오라"고 외쳐야 할 사명이 있다.

2) 듣는 자도 오라 할 것이요

광야의 이적의 떡은 제자들 자신도 먹기 전에 무리에게 나누어 주었다고 하였다. 복음은 들은 후 연구하거나 오랜 시간 동안 믿고 실천한 후에 전해야 하는 것이 아니다. 자신이 복음의 내용을 아직 잘 몰라도 전하면 역사가 나타나는 것이 복음이다. 안드레는 예수님을 만나자마자 형제 베드로에게 전도했고(요 1:41), 빌립은 나다나엘에게 와 보라고 했고(요 1:45-46), 사마리아 여인은 예수님을 만난 즉시 성으로 들어가 전도했다(요 4:39). 어떤 이는 자기는 교회에 나가지 않으면서 타인을 전도하여 교회에 나가게 하고 자기는 그 후에 믿기도 했다. 듣는 사람은 오라고 전해야 한다.

3) 목마른 자도 올 것이요

예수님은 "누구든지 목마르거든 내게로 와서 마시라"(요 7:37)고 하셨다. 그것은 선지자 아모스의 말과 같이 하나님의 말씀이 없어서 목마른 영적 목마름이다(암 8:11).

영국 왕실의 찰스 왕자에게 나타난 비극을 보면 영이 목마르지 않은 사람은 이 세상에 없다. 이 영적 목마름은 이 세상에 속한 것으로는 해갈(解渴)할 수 없다. 그것은 목마른 자에게 소금물과 같이 목마름을 더하게 할 뿐이다. 오직 예수님이 주시는 생수를 마심으로만 해갈할 수 있다. 그리고 그 생수를 마실 수 있는 자는 자기의 영적 목마름을 깨닫는 자이다. 그러므로 "목마른 자도 올 것이요"라고 하였다.

4) 원하는 자는 값 없이 생명수를 받으라

이사야는 "너희 목마른 자들아 물로 나아오라 돈 없는 자도 오라 너희는 와서 사 먹되 돈 없이, 값 없이 와서 포도주와 젖을 사라"(사 55:1)고 하였고, 예수님은 "누구든지 목마르거든 내게로 와서 마시라"(요 7:37)고 하셨고, 성령과 신부는 "원하는 자는 값 없이 생명수를 받으라"(17절)고 하셨다.

경제가 발달한 현 시대에는 돈 없이 가질 수 있는 것은 아무것도 없는 것 같다. 그러나 가장 귀한 공기와 햇빛과 물은 거저 누릴 수 있다. 그와 같이 하나님께서는 구원의 복음을 거저 주셨다. 예수님은 자신을 하나님의 선물이라고 하셨고(요 4:10), 성령도 선물이라고 하셨다(엡 4:8). 이 거저 주는 생명수는 원하기만 하면 마실 수 있다.

4. 사도 요한의 말(22:18-19)

1) 이 예언의 말씀을 가감(加減)하지 말라

> "내가 이 책의 예언의 말씀을 듣는 각인에게 증거하노니 만일 누구든지 이것들 외에 더하면 하나님이 이 책에 기록된 재앙들을 그에게 더하실 터이요 만일 누구든지 이 책의 예언의 말씀에서 제하여 버리면 하나님이 이 책에 기록된 생명나무와 및 거룩한 성에 참예함을 제하여 버리시리라"(계 22:18-19).

사람이 만든 법률이라도 임의로 폐하거나 더할 수는 없다. 하물며 하나님의 계시인 이 말씀을 더하거나 감할 수는 없다.

① 어떤 것이 더하는 것인가?

a. 구약 39권과 신약 27권 외에 더하는 것

몰몬교에서는 우리가 가진 성경 외에 계시를 더 받았다고 하여 조셉 스미스가 쓴 몰몬경을 경전으로 사용한다. 그러나 교회가 신약 27권을 정경(正經)으로 받아들인 것은 정경 결정의 삼합원리(三合元理)에 의해 된 것이다. 삼합원리란 '그 내용이 하나님의 영광을 위한 것인가? 그 내용이 읽는 자에게 성령의 감화가 있는가? 그 기록이 사도나 혹 사도의 조사가 기록한 것인가?' 이다. 이 세 가지를 보고 결정한 것이다. 그러므로 이 성경에 더할 수 없다.

b. 성경 교리에 없는 것을 있다고 하는 것은 더하는 것이다.

예수님의 재림 일자를 계산하여 발표하는 일은 이 예언의 말씀에 더하는 일이다. 예수님은 "그러나 그 날과 그 때는 아무도 모르나니 하늘의 천사들도 아들도 모르고 오직 아버지만 아시느니라"(마 24:36)고 하셨기 때문이다. 예수님의 재림과 환난 전에 공중휴거(空中携擧)가 있다고 하는 주장은 더하는 것이다. 예수님의 재림은 단회적이라고 말씀하셨기 때문이다(행 1:11; 계 1:7).

그러나 다비(J.N. Darby)의 이론을 따라 공중휴거를 믿는 이들이 많다. 예수님이 재림하신 후 지상 천년왕국이 있다는 사상은 유대교의 사상이었는데 고대 교부들 중 일부가 그 영향을 받았으나 어거스틴, 오리겐, 가이어스 등 교부들은 이를 반대하였다.

계시록 20장의 왕 노릇 한다고 하는 것은 그리스도의 십자가의 권세로 마귀를 가두고 시작되는 은혜 시대를 의미하는 것이다. 이 책의 말씀 외에 더하면 이 책에 기록된 재앙으로 더하신다고 하셨다.

② 제(除)하는 것

계시록과 성경에 기록된 말씀을 믿지 않거나 없다고 주장하는 것이 제하는 것이다.

어떤 교회에서 새 목사님을 모신 후에 있었던 일이라고 한다. 그 목사님의 첫 설교는 "부활"에 대한 것이었는데, 예수님의 부활을 맨 처음 목격했다고 한 사람이 누구냐고 질문한 후 그는 일곱 귀신이 들렸던 막달라 마리아가 아니냐고 반문했다. 정신이 온전한 사람이 예수가 부활했다고 해도 믿기 어려울 터인데 귀신 들려 정신이 왔다갔다 하는 여자의 말을 어떻게 믿겠는가 하며 예수의 부활은 몸이 아니라 예수의 정신이 살아서 역사하는 것을 의미한다고 했다. 그 설교를 들은 한 젊은 장로는 이상한 설교도 다들어 본다고 생각했다.

그다음 주일이 되었다. 목사님은 세례 요한에 대해 설교하며 세례 요한을 비판했다. 세례 요한은 정상적인 사람이라고 볼 수 없다는 것이다. "정상적인 사람이라면 사람들이 모인 데 가서 설교해야 하는 것이 아니겠는가? 그런데 요한은 빈 들에서 소리 질렀으니 정상이라고 볼 수 있는가?"라고 질문했다. 그 목사는 고등비평(高等批評)만 가르쳤다. 젊은 장로는 '이러다간 내 영혼이 죽겠구나' 하는 생각이 들어 교회를 옮겼다고 한다.

합리주의(合理主義) 사상은 사람의 이성에 맞지 않는 진리는 제해 버리는 사상이다. 사도 요한은 "누구든지 이 책의 예언의 말씀에서 제하여 버리면 하나님이 이 책에 기록된 생명나무와 및 거룩한 성에 참예함을 제하여 버리시리라"고 하셨다. 나는 그런 합리주의자들에게 다음 성경구절을 소개하고 싶다.

> "이 지혜는 이 세대의 관원이 하나도 알지 못하였나니 만일 알았더면 영광의 주를 십자가에 못 박지 아니하였으리라…… 오직 하나님이 성령으로 이것을 우리에게 보이셨으니 성령은 모든 것 곧 하나님의 깊은 것이라도 통달하시느니라"(고전 2:8, 10).

성령을 받으면 성경이 이해된다.

5. 작별 인사(22:20-21)

1) 예수님의 약속-"내가 진실로 속히 오리라"

이 약속은 환난 중 밧모 섬에 유배되어 있는 사도 요한에게 큰 희망과 기쁨이 되었을 것이다. 그러나 사도 요한의 생전에 예수님은 오시지 않았다. 그리고 그로부터 2천 년이 지난 지금까지도 예수님은 오시지 않는다. 그래서 사람들은 그 약속이 성취되지 않은 것에 대해 궁금해한다. 이 문제에 대해 사도 베드로는 다음과 같이 대답한다.

"사랑하는 자들아 주께는 하루가 천 년 같고 천 년이 하루 같은 이 한 가지를 잊지 말라 주의 약속은 어떤 이의 더디다고 생각하는 것같이 더딘 것이 아니라 오직 너희를 대하여 오래 참으사 아무도 멸망치 않고 다 회개하기에 이르기를 원하시느니라" (벧후 3:8-9).

사도들이 살던 시대에도 예수님의 재림이 더디다고 생각하는 사람들이 있었던 것 같다. 그들은 그들의 시대에 예수님이 오시기를 대망했다. 예수님도 자기 이름을 위해 환난 당하는 성도들을 보실 때 하루가 천 년같이 느껴지셨을 것이다. 그러나 아직 하나님의 택하신 백성들이 돌아와야 하기 때문에 천 년을 하루같이 여기며 기다리신다는 것이다.

우리 가정은 할머니와 할아버지 때에 복음을 받아 예수를 믿게 되었다. 나는 때때로 내가 100년 전에 이 세상에 태어났더라면 나는 예수를 믿을 수 없었을 거라고 생각하며 감사한다.

만일 예수님이 사도 시대에 오셨다면 지금의 성도들은 어떻게 구원을 얻을 수 있었겠는가? 지금은 예수님의 재림이 매우 가깝다. 계시록을 통해 보면 예수님이 재림하시려면 유브라데 강 전쟁으로 적그리스도가 나타나야 하고 일곱 대접 재앙이 나타나야 한다. 그러나 그런 대사건들이 오랜 세월을 통해 되어질 일은 아닌 것 같다. 몇십 년 내에, 아니면 몇 년 내에라도 일어날 수 있는 일이다. 그러므로 우리는 주님이 속히 재림하시리라는 믿음으로 살아가야 한다.

2) 사도 요한의 응답과 축복

① 사도 요한의 응답 - "아멘 주 예수여 오시옵소서"(20절).

"아멘"은 '그대로 이루어지이다' 라는 의미이다. 사도 요한의 이 응답의 말은 예수님의 재림을 갈망하는 마음의 고백이며, 땅에 소망을 둔 사람들은 할 수 없는 말이다. 땅에 소망을 둔 사람들은 주님의 재림을 소원하는 것이 아니라 두려워한다(계 1:7, 6:15-17).

그러나 사도 요한과 같이 예수님께 소망을 두고 준비된 성도들은 주님의 재림을 앙망하고 사모한다. 그날은 구속하신 주님을 만나는 날이요, 고통과 눈물이 없고 빛과 사랑만 있는 천국으로 이민 가는 날이기 때문이다. 사도 요한과 같이 "아멘, 주 예수여 오시옵소서"라고 응답할 수 있는가?

② 축복

> "주 예수의 은혜가 모든 자들에게 있을지어다"(계 22:21).

사도 바울은 넓은 이방에 복음을 전파했다. 그러나 그의 서신 말미(末尾)의 축복의 말씀은 "은혜가 너희에게 있을지어다"라고 하여 그 축복을 믿는 무리에게 국한시켰다. 그러나 사도 요한은 "은혜가 모든 자들에게 있을지어다"라고 하여 축복의 대상을 더 넓게 말했다. 그런 폭넓은 말씀은 사도 요한의 저서에서 여러 번 만나게 된다.

"하나님이 세상을 이처럼 사랑하사 독생자를 주셨으니 이는 저를 믿는 자마다 멸망치 않고 영생을 얻게 하려 하심이니라" (요 3:16).

"너희가 뉘 죄든지 사하면 사하여질 것이요 뉘 죄든지 그대로 두면 그대로 있으리라 하시니라" (요 20:23).

"주 예수의 은혜가 모든 자들에게 있을지어다" (계 22:21).

사도 요한의 축복에는 그가 말세에 나타날 무서운 심판을 전하면서도 모든 사람이 하나님의 은혜를 받아 구원 얻기를 소원하는 뜻이 담겨 있다고 생각된다. 하나님의 은혜는 하늘보다 더 높고 바다보다 더 넓다. 아브라함, 이삭, 야곱도 하나님의 은혜로 구원을 얻었고 베드로도, 요한도, 바울도, 고대와 현대를 살아가는 모든 성도들도 다 은혜로 구원을 얻은 것뿐이다.

세상 사람들은 누구든지 하나님의 은혜를 받아 구원을 얻어야 한다. 우리도 사도 요한과 같이 이 세상 사람들이 은혜를 받아 복음을 믿고 구원을 얻도록 축복해야겠다.

요한계시록 장별 노래(찬송가 606장(구 291장)곡에 맞춤)

1. 밧모 섬 축복의 주의 날 요한이 계시를 받았네
   읽고 듣고 행하는 자들 주 안에 복 있는 자로다

2. 에베소 사랑을 잃었고 서머나 환난을 당한다
   버가모 세속화되었고 두아디라 이세벨 용납해

3. 사대는 실상은 죽었고 빌라델비아 문 열렸네
   라오디게아 미지근해 회개 문 열고 주 맞으라

4. 영광의 하늘 문 열리고 주님의 보좌가 보인다
   보좌 앞 이십사 장로들 경배와 찬양을 드리네

5. 죽임을 당하신 어린 양 일곱 인 봉한 책 받았네
   생물과 이십사 장로들 영광과 존귀를 돌리네

6. 흰 말과 붉은 말 검은 말 청황색 말들이 나온다
   제단 앞 순교자 무리와 십사만 사천 명 인친다

7. 하늘의 천사가 내려와 십사만 사천 명 인치니
   흰 옷을 입은 무리들이 구원의 노래를 부른다

8. 천사의 나팔이 울릴 때 하늘의 재앙이 임한다
땅에도 바다도 물샘도 천체도 재앙을 받는다

9. 무저갱 구멍을 여니 연기와 황충이 나온다
결박한 네 천사 놓이고 유브라데 강 전쟁 일어난다

10. 힘있는 천사가 내려와 펴놓인 작은 책 전한다
요한이 작은 책 먹은 후 전파할 새 사명 받는다

11. 주님의 두 증인 나타나 이적과 기사를 행한다
두 증인 죽임을 당한 후 부활해 하늘로 올린다

12. 아이를 잉태한 여인이 해산의 고통을 당한다
하늘의 전쟁이 있은 후 마귀는 땅으로 쫓긴다

13. 바다의 짐승이 올라와 성도와 싸워서 이기고
땅에서 올라온 짐승은 우상숭배를 강요한다

14. 시온산 십사만 사천 명 구원의 노래를 부른다
이한 낫 가진 천사들이 곡식과 포도를 거둔다

15. 불 섞인 유리 바닷가에 구원의 노래가 들린다
증거의 장막이 열리며 마지막 재앙이 보인다

16. 천사가 대접을 쏟는다 사람과 바다와 강물과
해와 짐승의 보좌와 유브라데와 공기에 쏟는다

17. 짐승 탄 큰 음녀 나타나 어린 양 예수와 싸운다
어린 양 성도들 이기고 음녀는 멸망을 받는다

18. 바벨론 성이 무너진다 성도는 거기서 나오라
신원의 심판이 왔으니 성도들 기뻐 찬양하라

19. 어린양 혼인 이르렀다 세마포 흰 옷을 입으라
백마 탄 예수님 따라가 최후의 승리를 얻으라

20. 사단을 무저갱 가둔 후 천년 은혜시대 임한다
마귀를 불 못에 던진 후 보좌 앞 심판을 받는다

21. 새 하늘 새 땅이 보인다 눈물과 죽음이 없는 곳
하늘의 새 예루살렘은 단장한 신부와 같도다

22. 수정과 같은 생명수 강 하나님 보좌 앞 흐른다
강가의 생명과실 나무는 달마다 새 열매 맺는다

23. 예언의 말씀을 마친 후 주님이 친히 하신 말씀
진실로 속히 오리로다 아멘 주 예수여 오소서

〈후렴〉

주님이 오신다 흰 옷을 입고서 맞으라
주님이 오신다 등불을 켜들고 맞으라

판권
소유

요한계시록의 참뜻

2013년 6월 10일 인쇄
2013년 6월 20일 발행

지은이 | 김승곤
발행인 | 이형규
발행처 | 쿰란출판사

주소 | 서울 종로구 이화동 184-3
TEL | 02-745-1007, 745-1301~2, 747-1212, 743-1300
영업부 | 02-747-1004, FAX / 02-745-8490
본사평생전화번호 | 0502-756-1004
홈페이지 | http://www.qumran.co.kr
E-mail | qrbooks@gmail.com
qrbooks@daum.net
한글인터넷주소 | 쿰란, 쿰란출판사

등록 | 제1-670호(1988.2.27)

책임교열 | 박은아 · 김유미

값 40,000원

ISBN 978-89-6562-446-2 93230

* 이 출판물은 저작권법에 의해 보호를 받는 저작물이므로 무단 복제할 수 없습니다.
잘못된 책은 교환해 드립니다.